公認心理師 ベーシック講座

水野里恵［著］

発達心理学

講談社

以下のURLに，本書の正誤表等の情報を随時アップしています。

https://www.kspub.co.jp/book/detail/5221549.html

はじめに

本書は，心理学を専攻とする学部で開講される「発達心理学」の教科書として執筆した。研究者を目指す学生，公認心理師として臨床実践に携わることを目的にする学生を念頭に執筆したものである。昨年度から，「発達心理学」が公認心理師の大学カリキュラムの主要科目の1つとなり，筆者も，それを意識した授業を展開させるようになった。本書は，授業教材を準備する過程で少しずつ書き溜めていたこれまでの執筆資料を整理し推敲したものである。

大学での授業は，学生が教授された内容を咀嚼し，そこから自らの研究を展開させ，実践で新たに出会う問題に自ら工夫して取り組んだ時に，その真価が試される。そういった観点から考えると，学生には，発達心理学の先達が，いかなる着想や方法論をもって発達の理論を構築し発達支援の糸口を見いだしていったかの経緯を含めて，彼らの研究成果について伝えるべきであろう。ホールが児童心理学を開始し子どもの発達に関する学問を開始してから130年が経つ。生涯発達という視点を取り入れての展開が始まってからは60年が経過した。多くの知見が集積され，そこから学ぶべきことは多い。もちろん，人の発達のあり様は，時代や環境によって異なるが，どのように人の発達を心理学的視点から解明していくのかについて多くの示唆を得ることができるのである。

この教科書は，読みやすくわかりやすくを心がけたつもりである。授業で補足されることを想定して，多くの情報を網羅するのではなく，焦点を絞った基本的な事項について本書を読むだけで理解できるように丁寧に説明した。そうすることにより，われわれが日常生活で見ている発達の姿が，発達心理学というプリズムを通すとどのように見えるのかを理解してもらえると考えたからである。

本書は，第1章で，個人がもって生まれた資質と育つ環境の要因が文化の中で相互作用しながら発達が進むという視点を提起し，発達概念について考える。そして，その視点から，第2章から第9章にかけて，胎児期・新生児期（2章）～老年期（9章）の発達の様相について整理する。ここでは，主に，各発達段階に特徴的な認知・社会性のあり様を解明してきた理論や実証研究についての解説が中心になっている。次に，個人差の発達という視点から，生理学的基盤をもった気質の発達（10章），発達初期に問題を抱えた子どもの発達を巡る諸問題（11章），パーソナリティの個人差をもたらすと考えられる。子どもに内面化される行動規準の発達（12章），家庭環境の違いからもたらされるパーソナリティの発達（13章）について考える。その後，文化の中で形成されるパーソナリティ（14章）という視点から人間の発達について考える。最後に，研究倫理と発達心理学の研究方法論（15章）と，公認心理師として発達心理学の知見を活かして働く職場（16章）について紹介する。

気質からパーソナリティへの発達過程という限られた研究領域に取り組んできた筆者が，一人で概論的な教科書を書くのはやや無謀かもしれないとの懸念を抱かなかったわけではない。しかしながら，筆者が必ずしも熟知しているわけではない研究領域で，学生が思い思いのテーマで研究を進めるのを指導する過程で，文献調査で得た情報や考えた事項について整理しまとめてみたいという思いのほうが強くなったというのが本音である。図らずも，（株）講談社サイエンティフィクの池上寛子さんより，教科書執筆のお話をいただいた。大変ありがたい機会をいただいたと深く感謝している。本書が，人の発達の研究や支援に関わる人々に何らかの示唆を与えることができれば幸いである。

2020年12月
水野里恵

第1章 私たちの発達：そのメカニズムを考える発達心理学

到達目標

- 「発達」のメカニズムを考えるための諸概念について理解する。
- 発達を段階的に捉える考え方と主要な発達段階理論について説明できる。
- 生涯発達の多元論的-相互作用理論の内容について説明できる。

ヒトの新生児は，ニコッと微笑んだりスヤスヤ眠ることはあっても，歩き回ることはしないし言葉を発することもない。しかし，青年になると，大学で開講されている発達心理学の授業内容を理解し，スーパーで買い物をし料理をすることができるようになっていく。ヒトの新生児は発達し，一人の人間になっていくのである。本書では，こうした人間の発達過程を以下のような観点に立って考える。

1.1節 本書で考える発達のメカニズム

本書では，発達心理学とは，遺伝的特性が環境との相互規定的作用（時間を交えた相互作用）の過程で展開していくメカニズムを解明する学問であるというスタンスに立つ。これは，コール（Cole, M.）らの考える文化文脈説（cultural context framework）（Cole et al., 2009）を改訂したものである。

すなわち，「個体の要因と環境の要因が，歴史文化的文脈（使用している言語・住居や工芸物，文化的信念や価値・習慣，さまざまな日常活動）の中で，相互作用することによって発達がもたらされる」とのコールの考えは踏襲したうえで，行動遺伝学の知見を取り入れ，個体の要因をヒト（*Homo sapiens*）という種に共通の生物学的（遺伝的）要因と，個人に特有な生物学的要因とに区別して考えるものである（**図1.1**）。

私たち人間一人ひとりをつくる遺伝子には，ヒトという種に共通の遺伝子と，個人によって一人ひとり異なる遺伝子がある。なぜヒトはヒトであってチンパンジーではないのか。ヒトは二足歩行し複雑な言語を話す。こうした

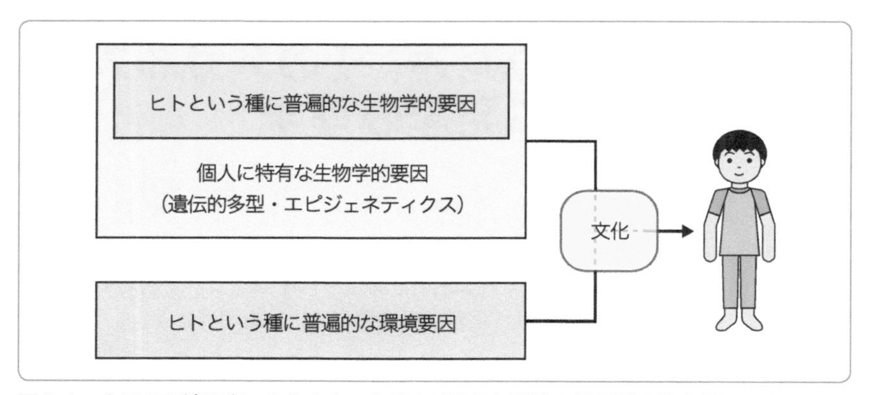

図1.1　人間の発達過程：文化の中で生起する遺伝と環境の相互規定的作用モデル

ヒトに特有な行動を可能にしているのはヒトに共通の遺伝子であろう。このように考えると，私たちのとる行動で遺伝的でないものはないということに気づく。おそらく，ヒトはよほど劣悪な環境に置かれない限り，生後1年もすれば二足歩行をするようになるし言語を話すようになる。そうしたヒトという種に特有な行動を可能にするものが遺伝情報の中に組み込まれているからである。

自然界の生物にも種に特有な行動が遺伝情報に組み込まれていることを確認できる身近な事例が存在する。ここでは，カッコウの托卵（たくらん）行動について考えてみよう（**図1.2**）。カッコウの親鳥は自分で子育てをしない。他の鳥の巣（図ではアカモズの巣）に自分の卵を産みつける。その時に，アカモズの卵を1個巣から取り出し数合わせをするということが報告されている。アカモズよりも早く孵化したカッコウの雛は，アカモズの卵を巣の外に捨ててしまう。そのことにより，カッコウの雛はアカモズの親鳥から餌を独り占めして成長する。アカモズの親鳥よりも大きくなったカッコウの雛は，巣立ちやがて繁殖時期を迎えると，かつて自分の親鳥が行ったように托卵行動をする。上記の経緯からわかるように，カッコウの雛は，自分の親鳥の托卵行動を学習したわけではないのに，親鳥と同じように他の鳥の巣に卵を産みつける。カッコウの托卵行動は，カッコウという種の遺伝情報に組み込まれていると考えることが理に適っている。

次に，一人ひとり異なる遺伝子といった視点での行動を考えてみよう。私たちの中にはオリンピックの陸上選手になるような足の速い人もいれば，遅

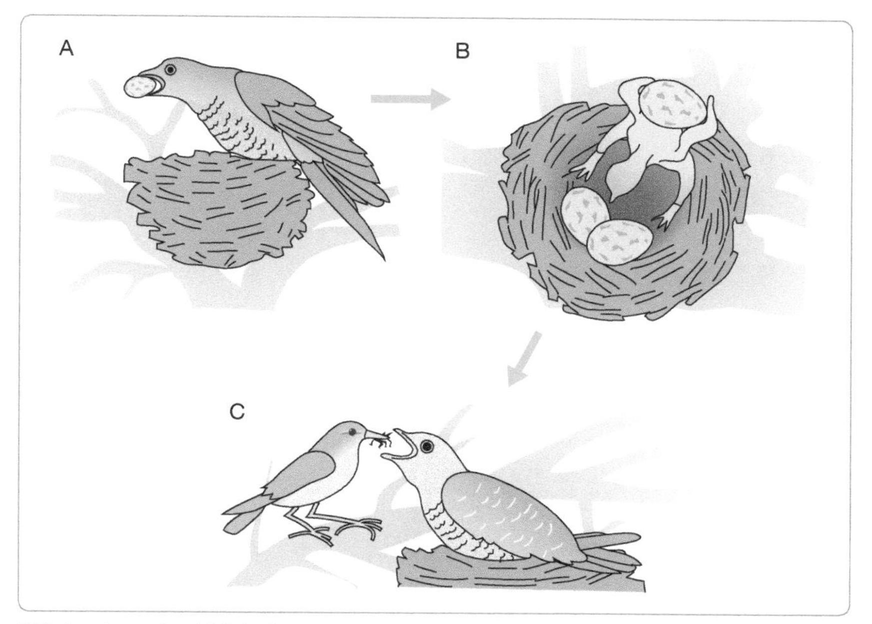

図1.2　カッコウの托卵行動

A. カッコウの親鳥がアカモズの巣に卵を産みつけるときに，巣の中の卵を1個捨てて数合わせをする。
B. アカモズの雛より数日先に孵化したカッコウの雛は，巣の中の卵を背中に乗せて外に捨てる。
C. 養い親のアカモズより大きく育ったカッコウの雛が餌をねだる。

くしか走れない人もいる。外向的でにぎやかなことの好きな人もいれば，内向的でひとりで静かに過ごすことの好きな人もいる。こうした人間の能力や性格の違い，また病気のかかりやすさや身体的特徴といった個人差も，遺伝情報の中に書き込まれているものがある。ヒトゲノムは99%くらいまでがみな同じだが，ゲノムの一部に構造の違いがみられ，この構造の違いが個人個人の違いに結びついていると考えられている。すなわち，同じゲノムの領域なのに，ヒトによって一塩基配列の違いのある箇所がある。これを一塩基多型（single nucleotide polymorphism：SNP）というのだが，この違いが一人ひとりの体質の違いをもたらしていると考えられているのである。そして，このようにヒトという同一種の中に異なる遺伝子型をもった個体が一定の割合で存在している状態を**遺伝的多型**といっている。さらに，遺伝子型は同一であるのに，遺伝子のスイッチのオン・オフが異なることによって，一人ひとりの体質の違いがもたらされることも明らかになってきた。こうした「DNA（デオキシリボ核酸）の配列に変化を起こさないで遺伝子の機能を調節する仕組み」のことをエピジェネティクスという（佐々木，2005）。世の中に全く同じ絞り模様のアサガオの花がないのも，同じ柄の三毛猫がいないのも，発生初期にどの細胞で遺伝子のスイッチがオンになるかオフになるかが偶然に決まることによって生じている。近年では，一卵性双生児であっても，置かれた環境によってDNAメチル化（DNAの一部にメチル基がつく反応）に差異がみられることや，それに起因した疾患も報告されるようになっている。

さて，このモデルの発達メカニズムの特徴は，以下の4点である。

①発達を段階的なものとみる。ただし，子どもが経験する段階の系列については，より緩い規定しかおかない（子どもが置かれた歴史的文化的状況いかんによっては，ある発達段階が現れないこともある）。
②個体の能動的積極的な働きかけが不可欠と考える。
③子どもも養育者（環境要因）も発達の主体とみる。発達は「個体と環境が一緒につくり上げるもの（co-constructed）」との見解に立つ。
④一人の人間のパフォーマンスの中に多様性を認める（ある行動をするときと別のある行動をするときではパフォーマンスに違いがある）。

1.2節 発達の概念

A. 発達とは

発達心理学（developmental psychology）の「発達（development）」は，生物学の「発生（development）」に由来する。生物学の「発生」とは，主に，受精から卵割や分化による器官形成を経て誕生するまでの胎生期の過程を指している。それは同時に，主として，より単純な低次の状態からより高次の状態へ不可逆的に変化することを意味しており，部分的には退行過程が含まれても全体的な傾向としては低次の状態から高次の状態へと変化していくならば，その変化を「発生」と定義している。すなわち，退行現象もそれが不可逆的であれば「発生現象」となるのである。

もう1つ，発達心理学の「発達」を考えるときに参考になるのは，英語のdevelopmentの語義である。英和辞典を引いてみると，developmentは，①発達，発育，②進化，開発，③（写真）現像となっている。デジタルカメラが普及した現在では死語になった感じすらある「現像」であるが，フィルムカメラで写真を撮っていた時代には，フィルムを現像しプリントしてもらうために「D.P.E.」の看板を出している街の写真屋やスーパーマーケットのカウンターに行くことが常であった。D.P.E.とは，Development（現像）・Printing（焼付）・Enlargement（引き伸ばし）を意味し，フィルムカメラで撮影したフィルムは，撮影時においてはそこに写っている像を確認することはできず，その看板のある店で，写真のフィルムを現像液につけて画像を出現・可視化（現像）する行為の後，印刷してもらう必要があった。このようにみると，developmentは，現像（潜在しているものが現れてくること），すなわち，時間的経過につれて，内に隠されていたものが徐々に立ち現れてくるプロセスを意味すると考えられる。では，その内に隠されているものはなんであろうか？　それは，その人がもつ潜在的能力や本質であったり，人間の可能性であったりするだろう。

上記のことから，発達心理学とは，人間が発生してから死ぬまでの過程で人間のもつさまざまな機能（認知・感情［情緒］・社会性・言語などの精神機能や運動機能，生理的機能など）が展開・変化していく過程について，心理学的手法で解明していく学問であるといえる。

B. 学習・教育とは

ここで，心理学用語としての「発達」と「学習」「教育」の違いについて確認しておきたい。心理学用語として使用される「学習（learning）」は，特別な練習や経験の反復により生じてくる変化をいうのであった。なお，行動的連合説は，反応に対する随伴事象による強化によって刺激と反応に新しい連合が成立することを「学習」と考えるのに対し，認知説では，認知のあり様が変わること（認知構造の変化），場面全体についてそれまでとは異なった見方をすること（場の再体制化）が起きることを「学習」と考えた。ここにおいては，生得的に生ずる反応傾向や成熟による行動変容，疲労や動機づけなどによる一時的な行動変容は「学習」には含まれていない。

また，「教育（education）」は，ここではデューイ（Dewey, J）に従い，「経験の意味を増加させ，その後の経験の進路を方向づける能力を高めるように経験を改造ないし再組織化することである」とする。彼は，著書“Democracy and education”（邦題：民主主義と教育）において，「教育とは，人間の成長や生の更新につながるように経験を組織化し，人間の可能性を社会的に価値ある方向に実現する営みのことである」と述べている

表1.1　日常用語・心理学用語で使用される「発達」「学習」「教育」

	日常用語	心理学用語
発達	伸びること 成長すること	人間が発生してから死ぬまでの過程で人間のもつさまざまな機能(認知・感情[情緒]・社会性・言語などの精神機能や運動機能, 生理的機能など)が, 展開・変化していく過程
学習	知識・技能を学ぶこと	経験による行動の変容
教育	知識・技能を伝えること あるいは教えること	人間の可能性(人間の内に隠されていたもの)を引き出す営み

(Dewey, 1916)。すなわち，心理学用語としての「教育」は，人間の可能性を引き出す営みと考えられる。

以上を整理すると，「発達」と「学習」「教育」は**表1.1**のようにまとめられる。

C.「発達」をもたらすものは，遺伝子の展開と学習

「発達」を生物体の変容過程としてみた場合，そこには成熟過程と衰退過程が含まれる。「成熟（maturation)」は，時間の経過とともに自然に生じてくる遺伝子の展開過程であり，どの個体にも共通して現れるが，遺伝情報により個体差が観察される。「成熟」は，生物が完成体に向かう人生前半に顕著な「発達」の原動力となる。一方，生物的完成体に近づいた人間，すなわち，衰退過程を迎えエイジング現象が顕著となる人生後半の人間にとっては「経験による行動の変容（学習)」が「発達」の原動力となる。

D. 生涯発達という視点

子どもを対象とする発達心理学の研究は，ホール（Hall, G. S.）が児童研究と教育心理学研究の発表の機会を提供するための学術雑誌（The Pedagogical Seminary[現在のThe Journal of Genetic Psychology])を創刊した1891年に始まる。ホールは当時，幼少年期の心理学的研究や青年期の研究を進めていたが，その研究成果が雑誌に掲載され，子どもについての実証的研究や心理学的発達という概念の重要性が定着したのである。こうした経緯で児童心理学研究が始まったため，19世紀末から20世紀前半にかけての発達研究の対象は専ら子どもであった。誕生から成人に至るまでの

標準的な発達過程を明らかにすることが発達心理学研究の目的となっていた。そこには，公教育の普及に伴い，対象となる子どもに関する科学的知見が求められていたことも影響していた。

1960年代後半になると，生涯発達心理学（life-span developmental psychology）が台頭してくる。高齢化が進み高齢者の認知発達や心理的発達に関心が向かうようになったこと，従来は発達の完成態（すべての機能が備わり発達が完了した状態）と考えられていた成人期においても心理的危機・発達が生じていることがわかってきたことが，その台頭の背景にある。そして，現代の発達心理学では，発達のどの段階においても，機能の獲得や増大に代表される成熟過程，機能の喪失や減少にみられる衰退過程の双方が観察され，そのような上昇的変化も下降的変化も発達の一側面を表すものとみなしている。

1.3節 発達理論

ここでは，発達心理学における代表的な古典的理論についてみていく。それらの多くは，ピアジェ理論，エリクソン理論のように発達を段階的なものとみなしている。そこでまず，発達を段階的にみるとはどういうことを意味するのかについて考える。

● 発達は連続的か段階的か

図1.3は，連続的な発達と段階的な発達を表している。海綿は，構造や機能はそのままで全体的に大きくなっていく。一方，草花は，タネ（種）の段階，葉（本葉）の段階，花の段階と成長していく。タネと葉・花では，見た目（構造）が異なっている。機能の面から考えた場合でも，葉の段階では光合成を行うし，花の段階では受粉を行うようになり，タネの段階とは異なっている。では，人間の発達は，連続的なものなのだろうか，段階的なものなのだろうか。

フラベル（Flavell, J. H.）は，人間の発達は段階的に考えることができるとした。そして，発達段階の概念を特徴づけるものとして，以下の4点を挙げている（Flavell, 1971）。

①質的変化が起きる。例えば，「這う」から「歩く」への段階への移行には，子どもは「這う」段階とは違う筋肉を違う組み合わせで使用するよう再組織化を行う。

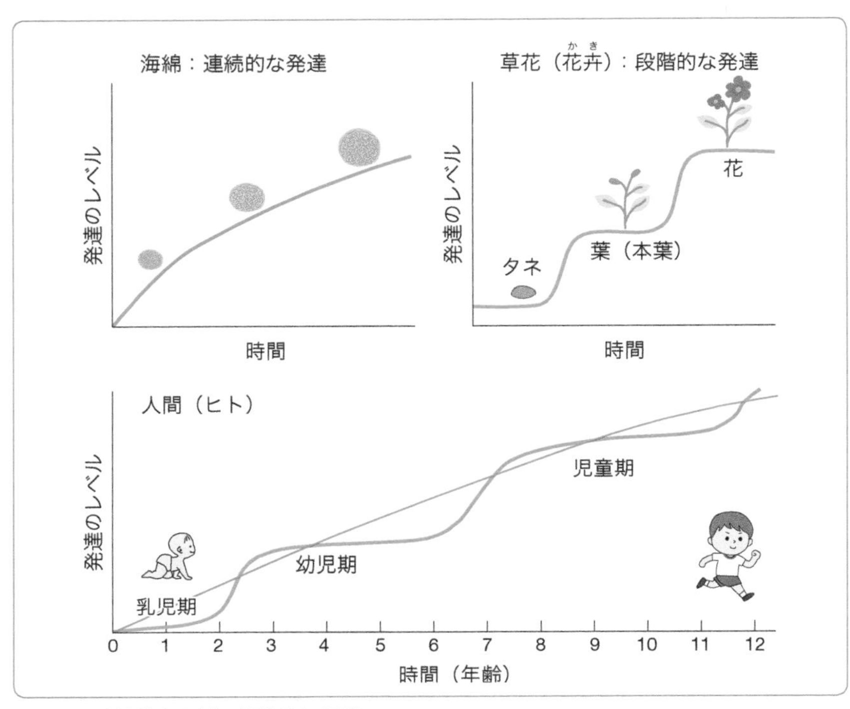

図1.3　連続的な発達，段階的な発達

②次の段階への移行は，子どもの行動のほとんどすべての局面に起きる同時的な変化によって特徴づけられる。例えば，乳児期から幼児期への移行では，発話の構造に変化が起き，自己について語るようになり，ふり遊びをするようになる。

③段階の移行は急速に起きる。6～12歳（児童期）における身体的発達は比較的緩慢だが，思春期の始まりは急速に起きる。

④段階を特徴づける行動や身体的変化の多くが一貫したパターンを形成する。児童期の思考スタイルは，自然科学の能力のもとになり，同輩との交わり方にも関係し，親との関係性をも変化させる。

● 発達段階と発達課題

発達心理学で扱う**発達段階**（developmental stage）の区分としては，**胎児期**，**新生児期**，**乳児期**，**幼児期**，**児童期**，**青年期**，**成人期**，**老年期**（**高齢期**）がある。わが国の教育制度では，就学前，小学校，中学校，高校，高等教育（大学・短期大学など）の区分で教育を行っている。ピアジェ（Piaget, J.）の発達理論は，発達段階に応じた教育内容を考えるうえで依拠する理論となっている。また，人間の社会との関わりを重視した視点から，人間には各発達段階に応じて社会から期待される課題があると考えたエリクソン（Erikson, E. H.）は，各発達段階の発達課題（developmental task）を明らかにした。

A. 主要な発達段階理論

i）ピアジェの認知構造発達理論

ピアジェは，「発達」とは，小さな科学者である子どもが，自ら周りの環境に働きかけることで，子ども自身のものの見方に質的変化が生じることであると考えた。すなわち，子ども自身が現在もっている認知構造（シェマ［schema］）で環境構造との対話を行うことで，発達が生じるという考えである。彼は，課題に失敗した子どもの間違い（エラー）を調べることにより発達理論を構築していった。「なぜ間違うのか」の分析から発達理論を導き出したのである。彼は，子どもを自発的に環境の探索を行う小さな科学者であると考えた。その子どもがその時点でもっている認知構造（シェマ）は，環境構造と出会い，それとの間で葛藤が生じれば問題解決過程を通して調整が行われ，以前とは異なってはいるが安定した認知構造（シェマ）へと再構成される。それが発達であると考えたのである（ピアジェ，1972，1978）。生まれてまもない子どもは，腕を振るという認知構造（シェマ）をもっている。小さな科学者であるその子どもは，手にしたあらゆるものを振ってみる。すると，たまたまガラガラを振ったときに音が出ることに気づき，次には，ガラガラを振ると音が出るといった認知構造（シェマ）を獲得するといった具合である。

1）ピアジェの主要な発達概念　ピアジェの理論には主要な発達概念として，シェマ，同化（assimilation），調節（accommodation），均衡化（equilibrium）がある。シェマは既有の知識の枠組みや活動の枠組みと考えられている。認知の発達は，外界を自分のシェマに取り込む働きである「同化」と，自分のシェマを外界に合わせてつくり変える働きである「調節」という機能とが，次々にバランスのとれた状態をつくり出す「均衡化」の過程と考えられる。

例えば，子どもはトリという概念を，近隣でスズメやハトを見たりして，比較的早くからもっている。そして，動物園で初めて見るオウムやインコも，トリという概念に含まれると理解する。これが同化である。しかし，水族館で見るペンギンがトリであるということはなかなか理解できない。ペンギンは飛ばないし，水の中を上手に泳ぐ。サカナと同じだと考えるだろう。ペンギンをトリとして認知するには，子どもがもっているトリという概念自体を変えなければならない。水の中を泳ぐものであっても，空を飛べなくても，鱗(うろこ)ではなく羽を持っているのがトリであるとか，くちばしを持っているのがトリであるといった理解に変えるのである。これが調節である。そして，同化と調節を行うことによって，子どものシェマは，現実の世界の事物・事象を的確に捉える概念へと近づいていく。このように，シェマの質が，子どもと大人とでは大きく異なると考えるのである。

2）ピアジェの4つの発達段階　ピアジェが子どもの観察記録から洞察し考察した主要な発達段階を以下に概略する。各段階の詳細については後の章で扱う。

①感覚運動期（誕生～2歳まで）：感覚の働きと運動的活動を通して世界を知っていくが，表象（イメージ）を用いて考えることには限界がある時期である。

②前操作期（2～7歳）：表象（イメージや言葉）の働きにより，「いま・ここ」を越えた世界が広がるが，論理的には考えにくい時期である。

③具体的操作期（7～12歳）：具体的対象に関して論理的な思考ができるようになる時期であり，見た目にとらわれず，他者の視点に立って考えられる時期である。

④形式的操作期（12歳～）：非具体的・抽象的対象について考えることができる時期であり，多くの考えを統合した思考のシステムを形成することができ，「科学的」な思考が可能になる時期である。

ii）フロイトの心理性的発達理論

フロイト（Freud, S.）は，性衝動（リビドー）が満足される主要な身体部位（性感帯）が発達とともに変化すると考えた。そして，各発達段階において満足されるべきリビドーが満たされないと，成人期になった時の人格に影響が出ると考えたのである。すなわち，幼少期の経験が大人の人格形成にとって非常に重要だと考え，初期経験の重要性を指摘した（フロイト，1971）。彼は，以下の5つの発達段階を考察した。

①口唇期（0～1歳半）：この時期の子どもはおっぱいを吸うことにより，

飢えを満たすとともに，唇への刺激によって満足を得る。子どもは，この満足を求めて（口唇欲求を満たすために），手当たりしだいに何でも吸おうとする。自分の身体の一部である指を吸う行動，指しゃぶりなどもみられる時期である。

②肛門期（1歳半～3，4歳）：トイレット・トレーニングが重要になる時期であり，子どもには，決められた場所で排泄するために，便をため，自分の意思でそれを排出する行為が求められるようになる。子どもは便をため，それを排出することによって満足を得ると考えられ，子どものリビドーが満たされる身体部位は肛門となる。

③男根期（3，4歳～5，6歳）：フロイトは，この時期の男児にエディプスコンプレックスがみられると主張した。彼は，ギリシャ神話に出てくる王エディプスのように，この時期の男児のリビドーは母親に向かい，ライバルである父親をなきものにし，母親を自分のものにしたいという近親相姦的な願望が生じると考えた。一方で，子どもはライバルである父親から報復のために去勢されるのではないかという不安をもつようになる。この不安を解消し，近親相姦的な願望を満たすために，子どもは，自分自身を父親に同一化し，父親の規準や態度・振る舞いを取り入れようと動機づけられると考えたのである。

④潜伏期（5，6～11，12歳）：表面的にはリビドーが顕著ではなくなる時期である。社会規範の習得や学習活動に子どもの関心が向けられ，情緒的には安定しているように見受けられる。

⑤性器期（11，12歳～）：本来の意味でのリビドーが自覚される時期である。身体的成熟に伴い，自分の性的アイデンティティを自覚し，異性へとリビドーが向かう。

iii）エリクソンの心理社会的発達理論

フロイトの心理性的発達理論を基礎に，自己（自我）と心理社会的側面との関わりを重視した視点を導入し，自我同一性（ego identity）の理論へと発展したのがエリクソンである。彼は，フロイトの5つの発達段階の後に3段階を加え，8つの発達段階へと拡張した。各発達段階において，社会から要請される発達課題があること，その「心理社会的危機（psychosocial crisis）」を乗り越えることで「人間の強さ（virtue）」を獲得すると考え，ライフサイクルにわたる人格発達を体系化した（Erikson, 1959）。

漸進的発達図式（**図1.4**）においては，それぞれの発達段階において，2

	1	2	3	4	5	6	7	8
Ⅷ 成熟期								インテグリティ (統合性) 対 嫌悪，絶望
Ⅶ 成人期							ジェネラティヴィティ (継承性) 対 停滞・自己陶酔	
Ⅵ 若い成人（ヤングアダルト）						親密性 対 孤立		
Ⅴ 青年期					アイデンティティ 対 アイデンティティ拡散			
Ⅳ 学齢期				勤勉 対 劣等感				
Ⅲ 遊戯期			自主性・主導性 対 罪悪感					
Ⅱ 幼児初期		自律性 対 恥・疑惑						
Ⅰ 乳児期	基本的信頼 対 基本的不信							

図1.4　エリクソンの漸進的発達図式（Erikson, 1959 西平・中島訳, 2011）

つの要素の葛藤が生じる。2つの要素のうち，上のものは肯定的なものであり健康な人がこの段階において獲得すべきものであり，下のものは否定的な要素である。一例を挙げると，最初の乳児期の段階では「基本的信頼対基本的不信」という葛藤がある。子どもは，この2つの要素を経験するが，そのバランスが「基本的信頼」に傾けば，肯定的な基本的信頼感を獲得することができる。乳児期はフロイトの発達段階でいう口唇期にあたる時期だが，子どもにとって，社会的関係としての母親との関係が重要なものとなる。子どもは，ミルクが欲しいときやおむつが濡れて不快なときには泣いて信号を送る。母親は，その信号を受けて，子どもの飢えを満たし，不快なおむつを取り除いたりする。こうした経験を通じて，子どもは，母親は信頼できる人だという感覚をもつに至る。それが，自分の周りの社会的関係，すなわち世界は，信頼できるという感覚につながる。一方，子どもが泣いて信号を送っても，母親が適切な養育行動をしてくれなければ，母親は自分の期待に応えてくれないという不信感が生じる。もちろん，母親はいつも応答してくれるわけではなく，子どもは，期待を裏切られることもあること，すなわち，世界はいつも信頼に足るわけではないことを知るようになる。通常は，そのような肯定的な経験と否定的な経験をするが，全体としてみた場合に，肯定的な経験が多ければ，子どもには基本的信頼感が獲得される。しかし，否定的な経験があまりにも多い場合は，基本的信頼感を獲得することに失敗する。

以下に，社会的関係の視点を取り入れてフロイトの発達段階を考えた，漸進的発達図式の学齢期までを概略する。なお，青年期以降については，後の章で詳細に扱う。フロイトの肛門期は排泄トレーニングが重要になってくる時期であり，肛門筋の自己コントロール能力が求められるようになる。また，この時期には自分で歩くことができるようになる。ゆえに，エリクソンは，この時期に獲得されるものとして，自分の身体を自分でコントロールする感覚，すなわち，自律性の感覚を挙げた。そして，この時期の課題に失敗すると，恥・疑惑の感覚が強くなると主張した。フロイトの男根期では，子どもは，何でも好奇心をもって自分でやりたがるようになる。エリクソンはこの時期に獲得されるものとして自主性・主導性を挙げた。そして，この時期に現れるエディプスコンプレックスを解決できないと罪悪感（罪の意識）が生まれると考えた。フロイトの潜伏期では，子どもたちは，学習活動や集団活動で何かを成し遂げることを学ぶ。その活動を通して，達成に成功すれば生産性があるという感覚（勤勉）を，失敗すれば劣等感を感じることになる。

B. 生涯発達の多元論的－相互作用理論

バルテス（Baltes, P. B.）は，誕生から死に至るまでの生涯過程の中で，個人内に起きる変化や安定性・連続性を説明する生涯発達心理学の構築を目指した。発達の基本的決定因として，生物学的要因，環境的要因，2つの要因の相互作用の3つを考え，発達に及ぼす影響については，標準年齢的影響，標準歴史的影響，非標準的影響の3つで考えた（Baltes et al., 1980）（**図1.5**）。

i）標準年齢的影響

標準年齢的影響として，生物学的個体発生に由来する影響がある。これは，遺伝情報に導かれる生物学的な変化をいうのであるが，胎児期から乳児期にかけては主導的影響力をもつ。胎児期や乳児期には，年齢の指標として週齢や月齢が用いられる。これは，短い期間に急激な発達的変化が進行していくことを反映している。児童期以降，標準年齢的影響が発達に及ぼす相対的な

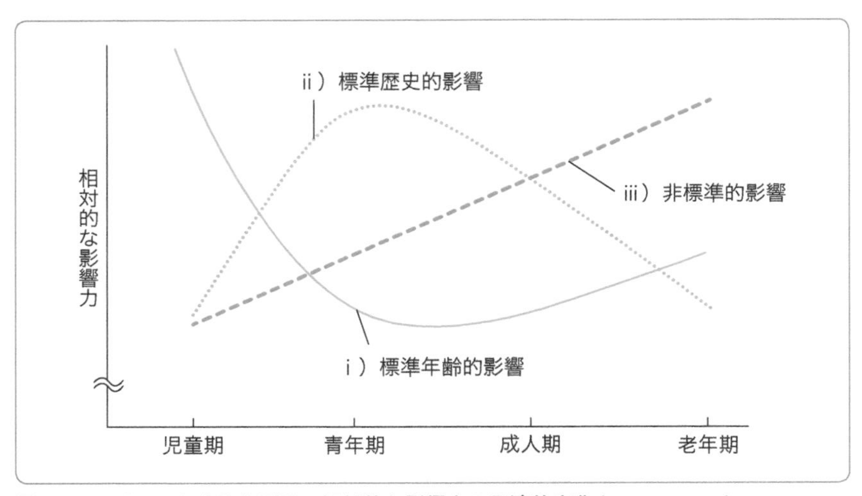

図1.5　バルテスによる主要因の相対的な影響力の発達的変化（Baltes, 1980）

影響力は弱くなるが，老年期にかけて再びその影響力が強くなっていく。

標準年齢的影響には，環境要因に由来する影響もある。誰もが，年齢に応じた社会的な取り扱いを受ける。生活年齢による社会制度的・社会慣習的な取り扱いは大きく異なる。義務教育への受け入れ年齢，非行少年の年齢による処遇など，年齢による社会からの働きかけは異なり，こうした影響を受けて発達が進む。

ii）標準歴史的影響

歴史上の出来事や時代的背景，および世代としての共通経験に起因する影響がある。時代や社会，文化が個人の発達に及ぼす影響である。戦争や大恐慌，感染症といった歴史的事件，都市化や工業化といった社会的・環境的変化，食糧事情・医療水準・育児様式の変化といったさまざまなものがある。同一の大きな歴史的事象であっても，それを体験する年齢階層によって，受ける影響は異なる。世代差は，こうしたそれぞれの世代のコホート（cohort）が生きてきた社会や文化の影響の差異を反映している。

標準歴史的影響を強く受けるピークは青年期である。そこから年齢的に離れるにしたがって，相対的な影響力は低くなっていく（図1.5参照）。幼い子どもや高齢者は，社会的な変化が直接的な影響を及ぼさないように社会や家族により保護されている，とバルテスは考えた。また，高齢者は自分の価値観や固定観念にこだわりやすく，新しい社会的・文化的変化を受容することが困難で，この影響を受けにくいとも考えられる。

iii）非標準的影響

個人によって異なるライフイベントや体験，個人に特有な生物学的要因（遺伝的多型）など個人の特徴や個人差を生み出していく個別の影響をいう。ライフイベントには，入学や転居，海外移住，病気や怪我，家族構成の変化，大切な人との出会いや別れ，結婚や離婚，就職や失業，事故や災難など，人生におけるさまざまな出来事が含まれている。

バルテスらのモデルでは，この非標準的影響は，ライフイベントが年齢の進行とともに集積していくことから，年齢の進行に伴う単純加算的な直線的変化として描かれている（図1.5参照）。

練習問題 

1．①〜④の各研究者が提唱した理論を，a〜dからそれぞれ選びなさい。

①ピアジェ　②エリクソン　③フロイト　④バルテス

a．心理社会的発達理論

b．生涯発達の多元論的－相互作用理論

c．認知構造発達理論

d．心理性的発達理論

2．以下の文章の［①］〜［③］に入る適切な語句の組み合わせを選びなさい。

「［①］」は，時間の経過とともに自然に生じてくる遺伝子の展開過程であり，どの個体にも共通して現れる。ヒトはよほど劣悪な環境に置かれない限り，生後1年もすれば二足歩行をするようになる。そうした［②］に特有な行動を可能にするものが遺伝情報の中に組み込まれているからである。「［①］」は，生物が完成体に向かう人生前半に顕著な「発達」の原動力となる。一方，生物的完成体に近づいた人間，すなわち，エイジング現象が顕著となる人生後半の人間にとっては「経験による行動の変容（［③］）」が「発達」の原動力となる。

	①	②	③
a	遺伝的多型	霊長類	教育
b	成熟	ヒトという種	学習
c	成熟	ヒトという種	教育
d	成熟	霊長類	学習
e	遺伝的多型	ヒトという種	学習

〈文献〉

麻生誠(1993). 生涯発達と生涯学習. 放送大学教育振興会

東 洋・柏木惠子・高橋惠子(編・監訳)(1993). 生涯発達の心理学1巻(認知・知能・知恵). 新曜社

Baltes, P. B., Reese, H. W., & Lipsitt, L. P. (1980). Life-span developmental psychology. *Annual Review of Psychology*, *31*, 65-100.

Cole, M., Cole, S.R., & Lightfoot, C. (2009). *The development of children*. W. H. Freeman & Co.

Dewey, J. (1916). *Democracy and education*. Macmillan. (松野安男(訳)(1975). 民主主義と教育. 岩波書店)

Erikson, E. H. (1959). *Identity and the life cycle*. International Universities Press. (西平直・中島由恵(訳)(2011). アイデンティティとライフサイクル. 誠信書房)

Flavell, J. H. (1971). Stage-related properties of cognitive development. *Cognitive Psychology*, *2*, 421-453.

Freud, S. (1916-1917). *Introductory lectures on psycho-analysis*. Hogarth Press. (懸田克躬・高橋義孝(訳)(1971). 精神分析入門. 人文書院)

村田孝次(1989). 生涯発達心理学の課題. 培風館

永野重史(2000). 発達と学習. 放送大学教育振興会

ピアジェ. 滝沢武久(訳)(1972). 発生的認識論. 白水社

ピアジェ. 谷村覚・浜田寿美男(訳)(1978). 知能の誕生. ミネルヴァ書房

佐々木裕之(2005). エピジェネティクス入門. 岩波書店

第2章 胎芽期・胎児期・新生児期の発達

到達目標

- 胎児の発達過程とその過程で生起する事象・環境からの影響について理解する。
- ヒトの新生児の行動とその生理機序について，先行研究の知見を交えて説明できる。
- 新生児の感覚・知覚能力の発達過程に関する先行研究の知見を説明できる。

ここでは，胎児の発達と新生児の感覚・知覚能力についてみていく。

2.1節 胎児の発達

受胎から出産までの40週間は，3つの発達段階として考えられている。第1段階は，受胎から子宮への着床までの受精後8～10日であり，卵体期と呼ばれる。第2段階は，着床後から主要な器官が形成されるまでの在胎8週までであり，胎芽期（胚子期）と呼ばれる。そして，その後の出生までの期間を胎児期と呼ぶ。

A. 胎芽期（胚子期）

ヒトの生命の発生は，受精の瞬間に始まり，受精後8週間までに主要な組織・器官が形成される。最初は1つの細胞であった受精卵が，細胞分裂を繰り返し，大きくなっていく。受精後15～16日（まだ女性が妊娠に気づかない頃）には，その大きさは約0.2 mmとなり，内部は外胚葉・中胚葉・内胚葉の3層になる（**図2.1**）。外胚葉からは主に皮膚（表皮・爪・毛髪）や眼球・鼻などの感覚器，中枢・末梢神経などが，中胚葉からは循環器や骨や筋肉・血管（真皮）などが，内胚葉からは消化器や呼吸器（肺・気管支）などが形成される。この，各胚葉からの器官原基（組織や臓器の芽）の分化がほぼ終了するまでの期間を胎芽期と呼んでいる。

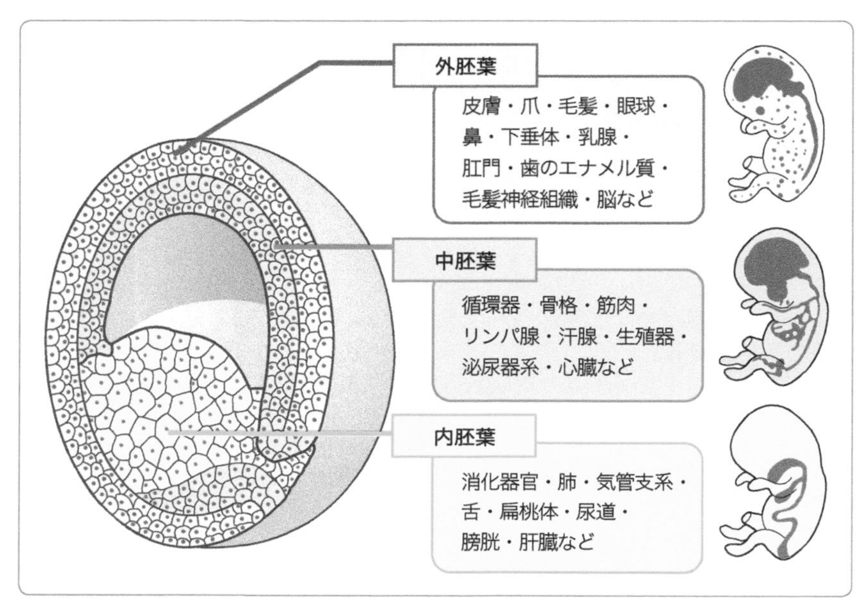

図2.1　外胚葉・中胚葉・内胚葉から形成される体の組織・器官

B. 胎芽期の発達と成人期の気質との関連を調べた研究

この胎芽期の発達と成人期の気質を関連づけた研究者としてシェルドン（Sheldon, W. H.）らがいる。彼らは，クレッチマー（Kretschmer, E.）の影響を受け，約4,000人の男子大学生（アフリカ系と東洋系アメリカ人は除いたが，さまざまな人種を含んでいた）の写真から身体の各部分を計測し，3つの体格類型として分類した（Sheldon et al., 1940）。

ほっそりして繊細な感じがし，体の割合からいえば外胚葉から発達する脳や中枢神経系が大きく，それゆえに刺激に対して敏感な者は外胚葉型（ectomorphy）と呼ばれた。また，筋肉質で骨や関節が大きい者は，こうした組織が中胚葉から発達してきたと考えられるため，中胚葉型（mesomorphy）と呼ばれた。体のどの部分も丸みを帯びている体格の者は，内胚葉から発達した消化器系の内臓が大きいので内胚葉型（endomorphy）と呼ばれた。

一方で，シェルドンらは，さまざまなテストやインタビューを通じて，3つの特徴的な気質要素を明らかにしている。それらは，頭脳緊張型（cerebrotonia），身体緊張型（somatotonia），内臓緊張型（viscerotonia）

である。頭脳緊張型は，内向的であり，物事をなすがままにしておくことができず常に何かについて神経質になっている。身体緊張型は，活動的で疲れることを知らず，自己主張的な行動が目立つ。内臓緊張型は，一般的にゆったりしており，くつろぎを愛し，社交的である。そして，これらの3つの気質と3つの体格類型には対応がみられることを明らかにした。それによると，外胚葉型は頭脳緊張型，中胚葉型は身体緊張型，内胚葉型は内臓緊張型であった（Sheldon & Stevens, 1942）。

この研究は，個人の行動特徴における個人差が体格といった生物学的個人差と関連していることを示そうとしたものであり，パーソナリティ特性の体質的・生物学的特性を検証しようと発展してきた一連の研究の中に位置づくものである。

C. 胎芽期における発達の障害

さて，胎芽期に何らかの原因で器官原基の分化に異常が生じると先天性奇形（congenital malformation）となる。**図2.2**に中枢神経系の分化と奇形について示した。「妊娠初期に薬などを飲むと胎児に悪影響を与える」といわれる（妊娠中の女性が薬物を服用したときに胎児に奇形が起こる危険性のことを「催奇形性」という）。妊娠初期は胎芽期にあたり，この時期は器官原基の形成期，つまり身体のいろいろな器官が形成される時期であり，外的な影響を受けやすいと考えられており，注意が必要である。催奇形性における感受期（sensitive period）と考えられている。

先天性奇形は，出生時に認められる形態的な異常である。他の多くの病気と異なり，基本的には，先天性奇形は不可逆的である。先天性奇形は，胎芽（胚子）内の原基における遺伝子発現の異常，または胎芽期（胚子期）に起きる時期特異的な形態形成運動の異常によって起こる。古い時代には，先天性奇形は運命によって個人に起こるものであるので受容しなければならないと考えられていた。現在は，①社会に受け入れる手段（哺乳環境の整備などを含む），②外科的治療，③催奇形要因の同定とその除去による発生の予防，④出生前診断（prenatal diagnosis）が対策として考えられている。

D. DOHaD仮説

DOHaD（Developmental Origins of Health and Disease）仮説とは，「将来の健康や特定の病気へのかかりやすさは，胎児期や生後早期の

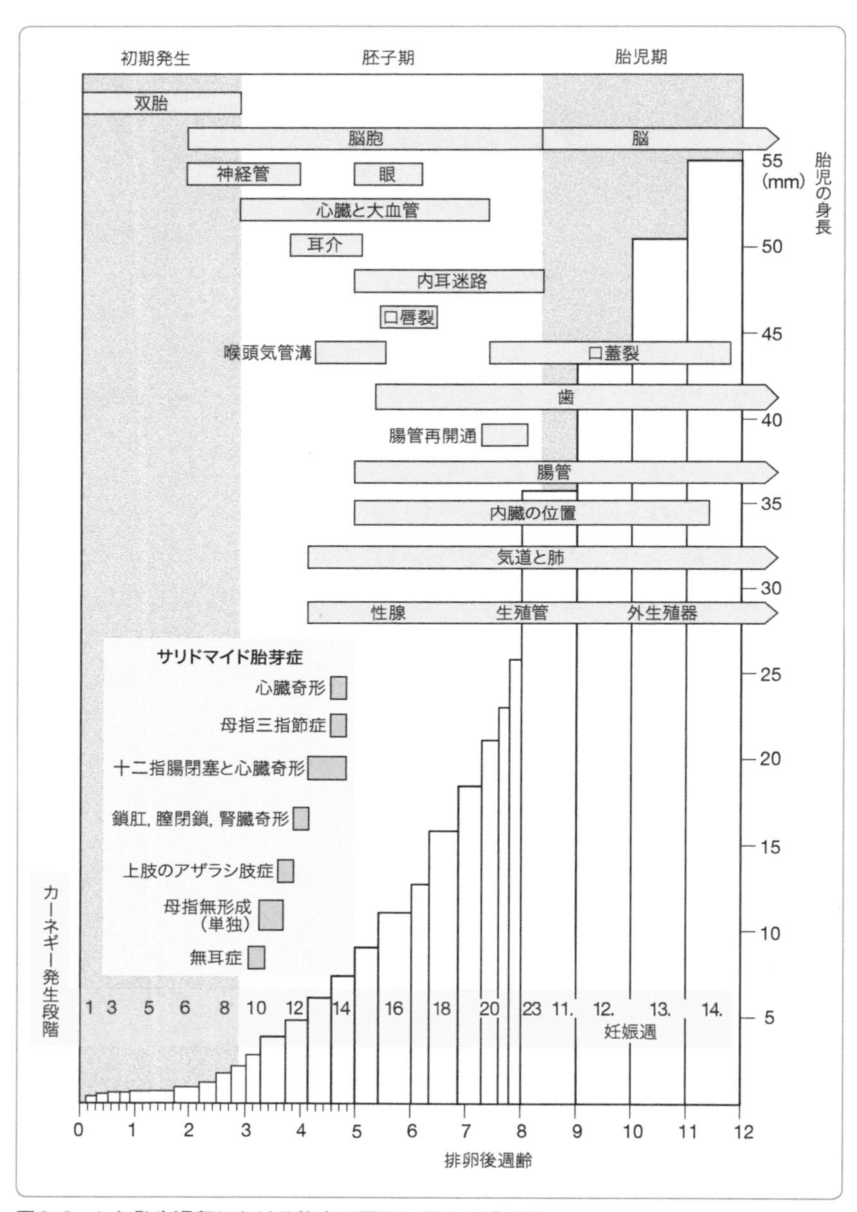

図2.2　ヒト発生過程における催奇形要因に関する感受期
（Drews, U. 塩田浩平訳, 1993. 発生学アトラス. p.361. 文光堂より）

環境の影響を強く受けて決定される」という仮説である。疫学研究により，胎芽期，胎児期，新生児期における環境要因が，成人期や老年期の健康，あるいは生活習慣病などの慢性疾患の発症リスクに関連することが指摘されるようになった。

1980年代から1990年代初頭にかけて「低出生体重児は成人期に糖尿病や高血圧，高脂血症など，いわゆるメタボリックシンドロームを発症するリスクが高い」という疫学研究の結果が相次いで報告されるようになった。イギリスのバーカー（Barker, D. J.）らはその結果をもとに「胎児プログラミング仮説」を提唱した。この仮説では，子宮内で低栄養に曝された胎児は出生体重が減少すると同時に，その低栄養環境に適合するための体質変化が生じ（エネルギーをためこみやすい体質に変化し），出生後に児の栄養環境が改善すると相対的な過栄養状況となるためこれらの疾病を発症するリスクが高くなるというものである。しかしこの胎児プログラミング仮説では，低出生体重児とならない児の体質変化や生活習慣病以外の疾病リスク，栄養環境以外で生じる体質変化などを説明することができない。このような胎児プログラミング仮説の限界を受けて，提唱されたのがDOHaD仮説である。

胎児プログラミング仮説が一般化されたDOHaD仮説では，「胎児期や生後早期におけるさまざまな環境によりその後の環境を予測した適応反応（predictive adaptive response）が起こり，その時の環境とその後の環境との適合の程度が将来の疾病リスクに関与する」と説明される。DOHaD仮説で生じるとされる体質変化が起こるメカニズムも，最近の研究から徐々に解明されてきた（**図2.3**）。この体質変化は遺伝子の発現部位を調節するエピゲノム変化を介して起こることがわかっている。遺伝子の発現部位を調節するこの機構は，食物や薬物，ストレスなど後天的な要因によって起こる遺伝子の化学修飾*である。このエピゲノム変化によって，発現する遺伝子の調節がなされるため，疾患発症のリスクが変化すると考えられている。しかもエピゲノム変化は世代を超えて遺伝しうることが議論になっており，その一部は可逆的であることも報告されている。

---

*遺伝子の化学修飾：遺伝子のON/OFF，すなわち，どの遺伝子を使ってどの遺伝子を使わないかという“印”をつけること。

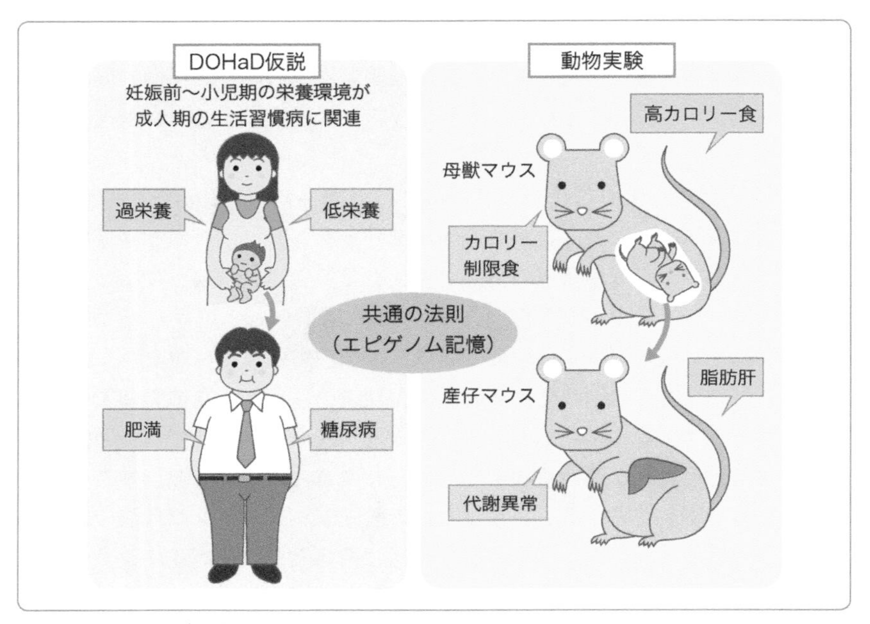

図2.3　DOHaD仮説
（小川佳宏・伊藤宏晃, 2020. 実験医学. 38（6）p.917. 羊土社より一部改変）
げっ歯類による妊娠動物モデルを用いた基礎研究の急速な進展により，ヒト以外の哺乳類において臨床的な観察事実の多くが再現され，DOHaD仮説の概念が注目されるようになった。

E. 胎児の感覚能力・学習能力

胎児にはさまざまな感覚能力が備わっており，環境の影響を受けて母親の胎内で生活している。平衡をつかさどる感覚は受胎後5か月ほどで機能しはじめ，胎児は羊水の中で母親の姿勢の変化を感じている。また，在胎26週になると，母親のお腹に光を当てたときに，心拍が変化し，動きをみせることから，胎児は光に反応する。

胎児が聴覚を使用した学習をしていることを示した研究がある（DeCasper & Spence, 1986）。まず，妊婦に妊娠後期の6週，童話（The Cat in the Hat）を1日2回朗読してもらった。これにより，胎児は，生まれる前までに総計3時間30分童話を聞いたことになる。誕生後2〜3日齢で，新生児の人工の乳首を吸う回数（サッキング）のベースラインをとった後，サッキングの率を変化させることによってレコーディングされた童話を聞くことができるように新生児を条件づけた（半数の乳児はサッキングを増加させることで，残りの半数はサッキングを減少させることで，童話を聞くことができるように条件づけた）。すると，テスト試行で，出生前に聞いたものと同じ童話が提示された新生児は，童話が聞こえなくなると（童話を聞くために）サッキングの率を調節した。一方，新しい童話が提示された新生児は，そうしたことはしなかった。この実験結果から，新生児は胎内にいる時に母親が読む童話を聞いており，胎内におけるこうした学習が誕生後の音声の選好に影響を与えたと考えられた。胎児は，このように，聴覚による学習をもしていると考えられている。

2.2節 新生児期の発達

新生児期（neonatal period）とは，出生直後から4週間（約1か月）の期間を指す（母子保健法では，「新生児」とは，出生後二十八日を経過しない乳児をいうと規定されている［第6条5］）。新生児は，生まれた時から人間のもつほとんどの基本的感覚を経験できるように生物学的に準備されている。

A. 哺乳類における新生児

ポルトマン（Portmann, A.）は，「人間の新生児は，高等哺乳類に当てはまる法則からかけ離れている」と述べた。何をもって彼はそう言ったのか。ここでは，彼の見解に沿って，ヒトの新生児の特殊性について考えたい。

哺乳類の新生児といった観点から考えると，出生時に目が見えない子ネコもいれば，目が開いており活発に走り回る子ウマもいる。そして，よくよく観察すると，1つの哺乳動物群の身体の組織体制と，発生・発達の仕方との間には一定の関係がみられる。あまり特殊化していない身体の構造を持ち，脳髄がわずかにしか発達していない動物群は，たいてい短い妊娠期間しかもたず，一度に生まれる子どもの数が多く，そして生まれた時の子どもの状態は，頼りなく能無しの状態である（**表2.1**）。これらの新生児は，毛が生えておらず，その感覚器官はまだ口が閉じられていて，その体温は外部の温度に全く依存している（ウサギやテンなど）。こうした動物は「巣に座っているもの（就巣性）」といえるだろう。ところが，哺乳類の，よりいっそう高等な組織段階にあるもの（有蹄類，アザラシ，クジラ，原猿類と猿類）では，妊娠中の母胎内での発育期間は長く，一度に生まれる子どもの数は，たいてい2匹か1匹である。そして，新生児ははるかに発育を遂げ，その姿や挙動

表2.1　哺乳類における個体発生的関係
(『人間はどこまで動物か—新しい人間像のために』アドルフ・ポルトマン 高木正孝訳 岩波新書 1961 30頁より)

	下等な組織体制段階	高等な組織体制段階
妊娠期間	非常に短い (例えば20〜30日)	長い (50日以上)
一胎ごとの子の数	多い (例えば5〜22匹)	たいてい1〜2匹 (まれに4匹)
誕生時の子どもの状態	巣に座っているもの (就巣性)	巣立つもの (離巣性)
例	多くの食虫類，齧歯類，イタチのたぐい，小さな肉食獣	有蹄類，アザラシ，クジラ，原猿類と猿類

はその親に既に大変よく似ている。これらの動物を「巣立つもの（**離巣性**）」という。

●ヒトの新生児：独特な特徴をもつ「巣立つもの」

では，高等哺乳類であるヒトの新生児はどうであろうか。赤ちゃんは，「巣に座っているもの」がもつ特徴的な感覚器官の変化を，母親の胎内で経過する。眼瞼の閉鎖についていえば，大体妊娠3か月で閉じられて，5か月目の終わりにもう一度開かれる（**図2.4**A）。ヒトは，母親の胎内でさらに「巣立つもの」への段階へと成熟を続け，開かれた感覚器官と完成した運動機能をもつ子ウマや子ウシの段階になる。つまり，ヒトの新生児は，例外なく高等な哺乳類の新生児として完成した段階で誕生する。だが，誕生第1日からさまざまな運動能力がある他の「巣立つもの」とは異なっている。子ウマや子ウシは自分で歩くが，ヒトの新生児は独力で移動しない。また，他の高等哺乳類の子どもが誕生時から身体の割合が成熟した大人の形に近いのに比べると，ヒトの新生児の腕や脚の割合は成人のそれとはかなり違う。ヒトの新生児は，どんな大きなサルの子どもよりもはるかに重く，誕生時に既に類人猿の3倍も重い脳髄を持っている（**表2.2**）。

高等な哺乳類の新生児は，発達し機能も備わった感覚器官を持つ「巣立つもの」である。その体の割合は，頭の大きさの割合が少しずれていることを除いては，成育した親の姿そのままを小さくした縮図であり，その運動や行動は親に大変似ている。そのうえ，その種特有のコミュニケーションの手段の要素を備えている。もしヒトがこの意味で本当に高等な哺乳類に属すると

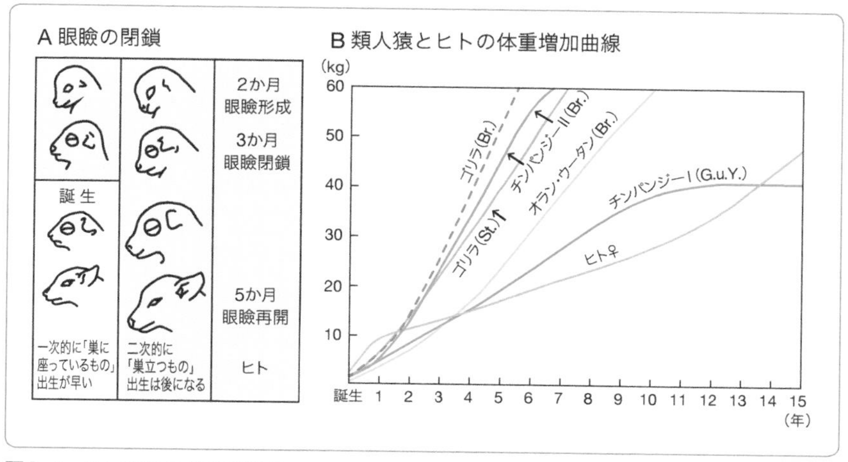

図2.4 ヒトの新生児の特殊性
(『人間はどこまで動物か—新しい人間像のために』アドルフ・ポルトマン 高木正孝訳 岩波新書 1961 38, 63頁より)

表2.2 類人猿とヒトの脳髄の重さの増加率の比較
(『人間はどこまで動物か—新しい人間像のために』アドルフ・ポルトマン 高木正孝訳 岩波新書 1961 52頁より)

妊娠日数		誕生に際しての		成人した	
		合計体重(g)	脳の重さ(g)	合計体重(kg)	脳の重さ(g)
ゴリラ	?	1,500(1,800)	約130	100	430
チンパンジー	253	1,890	約130	40～75	400
オラン・ウータン	275	1,500	約140	75	400
ヒト	280	3,200	366～386	65～75	1,450

したら，新生児は，その体の割合は大人に似ていて，その種特有な直立姿勢をとり，そのうえ少なくともわれわれのコミュニケーションの手段としての最初の要素，つまり言語（と身振り語）を備えているはずである。しかし，この段階に達するのに，ヒトは生後ほぼ1年かかる。ヒトは，生後1歳になって，高等な哺乳類が生まれた時に実現している発育状態にやっと辿り着く。そうだとすると，ヒトが本当の哺乳類並みに発達するには，われわれヒトの妊娠期間が現在よりもおよそ1か年延ばされる必要がある。こうした文脈で，ポルトマンは，ヒトの新生児は1年の生理的早産で生まれてくると述

べたのである。
そして，インドゾウの妊娠期間は21～22か月，マッコウクジラの妊娠期間は約16か月であること，ゆえに，それらより系統発生的に遅く進化したヒトであればそれ以上の妊娠期間でも妥当なことに言及している。さらに，ヒトの誕生後の発達経過の特殊性にも言及している。すなわち，ヒトは，乳児期に身長・体重が急激に増加し，後の時期になると身体のあらゆる部分の発達の速度がひどく緩慢になり，類人猿の体重がその出発点から比較的一様に増加しているのと対照的である（図2.4B）。ここにも，ヒトの新生児の特殊性をみることができるのである。

B. 新生児の神経・運動機能の特徴

新生児は，自発的に（外部刺激と無関係に），仰向けになったときなどに無秩序に手足をバタバタ動かす全身運動をする。この新生児の全身運動（近年，「ジェネラル・ムーブメント（general movement：GM）」とカタカナ表記することが多い）には，脳の統合機能の発達過程が反映されている（Prechtl, 1997）。この運動の評価で脳の障害がかなり判定できるのである。また，この運動を通し自分の体や外の世界に触れ，新生児は自分の体とそうでないものを認識するのではないかともいわれている。この運動は，仰向けに寝ることができるヒトの新生児だけにある動きで，母親の胎内にいる時から行っていることがわかっている。そして，3か月頃になって，お座りやつかまり立ちなどの随意運動ができるようになるとともに消失していく。

● 新生児反射：原始反射（primitive reflexes）

新生児の大脳皮質は，未熟な状態にあるために能動的な運動はできない。しかし，外部からの刺激に対して脳幹–脊髄系の不随意な運動が反射として生じる。それは，感覚器官の受ける特定の刺激に対して，意思や意識とは無関係に，自動的・定型的に生じる反応で，筋肉や内分泌腺などの活動を引き起こすものであり，原始反射と呼ばれる（**表2.3**）。呼吸や咳，あるいは瞬目反射のように生命維持に不可欠な生理反射は，生涯を通じて持続するが，原始反射の多くは，生後1～2か月のうちに次第に消失してしまう。そして，かなりの期間をおいてから，今度は大脳皮質の統制を受けた随意運動として，乳児は自らの意思で，一定の目的に沿った行動を積極的に示すようになる。これは，神経学的には，髄鞘（ずいしょう）化に伴う神経系の成熟と中枢の制御が進み，行動が次第に随意的な活動へと高次化していく過程である。

表2.3　新生児の原始反射と後の随意運動との対応

随意運動	新生時期の原始反射	新生児の原始反射：内容
乳を飲む行動	口唇探索反射	口元を軽くつつくと，触った方向に顔を向ける
	吸引反射	口の中に指を入れると吸う
危険なものから身を守る行動	引っ込み反射	足の裏をピンでつつくと，足を引っ込める
	瞬目反射	物が急速に迫ってきたり，まぶしい光を急に当てるとまぶたを閉じる
抱きつく行動	モロー反射（抱きつき反射）	仰向けに寝かせ，頭の支えを急にはずすと，両腕を広げ，誰かを抱きしめるかのように腕を戻す
物をつかむ行動	把握反射	手のひらに指を入れ，押すと，その指を握りしめる
歩く行動	歩行反射	わき下で身体を支え，床に立たせると，律動的なステップ運動が起こる
泳ぐ行動	泳ぎ反射	うつぶせにして水につけると，腕と脚を使った泳ぐような運動が起こる

C. 発達初期の経験

動物を対象にした研究では，発達初期の経験が脳の発達に密接に関連しているとの報告が多くなされている。

チンパンジーを16か月齢になるまで完全な暗闇で育てた後，普通の環境においても，簡単な形や色の区別がつかなかったので，診断をすると，網膜が正常に発達していないことが明らかになった。解剖学的・生物化学的診断を行ってみると，視覚野の蛋白質合成が正常に行われておらず，視覚野のニューロンの数も少なかったし，樹状突起も短くなっていた（Riesen, 1960）。

1958年にヒューベル（Hubel, D. H.）とウィーゼル（Wiesel, T. N.）は，第一次視覚野のニューロンの大半が，視覚受容野内にある直線や輪郭の向きに極めて敏感であることを発見した。そして，皮質表面からその下の白質に伸びる垂直カラム内のニューロンは，すべて同じ方向だけに反応することも確認した。それからまもなく，第一次視覚野から直接・間接に入力情報を受け取る他の視覚野でも，特定の方向にだけ明らかに限定して反応するニューロン（方向選択性ニューロン）が発見された。彼らは，線の縁や交差する線がつくる角に反応するニューロンも発見した。これらのニューロンの働きが，線の湾曲の感知や形の認識の基礎となっているのだろうと考えられ

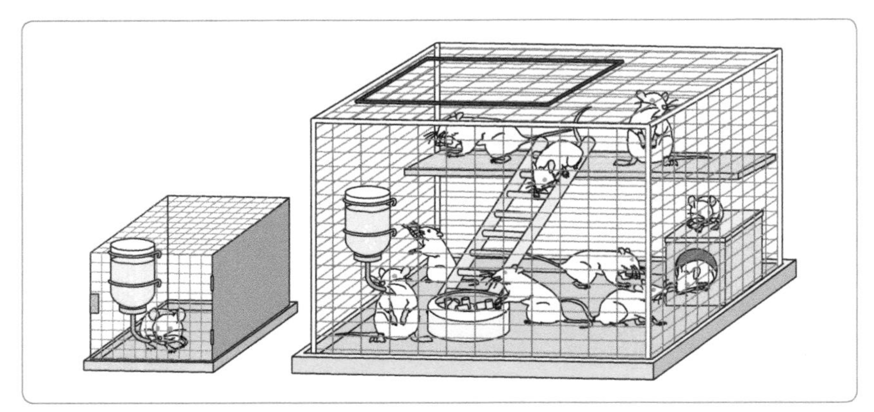

図2.5　貧弱な社会的環境と豊かな社会的環境（Rosenzweig et al., 1972）
実験用ラットが通常収容される標準の実験室用ケージ（左）は，豊かな環境を提供するケージ（右）と比較して，環境との複雑な相互作用の機会がほとんどない。

た。生まれたての（目が開いていない）ネコでは，水平線に反応するニューロンと垂直線に反応するニューロンの双方が備わっている。しかし，数か月間垂直線だけを見ることのできる環境の中で育てられると，水平線に反応する神経細胞がほとんど育たず，水平線を検出する能力が正常に発達しない（Hubel & Wiesel, 1979）。彼らは，こうした研究により，ノーベル生理学賞を受賞している。

また，オスの実験用ラットを，①個別にケージの中で，②数匹一緒にケージの中で，③豊かな（大きなケージで仲間と一緒，加えて，遊ぶことのできるさまざまな物［毎日，25ある道具の中から入れ替えがされた］が置いてある）環境の中で，という3つの条件で飼育した（**図2.5**）。その結果，③のグループのラットは，大脳皮質がより重く，アセチルコリンエステラーゼ（神経の刺激伝達中にアセチルコリンの加水分解を促進する酵素）の量が増加しており，シナプス連結が進んでいるなど，脳の発達がみられた（Rosenzweig, 1984）。

上記のような動物実験から示唆されることとして，ヒトも，さまざまな物理的刺激の入力があると同時に，社会的に豊かな発達初期の経験があると，脳の発達が促進されると考えられている。

D. インプリンティングと敏感期

インプリンティング（刻印づけ・刷り込み）とは，孵化後まもない雛が特定の対象（親鳥または動くもの）に追随するようになる行動であり，ローレンツ（Lorenz, K）により，離巣性の鳥類にみられる現象として知られるようになった（Lorenz, 1960）。この行動は，孵化後の数日間にしかみられず，この時期を逃すと獲得されない行動である。そして，いったん獲得されると容易に消失せず，生育後の配偶選択に影響する行動（性的刻印づけ）でもある。自然界で生きる雛にとって，親鳥に追随する行動は，食べ物の獲得や外敵からの保護という意味において適応的な行動である。また，繁殖相手に同種の鳥を選択するようになることは子孫を残すといった意味において理に適っている。発達初期の経験は，性行動の発現にも影響を与えているのである。なお，このように，発達初期の特定の期間だけに獲得可能な行動があり，その時期を逃すと獲得困難になる時期のことを敏感期（sensitive period）または最適期（optimal period）と呼んでいる（Lightfoot et al., 2012）。

ところで，ポルトマンが使用した「離巣性」「就巣性」という用語は，当初はローレンツが鳥類の分類で使用した用語である。ローレンツは，孵化後ただちに飛び立つ鳥類（ニワトリ，カモ，シギなど）と孵化後長い間巣にあって自分で食物をとることのできない鳥類（ツバメ，ハトなど）とが存在し，離巣性の鳥類の雛にみられる現象として「インプリンティング」を発見した。アヒルやガチョウの雛が，生まれて最初に見た動くものを追随するようになること，たとえ食物やその他の報酬が与えられなくても，孵化してから数時間のうちであれば，それが，親鳥であれ，人間であれ，ゴムまりであれ，動くものであれば何でもその後を追うこと，そしていったんある特定対象の後を追うことを経験すると，その対象のみを選択し，他の対象には後を追う行動を示さなくなる現象を発見したのである。

E. ベビーシェマ

ヒトの赤ちゃんを含めて動物の赤ちゃんはかわいらしくみえる（**図2.6**）。ローレンツは，このような赤ちゃんの姿形の特徴をベビーシェマと名づけた。ベビーシェマは，「大きな頭」と「目と目の間が離れている」「頬が丸い」「目鼻立ちが低い位置にある」顔，「丸くてずんぐりした」体型，「太く短い」手足に特徴がある。ローレンツは，これらの特徴の数と強度が増えれば，対象が動物であっても非生物であっても，よりかわいいと感じられると述べている。また，このような特徴に対する反応は，1歳の子どもであっても生じ

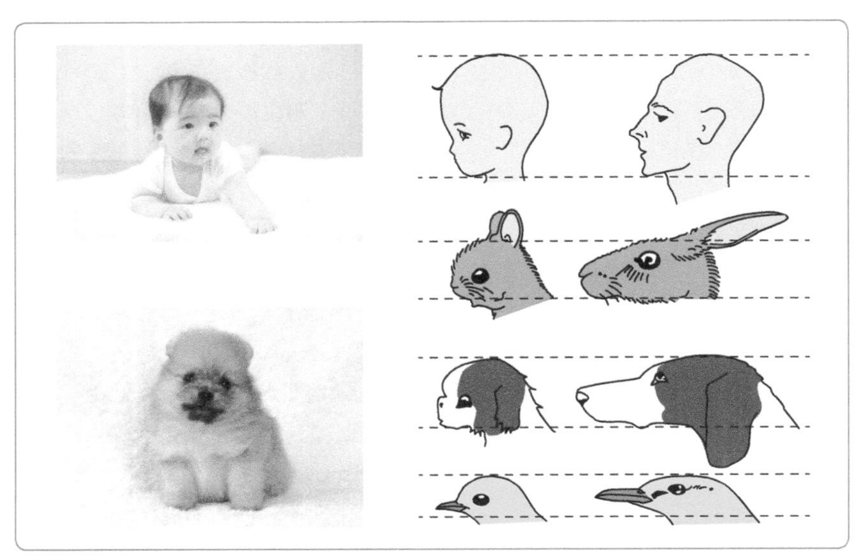

図2.6　ベビーシェマ（Lorenz, 1943）

ることから，生得的な本能行動であり，幼い個体の養育や保護に関連していると考えた。ローレンツは，ある動物の個体がもっている身体的・行動的特性（形態，色彩，音，香り，身ぶり，行動など）が，同種他個体の特定の本能行動の連鎖を発動させている場合，その特性をリリーサーと呼んだ。かわいらしい赤ちゃんを見た大人は，本能的に，養育行動や保護行動を触発される。すなわち，ベビーシェマは，養育行動のリリーサーとなると考えた。ベビーシェマを備えた幼いものを保護しようとする大人の養育行動は，生得的に備わったものと考えられたのである。

実際に，健康的な新生児はこのような特徴を兼ね備えている。自然界に生きる動物の親が，こうした特徴をもたない子どもを持った場合（子どもが障害をもったり病気にかかったりしている場合が多い），養育を放棄する行動を示すことがある。厳しい自然の中で多くの子どもを育てる場合，より健康な子どもに養育行動が触発されるのは，種の保存といった視点から自然に備わった節理なのかもしれない。こうした事実を考慮すると，低出生体重児や，障害児（ベビーシェマを備えない乳児）の親が，時分の子どもに対して抱くかもしれない感情について把握し，支援する必要があるだろう。

F. 生得的触発機構

ヒトの養育行動が，ベビーシェマによって触発される本能行動であるかには議論の余地が大いにある。しかし，ローレンツが提唱したリリーサーによる本能行動の発現機構は，ティンバーゲン（Tinbergen, N.）がまとめた生得的触発機構（innate releasing mechanism）と呼ばれる概念で説明されることになる。この仕組みの中核は，動物の神経中枢には特定の行動に対応した特定の刺激（鍵）を認識する感覚系（鍵穴）が遺伝的に存在しているという考えである。セグロカモメのくちばしは黄色くて長く先端に赤い斑点がついている。そのセグロカモメの雛は，巣に戻ってきた親鳥のくちばしをつついて食物をねだる行動をする。ティンバーゲンは，カモメの親鳥の種々の模型を作製し，雛の食物をねだる行動を調べた。そして，親鳥とは似ても似つかないデフォルメされた形であっても，赤い斑点という信号刺激（鍵刺激）がつつき行動を引き出していることを発見した（**図2.7**）。ここから，生物が生得的に持っている，リリーサーがもつ鍵刺激に反応する仕組みのことを生得的触発機構と呼んだのである。そして，同じメカニズムがヒトという種にも備わっていること，すなわち，デフォルメされたベビーシェマであるウォルト・ディズニー・カンパニーの〈バンビ〉によってヒトの母性的反応が触発されることに言及している（Tinbergen, 1951）。

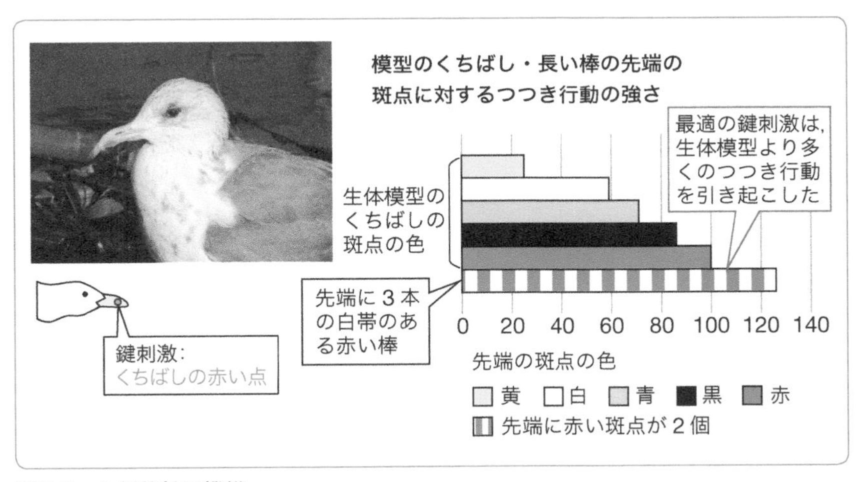

図2.7 生得的触発機構
（Tinbergen & Perdeck, 1950／写真提供：みどりの鳥）

G. 新生児模倣

新生児は成人の顔の模倣を行うとの報告がある（Meltzoff & Moore, 1977; Meltzoff & Moore, 1983a）。実験者が目覚めている新生児の前に現れて，口を大きく開ける・口を突き出す・舌を突き出すなど，はっきりとわかる顔の表情をつくると，それと全く同じ動作をしたのである。しかし，その後の研究では，追試に成功したものも失敗したものもあり，見解の統一は得られていない。なお，新生児模倣が起きるメカニズムについては諸説あるが，メルツオフ（Meltzoff, A. N.）らは，成人が口を開けると新生児の同様の行動が触発されるとする生得的触発機構説と，新生児は何らかのレベルで自分が見る他者の身体変容と自分自身の身体変容（その身体変容がみられてもみられなくても）との等価性を利用する能力をもっており，これが模倣行動を生み出す基盤になるとの能動的様相間マッピング論の2つが有力であると考えている（Meltzoff & Moore, 1983b, 1985）。

H. 新生児の感覚・知覚能力

i）新生児の感覚・知覚能力の測定法

健康な正期産の新生児は，すべての感覚器官が機能しているが，その能力については成人のレベルに達していない。さて，新生児の感覚・知覚能力を調べるには，児の環境に何らかの変化を生じさせてやって，それが児の行動にどのような影響を与えるかを観察する方法がとられる。例えば，音や光の刺激を与えてみて，頭の動き（head turning）を観察したり，脳波の計測をする。また，ニップル（人工の乳首）を吸う速度が速くなるかを観察する方法をとる。

新生児にも，慣れ・馴化（じゅんか）（habituation）が存在することを利用して，能力を測定することも行われる。慣れ・馴化とは，特定の刺激が繰り返されると飽きを示すことをいい，慣れの現象がみられるということは，新生児にその刺激が記憶されていることを意味している。そこで，新生児に同じ刺激を繰り返し与え慣れを生じさせた後，新奇な刺激を導入して，その時の児の様子を観察する。もし新生児が刺激の変化を無視するようなら，その変化は児にとっては心理的に重要ではないが，児が刺激の変化に対して新たな関心を示すならば，児がその変化に気づいていることを意味する。この新たな関心を示す現象を脱馴化（dishabituation）という。

ii）聴覚能力

新生児は人間の声を他の種類の音よりも好むとの報告がある（Butterfield & Siperstein, 1972）。生後数日の新生児は，録音されたスピーチや歌声が流れてくるようにするためにニップルを吸うが，リズム音や楽器による演奏を聞くためにニップルを吸うことはなかった。

新生児は，音素（phoneme）に基づいて言語音の識別ができる。例えば/pa/と/ba/を識別できることが報告されている（Eimas et al., 1971）。これは以下のような手順で確認された。サッキングのベースラインを形成した後，サッキングするたびに/pa/を聞かせる。最初は，あたかもそうした音が提示されるのに興味を示すように，新生児のサッキングの率が増加する。しかし，まもなくするとベースラインまで落ちてくる。新生児が/pa/に完全に慣れを示したら，/ba/を提示すると，再び新生児は急速にサッキングを始めたのである。

その後の研究により，新生児は，さまざまな言語の音素を識別することがわかった。例えば日本の新生児は，日本の成人には困難な/r/と/l/の区別ができる。こうした音素の識別能力は，6～8か月齢の頃から，母国でのみ使用される音素に限定されたものとなっていくことが明らかになってきている。

iii）視覚能力

1）新生児の視力　新生児の視力測定法としては，選好注視法がよく知られている。これは，明度を等しくした白黒の縞模様と無地の灰色とを対にして新生児の前に提示し，両者への注視時間を測定する方法（縞模様の幅が広い場合には縞模様への注視時間が長くなるが，幅が狭くなり灰色との区別ができなくなると注視時間に差が生じなくなることを利用する方法）である。それによると，新生児の視力は，目から30 cm離れたところにある2.5 mm幅の黒と白の縞模様の検出が可能な程度である。それよりも幅の狭い縞模様は，ぼやけて灰色との区別がつかなくなる（Slater, 1989）。

このように，新生児は極度の近視であると考えられるが，新生児の視力が悪いことは，大きくなってからや成人になってから視力が悪いことに比べれば，それほど不利なことではない。結局のところ，新生児は自分では動けないし，頭を自ら起こしておくことはできないからである。しかも，新生児の焦点距離は，授乳時に母親とアイコンタクトをとるのに最適で，

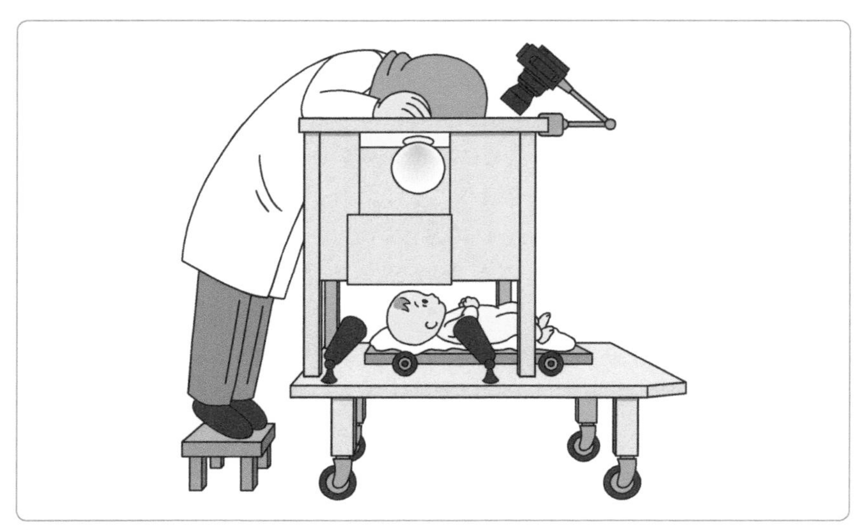
図2.8　ファンツの開発したlooking chamber

母子関係の成立にとって十分な焦点距離となっている（Stern, 1977）。7～8か月になって子どもが自分で這うことができるようになると，視力は成人の視力に近くなる（Banks & Salapatek, 1983a）。

2）パターン知覚　1960年代初期，新生児が形を見分けることがファンツ（Fantz, R. L.）により明らかにされた（Fantz, 1961, 1963）。ファンツは，“looking chamber”と呼ぶ装置を開発し，実験を行った（**図2.8**）。新生児は，部屋の中のサークルベッドに寝かせられ，さまざまな形を見せられた。新生児がある形を他の形よりも長く見た場合，新生児は形を見分けており，長く注視したほうを選好したと考えられる。実験の結果，新生児は顔や同心円のようなパターン化されたものを長く見たことが報告されている。その後，新生児の形態知覚の能力はどの程度か，なぜ新生児はある形態を他の形態よりも好むのかの研究が進んでいった。

3）複雑さ　乳児は自分の情報処理能力にふさわしい複雑さや情報量をもった刺激を選好するとの報告がある。乳児が選好する刺激の複雑さのレベルは，乳児の発達とともに増大する。例えば，2×2，8×8，24×24の市松模様を見せた場合に，新生児は2×2，2か月齢児は8×8，3か月齢児は24×24を選好したとの報告がある（Brennan et al., 1966）。乳児は，自分の視力レベル内で，最も複雑な情報を提供する刺激を選好すると考えられている（Banks & Salapatek, 1983b）。乳児のこうした行動は，視覚系の発達に最も有効な刺激を提供するような視覚対象に注意を向けさせる機能をもつと考えられ（Banks & Ginsburg, 1985），最適水準刺激理論（theory of optimal level of stimulation）（Dember & Earl, 1957）と呼ばれている。

4）**全体と部分**　新生児は，形全体に視線を走らせる（走査する）ことはせず，コントラストが強い部分（例えば線とか角の部分）を走査する。2か月齢になると，形の広い部分を走査するようになるが，まだコントラストの強い部分に注意を向ける（Salapatek, 1975）。成人が形全体を走査するのとは対照的である。

5）**内部と外部**　ある形がある形の中にある刺激の場合，新生児は外の輪郭のみを見る。しかし，2～3か月齢になると，中の形に気づきそれに関心を向けるようになる（Salapatek, 1975）。新生児と4か月齢児との比較研究（Milewski, 1976）から，以下のことが明らかになっている。内部が円，外郭が正方形の刺激を報酬として，乳児にサッキングを条件づけた。すなわち，乳児がサッキングを一定回数行ったら，報酬として刺激を見せた。こうすることにより，乳児は刺激を見ようとしてサッキングを増加させる。だが，慣れが生じるとサッキング回数が減少していくので，その時ターゲット刺激を見せる。乳児は以下の4群に分けられている（**図2.9**）。

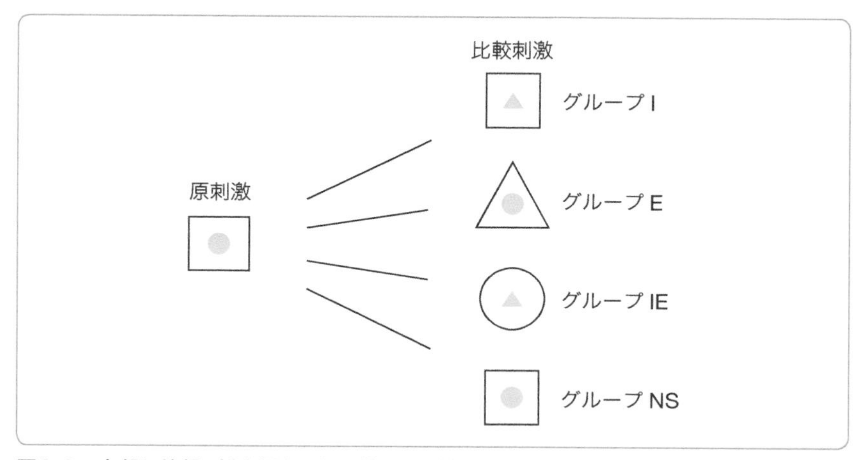

図2.9　内部と外部：新生児と4か月齢児との比較研究（Milewski, 1976）

グループI：内部の形だけが変化したターゲット刺激が呈示される
グループE：外郭だけが変化したターゲット刺激が呈示される
グループIE：内部の形・外郭とも変化したターゲット刺激が呈示される
グループNS：内部の形・外郭とも変化なしのターゲット刺激が呈示される

新生児の場合は，グループEとグループIEでサッキングが増加した（脱馴化が観察された）。4か月齢児の場合は，グループI・グループE・グループIEでサッキングが増加した。

一方，1～2か月齢児に対する実験では，以下のことが明らかになった。内部が三角形・外郭が円の刺激を提示し，慣れを生じさせる（見ることをやめるようになる）。外郭だけ変化させたターゲットを提示すると，乳児はそれを長い間注視するようになるが，内部だけ変化させたターゲットを提示しても，それを注視することはない。ところが，形は全く同じ（内部が三角形・外郭が円）だが，内部の三角形が前や後ろに振動するターゲットを提示すると，それを長い間注視するようになった（Bushnell, 1982）。

新生児がパターン化されたものを選好すること，コントラストが強い部分や外部に目が向くこと，内部の動きに敏感なことなど，新生児の形態の知覚の特徴は，人の顔を知覚する際や，母親の顔を他の人物の顔から区別する際に，役立つと考えられる。高いコントラストをもつ部分への注目は，顔の輪郭や髪型に注目させることになる。内部が動きをもつとそれに注目する傾向は，目や口の動きに乳児の視線が向くことを意味する。新生児は，人の顔を見分ける傾性を備えていると考えることが理に適っている。

練習問題

1. 以下の文章の［①］［②］に入る適切な語句の組み合わせを選びなさい。

新生児が生後直後から示す［①］は生後1～2か月のうちに次第に消失してしまう。そして，今度は［②］の統制を受けた随意運動として，乳児は自らの意思で，一定の目的に沿った行動を積極的に示すようになる。

	①	②
a	原始反射	中脳
b	新生児模倣	扁桃体
c	原始反射	扁桃体
d	新生児模倣	大脳皮質
e	原始反射	大脳皮質

2. 以下の文章の[①]～[④]に入る適切な語句の組み合わせを選びなさい。

新生児が，言語音を識別（/pa/と/ba/を識別）していることを証明した実験は，以下のような手順で行われた。

・サッキングのベースラインを形成する。

・サッキングするたびに/pa/を聞かせる。

最初は，新生児のサッキングの率が[①]する。

しかし，まもなくすると，[②]。

・新生児が，このように/pa/に完全に[③]を示したら，/ba/を提示する。

・すると，新生児は[④]。

	①	②	③	④
a	増加	ベースラインまで落ちてくる	慣れ	再び，急速にサッキングを始める
b	減少	ベースラインまで上がってくる	慣れ	再び，サッキングを減少させる
c	増加	同じ速度でサッキングを続ける	慣れ	再び，急速にサッキングを始める
d	減少	急速にサッキングの率を増加させる	興味	サッキングをやめてしまう
e	増加	急速にサッキングの率を増加させる	興味	よりサッキングの率を増加させる

3. ①～④の各研究者と関係のある事項を，a～dからそれぞれ選びなさい。

①ポルトマン　②ローレンツ　③ティンバーゲン　④ファンツ

a. 生得的触発機構　b. 選好注視法　c. 1年の生理的早産

d. インプリンティング

〈文献〉

Banks, M. S., & Ginsburg, A. P. (1985). Infant visual preferences. *Advances in Child Development and Behavior*, *19*, 207-246.

Banks, M. S., & Salapatek, P. (1983a). Infant visual perception. In P. H. Mussen (Ed.), *Handbook of child psychology. Vol. 2, Infancy and developmental psychology*. Wiley.

Banks, M. S., & Salapatek, P. (1983b). Infant visual perception. In M. M. Haith, & J. J. Campos (Eds.), *Infancy and developmental psychobiology*. Wiley.

Brennan, W. M., Ames, E. W., & Moore, R. W. (1966). Age differences in infants' attention to pattern of different complexity. *Science*, *151*, 354-356.

Bushnell, I. W. R. (1982). Discrimination of faces by young infants. *Journal of Experimental Child Psychology*, *33*, 298-308.

Butterfield, E. L., & Siperstein, G. N. (1972). Influence of contingent auditory stimulation upon nonnutritional sucking. In J. Bosma (Ed.), *Oral sensation and perception*. Charles C. Thomas.

DeCasper, A. J., & Spence, M. J. (1986). Prenatal maternal speech influences newborn's perception of speech sounds. *Infant Behavior and Development*, *9*, 133-150.

Dember, W. N., & Earl, R. (1957). Analysis of exploratory, manipulatory, and curiosity behaviors. *Psychological Review*, *64*, 91-96.

Eimas, P. D., Siqueland, E., Jusczyk, P., & Vigorito, J. (1971). Speech perception in infants. *Science*, *171*, 303-306.

Fantz, R. L. (1961). The origins of form perception. *Scientific American*, *204*, 66-72.

Fantz, R. L. (1963). Pattern vision in newborn infants. *Science*, *140*, 296-297.

Hubel, D. H., & Wiesel, T. N. (1979). Brain mechanisms of vision. *Scientific American*, *241* (3), 150-162.

Lightfoot, C., Cole, M., & Cole, S. R. (2012). *The development of children* (7th ed). Worth Publishers.

Lorenz, K. (1960). *The king solomon's ring*. DR. G. BOROTHA. (日高敏隆(訳)(1970). ソロモンの指輪. 早川書房)

Meltzoff, A. N., & Moore, M. K. (1977). Imitation of facial and manual gestures by human neonates. *Science*, *198*, 75-78.

Meltzoff, A. N., & Moore, M. K. (1983a). Newborn infants imitate adult facial gestures. *Child Development*, *54* (3), 702-709.

Meltzoff, A. N., & Moore, M. K. (1983b). The origins of imitation in infancy. In L. Lipsitt, & C. Rovee-Collier (Eds.), *Advances in infancy research*. Ablex.

Meltzoff, A. N., & Moore, M. K. (1985). Cognitive foundations and social functions of imitation and intermodal representation in infancy. In J. Mehler, & R. Fox (Eds.), *Neonate cognition*. Lawrence Erlbaum.

Milewski, A. E. (1976). Infants' discrimination of internal and external pattern elements. *Journal of Experimental Child Psychology*, *22*, 229-246.

小川佳宏・伊藤宏晃(2020). 概論-DOHaD：概念, 現状と将来展望. 実験医学, *38* (6), 916-922.

Portmann, A. (1951). *Biologische fragmente zu einer lehre vom menschen*. Basel, Benno Schwabe & Co. Verlag. (高木正孝(訳)(1961). 人間はどこまで動物か. 岩波書店)

Prechtl, F. H. R. (1997). Editorial: state of the art of a new functional assessment of the young nervous system. *Early Human Development*, *50*, 1-11.

Riesen, A. H. (1960). Brain and behavior: Session I: Symposium, 1959: 4 Effects of

stimulus deprivation on the development and atrophy of the visual sensory system. *American Journal of Orthopsychiatry*, *30*(1), 23-36.
Rosenzweig, M. R.(1984). Experience, memory, and the brain. *American Psychologist*, *39*(4), 365-376.
Rosenzweig, M. R., Bennett, E. L., & Diamond, M. C.(1972). Brain changes in response to experience. *Scientific American, 226*(2), 22-29.
Salapatek, P.(1975). Pattern perception in early infancy. In L. B. Cohen, & P. Salapatek (Eds.), *Infant perception: From sensation to cognition*. Academic Press.
Sheldon, W. H., Stevens, S. S., & Tucker, W. B.(1940). *The varieties of human physique*. Harper & Brothers.
Sheldon, W. H., & Stevens, S. S.(1942). *The varieties of temperament*. Harper & Brothers.
Slater, A.(1989). Visual memory and perception in early infancy. In A. Slater, & G. Bremner(Eds.), *Infant development*. Lawrence Erlbaum.
Stern, D. N.(1977). *The first relationship*. Harvard University Press.
Tinbergen, N.(1951). *The study of instinct*. Clarendon Press/Oxford University Press.
Tinbergen, N.(1953). The herring gull's world. Collins.(安部直哉・斎藤隆史(訳)(1975). セグロカモメの世界. 思索社)
Tinbergen, N., & Perdeck, A. C. (1950). On the stimulus situation releasing the begging response in the newly hatched Herring Gull chick (Larus argentatus argentatus Pont.). *Behaviour, 3*, 1-39.

第3章 乳児期の発達

到達目標

- ピアジェの感覚運動的知能の概念とその発達過程に関する実験について説明できる。
- 乳児期の認知発達に関する先行研究の知見を説明できる。
- 自己認識の発達について系統発生と個体発生の観点から説明できる。

ここでは，乳児期の発達についてみていく。

3.1節 乳児期の認知発達

A. 感覚運動的知能による思考

ピアジェによる認知構造の発達理論の概要と主要な発達概念に関しては1章で既に学んだが，乳児期の認知構造は感覚運動的知能の段階となっている（感覚運動期）。この感覚運動的知能の段階は，自分の子ども3人の行動を生後2年間にわたって詳しく観察したピアジェ自身によって，下位の6段階の発達段階から構成されている。3人の子どもの観察に基づく認知発達研究は，『知能の誕生』（1978）にまとめられている。

乳児は，胎内にいる時から，ピアジェがシェマと呼んだ一定の行動様式をもっている。例えば，唇の近くに触れるもののほうに首を傾けそれを吸おうとするシェマをもっている（口唇探索反射・吸啜（きゅうてつ）反射）。出生後は，このシェマを用いて外界にあるもの（乳）を取り入れたり（同化），哺乳瓶の形に合わせてシェマ（吸い方）を変えたりする（調節）。そして，自分のもっているシェマを何度も試したり，シェマを使用することにより外界に起こる変化に気づき，さまざまな実験を行うようになる。

ものの永続性（この世の中にある「もの（物・人物）」は，視界から消えてもこの世から消失しない）の概念も，この時期に段階を追って獲得される。ピアジェは，この発達段階については，乳児を対象にした「もの探求テスト」と「Aノット-Bエラー(A-not-B error) テスト」で確認していった。その発達過程について**表3.1**にまとめた。

表3.1　感覚運動期の発達段階とものの永続性の発達段階（Cole & Cole, 1996）

下位段階	月齢	感覚運動的知能の特徴	ものの永続性の発達
第1段階	0〜1	反射の段階 口唇探索反射・吸啜反射・把握反射・注視など	乳児は，視界からものが消えても，それを探そうとしない。
第2段階	1〜4	第1次循環反応の段階 行為それ自体に興味があり，その行為を繰り返す。	乳児は，視界からものが消えると，それが消えた場所に注意を向ける。
第3段階	4〜8	第2次循環反応の段階 活動とそれが引き起こした環境の変化との関係に注意を向ける。環境に興味ある変化を引き出すためにその活動を繰り返す。	乳児は，部分的に隠れているものは探そうとするが，完全にものが隠れてしまうと探すことをやめてしまう。
第4段階	8〜12	第2次循環反応の協応の段階 目的を達するために，いくつかの第2次循環反応を協応させる。望ましい結果を得るために複数のシェマを結合させることが必要になるので，問題解決の初期の形態と考えられる。	乳児は，完全に視界から消えたものでも，それはどこかに存在しているということを知っているかのように，探そうとする。しかし，隠れたものを探すときに，A-not-B errorと呼ばれる間違いを犯す。A-not-B errorとは，失われたものをある場所で見つけると，それが別の場所へ移されるのを見ていても，以前と同じ場所を探すという間違いである。すなわち，以下のような行動がみられる。カバーAの下に，あるものを隠す。すると，乳児は，それを探し出す。次に，乳児が見ている前で，それをカバーBの下に隠す。すると，探すことが許されると，乳児はカバーAの下を探す。
第5段階	12〜18	第3次循環反応の段階 自分の行為の仕方を体系的かつ柔軟に変化させることによって，さまざまな「(対象の本質を)よく調べるための実験」を行う。	乳児は，ものが別の場所に移されているのを見ていれば，移動された場所を探す。しかし，乳児が見ていないうちにものを移動させると，探すのをやめてしまう。自分が最後に隠されるのを見た場所にそのものを見つけることができないと，それがどこか（近くの）他の場所にあるはずだとは考えず，探すのをやめてしまう。
第6段階	18〜24	表象の始まり 対象をイメージとして頭の中に思い描くことができ，延滞模倣が可能になる。心的結合（洞察）による問題解決が可能になる。	乳児は，目の前からものが消えても，それは必ずどこかに存在すると確信しているかのように探す。「自分がここだと思った所には見つからなかったけれど，どこかにきっとある」と考え，そのものが見つかるまで，ありそうな場所を秩序だてて探す。

さて，ピアジェの感覚運動的知能に関する発達に関しては，その実験手法を含めてさまざまな議論がなされるようになった。その多くは，ピアジェが主張するより早い時期に，乳児はものの永続性を獲得しているのではないかというものである。いくつかの議論について，以下にみていく。

B. ものの永続性に関する議論

i）視界にないものは乳児の心の中にないのか？

感覚運動期において，乳児の行為（action）が彼らの認識を形づくると考えるピアジェは，見えなくなったものを積極的に探そうとしはじめるまでは，「視界から消えたものでも存在し続ける」ことを乳児が理解していると推測することはできないという立場に立っている。ゆえに，5～6か月齢の乳児（完全に布で覆われたものを探し出そうとはしない乳児）は，見えなくなったものは存在しないと考えていると主張したのである。

これに対して，乳児は，ものが存在していることは知っていても，どのようにして視界から消えたものを探したらよいかの方法がわからないだけではないのかという議論がなされるようになった。

バウワー（Bower, T. G. R.）は，標準的なもの探求テストにおいて，乳児がものに手を出さない（探さない）のは，「乳児は，他のものの中あるいは上にあるものを手に取ることができない」からではないかとの仮説を提出した（Bower, 1979）。乳児は，人形を他のものの上に置いた場合には，コップで人形が隠された場合と同じように，手を伸ばすのをやめ，手を引っ込め，もうそれ以上人形を取ろうとしなかった。ところが，「見えなくなる」こと自体は必ずしも乳児を困らせなかった。なぜなら，乳児に人形を示し，その子が手を伸ばしてそれを取る直前に部屋の明かりを消してみたのである。この場合，物理的には「見えなくなる」が，4か月齢の乳児は，90秒間時間がたってからでも，人形に手を伸ばしそれを取ったのである（Bower & Wishart, 1972）。乳児が他のものの中や上にあるものを取ろうとするときには腕や手を注意深く動かす必要があるが，そうした微細な運動がいまだ苦手な乳児には，標準的なもの探求テストに通過するのが難しいと考えられた。

バウワーは，上記のような議論をふまえて，乳児がものについてどのような知識をもっているかを知るため，予期せぬことが起きたときに示す驚愕反応を利用した実験を行った（**図3.1**）。生後20日～3か月齢の乳児に対し，

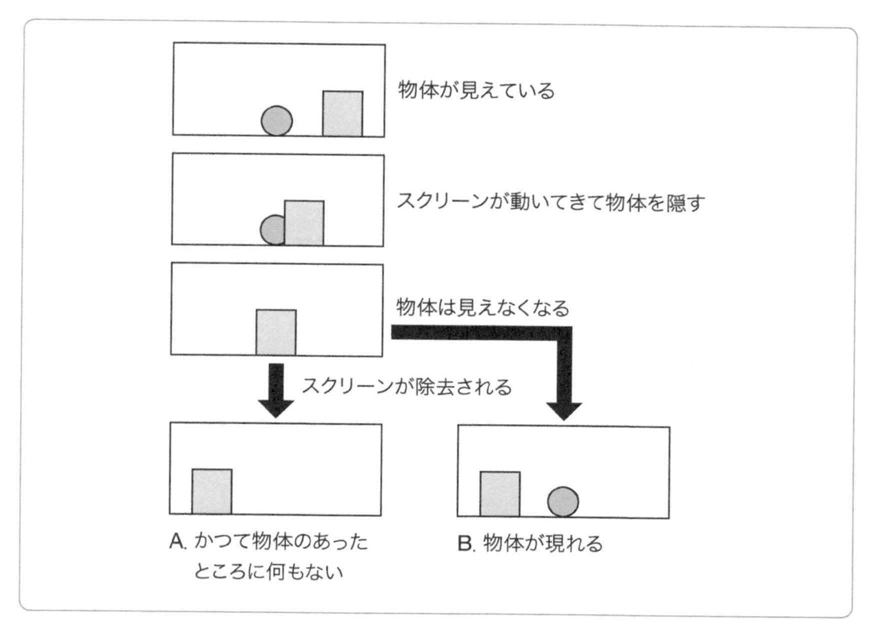

図3.1　バウワーの実験(Bower, 1974)

徐々に物体の前にスクリーンが移動してきて，物体を覆い隠してしまう状況が示された。さまざまに異なる間隔をおいてスクリーンは再び横に動き，ある状況では物体が再び現れ（図3.1B），別の状況では物体のあった場所には何もないような事態が引き起こされた（図3.1A）。最年少の乳児でさえ，Aの状況において驚きを示した（心拍によって測定された）。ただし生後20日齢の乳児には，この反応は隠されている時間が極めて短いときにだけ生じた。この結果から，バウワーは，乳児は，恒常性の知識（ものの永続性）を獲得していると結論づけた（Bower, 1974）。

ベイラージョン（Baillargeon, R）らが，3か月半の乳児を対象に行った実験手続きは，以下のとおりである（Baillargeon & DeVos, 1991）（**図3.2**）。乳児は，小さいあるいは大きい物体がスクリーンの後ろを通り，他の側へ再び現れる事象に馴化させられた。テスト試行では，スクリーンは上半分に窓のあるスクリーンに置き換えられた（そのことによって，大きい物体だとスクリーンの後ろを通っている間は上部が窓から現れるはずだが，小さい物体では見えないことになる)。さて，テスト試行においてはどちらの物体も窓から見えなかった。これは小さい物体の場合においては適切だが，

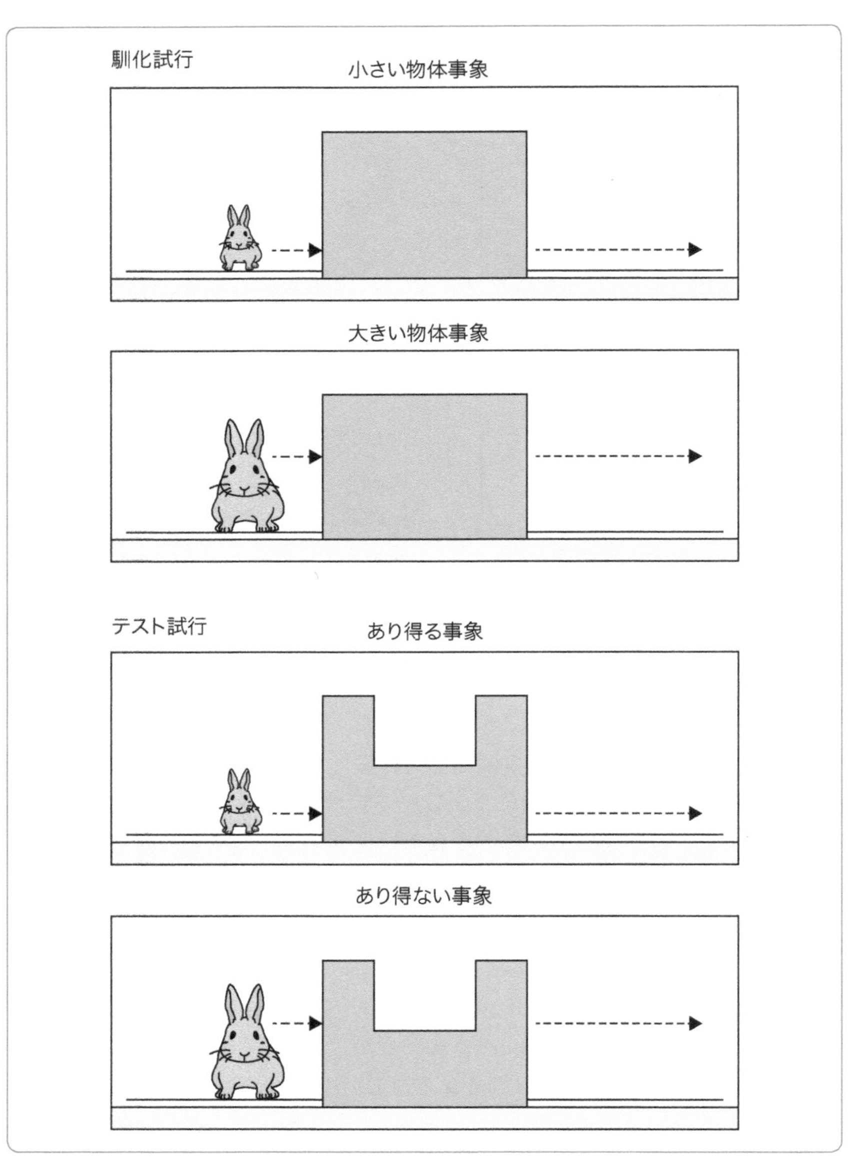

図3.2　ベイラージョンらの実験（Baillargeon & DeVos, 1991）

大きい物体の場合は不可能な出来事である。たった3か月半の乳児でさえ，大きい物体のテスト場面をより長く見た。それは乳児が，物体がスクリーンの後ろを通るとき，窓から見えるはずだという理解をもつことを示唆している。この結果は，5か月半児を用いた以前の研究（Baillargeon & Graber, 1987）の結果を追認している。また，この結果は，ピアジェの感覚運動期における第2段階にいる幼い乳児が，物体が他の物体を遮断する条件をかなりよく理解していることを意味しており，物体の寸法とスクリーンの形態の両方を考慮しているということを明らかにしている。

ii）ものの永続性獲得過程で「見慣れたもの」が果たす役割

乳児が，ものの永続性を認識する最初の対象は，乳児を養育する人であろう。乳児は，見慣れない成人や物体が永続するものであると認識するよりもおおよそ1週間前に，親しい大人や身近な物体が目の前から消えても存在していることを理解しているという報告がある。また，物体の永続性の理解と人の永続性の理解との間には違いがあるとの指摘もある。感覚運動期第4段階の乳児は，物体が消えてしまったり，期待されるところに現れなくても驚かない。しかし，母親や父親が消えてしまったり，多数現れると驚くことを示した研究がある。ピアジェのもの探求テストは，実験室で乳児が初めて見る玩具を使って行われる。そのことが，課題成績に影響を及ぼしている可能性が指摘されているのである。

iii）記憶力の問題

感覚運動期第3段階の乳児がもの探求テストに失敗するのは，記憶力の欠如によってではなく，ものの永続性を理解していないからだというピアジェの見解が正しいとすれば，乳児が間違った場所を探すという誤りを犯す確率は，ものを隠してから乳児が探しはじめるまでの時間には影響されないという仮説が成り立つ。この仮説を，A-not-B errorで検討した実験は，以下のことを明らかにした（Diamond, 1985）。7.5か月齢の乳児は，すぐに探すことが許される条件では，正しくBのカバーの下を見た。しかし，2秒待たされると，間違えてAのカバーの下を見た。1歳齢の乳児であっても，探しはじめるまでに少なくとも10秒待たされると，A-not-B errorを犯した。すなわち，乳児が間違いを犯す割合は，ものを隠してから探しはじめるまでの時間の長さに依存したのである（仮説棄却）。このことから，第3段階の子どもも第4段階の子どもと同じように，隠されたものは存在していると認識しているが，探すべき場所をすぐに忘れてしまうのではないだろうかと考えられた。

iv）動作と場所との区別の問題

そもそも，感覚運動期の乳児は，場所を覚えるのではなく，自分の動作感覚を覚えていると考えられる。24人の乳児を，6か月齢・11か月齢・16か月齢で縦断的に以下の手順で実験的に観察した（Acredolo, 1978）。

乳児は，両側の壁に窓がある実験室の真ん中に置かれた丸いテーブルに向かって座る。乳児の右と左に窓があるのだが，1つの窓は大きな星の絵で縁取られている（もう一方の窓は何の装飾もされていない）。ブザーが鳴ると，実験者が星の窓から乳児の名前を呼びながら現れる。それが5回試行される。その後，乳児は，180度回転して，テーブルの反対側に座らせられる（乳児にとって，星の窓は，以前とは反対側になる）。さて，ブザーが鳴った時，子どもはどちらを見るだろうか？　正しい場所（星の窓）だろうか？　あるいは，自分の動作によって覚えている場所（星のない窓）だろうか？　結果は，6か月齢の時は83％が，11か月齢の時は50％が，16か月齢の時は17％が星のない窓を見た。すなわち，年少の時には，乳児は自分の動作に依存して実験者が現れるところを予想していることを示しており，感覚運動に依拠した認識が特徴であるとしたピアジェの見解を支持した。

v）ものの永続性に関する議論のまとめ

さて，もの探求テストにおいても，上記4点を総合的に考慮する必要があるのではないか。4か月齢になるまでに，乳児は，視界から消えたものも存在していることがわかるようになる。しかし，それを理解していることを行為としては表せない。なぜなら，年少の乳児は，ものに手を伸ばしたりつかんだりするのに努力が必要だからである。ものをつかもうとする時，つかもうとするものと自分の手とを交互に見なければならない。自分の動作を注意深くモニターしなければならない。それゆえ，もの自体への注意が阻害され，そのことを忘れてしまう。彼らが覚えているのは，ものの場所ではなく，自分自身の動作感覚である。しかし，9か月齢になる頃には，ものに手を伸ばしたりつかんだりする動作は洗練されたものになり，もはや特別の注意を払って行う行為ではなくなる。ゆえに，そうしたことに注意をそがれることがないので，隠されたものの場所を記憶し探し出すことができるようになる（Cole & Cole, 1993）。

C. 認知発達における活動（行為）の役割

ピアジェは，子ども自らが行う活動が，子ども自身の認知発達を導くと考えた。この考えによると，乳児にとって「移動する」ことは，どのように身体を動かしたらよいかを学ぶという機会にとどまらず，周りにあるものに対する認識を変えることにつながる。

i）ネコを被験体にした古典的研究

まず，ネコを被験体にした古典的研究（Held & Hein, 1963）をみてみよう。生まれたてのネコ2匹を完全な暗闇で育てる。このことにより，これらのネコの視覚は正常に発達しない。歩けるくらい大きくなったところで2匹をペアにして，ネコ用回転木馬（kitten carousel）で実験した（**図3.3**）。1匹のネコは，回転木馬を引っ張って自分で歩く。このネコは，自分で見たものを活用して自分の動きを統制することができるし，動くことによってある程度は何を見るかを決めることができる。もう1匹のネコは，回転木馬のゴンドラに乗って運ばれる。このネコは，自分で動く必要はないが，見たものと自らの意思で関わることはない。すなわち，こちらのネコの経験は，回転木馬を引っ張るネコの行為によって統制されている。2匹のネコは，42日間，毎日3時間，回転木馬の中で視覚的な経験をし，それ以外の時間は暗闇で過ごした。

その42日が終了した後に，2匹のネコを視覚的断崖（visual cliff, **図3.4**左：具体的な装置を示す）の上に下ろした。自ら回転木馬を引っ張って動いたネコは，崖（深い側）から後ずさりするそぶりを見せ，着地するために適切に足を伸ばした。ゴンドラで運ばれていたネコは，深い側を避けようとせ

図3.3　ネコを被験体にした実験（Held & Hein, 1963）

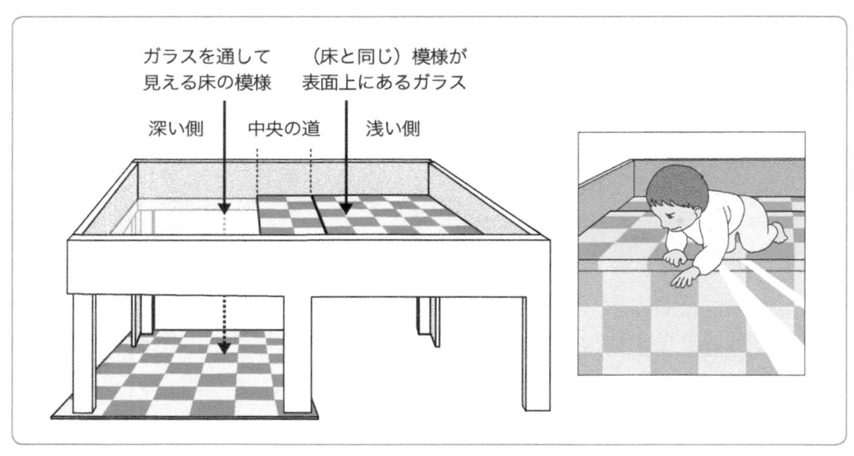

図3.4　視覚的断崖

ず，着地するための適切な行動をとろうとしなかった。この実験は，移動するという経験が奥行知覚を発達させたことを示唆している。

ii）乳児を対象にした研究

乳児研究でも同じような知見が得られている。ハイハイを始める前の5か月齢児は，視覚的断崖を恐れないが，ハイハイをするようになった乳児や，歩行器に入って「移動する」経験をした乳児（**図3.5**）は，高さを恐れたのである（Bertenthal et al., 1984）（図3.4右参照）。

図3.5　歩行器で移動する乳児

また，「移動する」ことは，隠されたものの位置を記憶するという乳児の認知能力を高めているという研究結果も報告されている（Campos et al, 1986）。歩行器で動き回ることを集中的に経験した乳児は，自ら動くことができるようになる前に，標準的なもの探求テストにおいて，隠されたものの位置をより的確に示すことができたのである。

D. もののもつさまざまな性質の統合

乳児は，視覚・聴覚・味覚・嗅覚・触覚を統合して，ある特性をもつ全体性としてのものを認識している。別室から聞こえてくる声（聴覚）とそれからしばらくして見る顔（視覚）が，同じ人物の別の側面であるということを理解している。このような感覚間の統合は，生得的あるいは極めて初期に急速に学ばれるものと考えられる（Spelke, 1976, 1984）。4か月齢の乳児に，1つのスクリーン上には打楽器（percussion instrument）が，もう1つのスクリーン上にはイナイイナイバー・ゲーム（peekaboo）が映し出されている映像を見せた。その後，大きなスピーカーが2つのスクリーンの間に置かれ，ある時は打楽器の音が，ある時はイナイイナイバーの音声が流された。すると，乳児は，その時流れている音に適切な映像（スクリーン）を見たのである。

E. 概念について学びはじめる：分類する

1歳齢になる頃には，乳児は，2つの見かけ上異なったもの（丸くて青く振ると音がするもの，細くて光っており振ると音がするもの）が，2つともガラガラであるということがわかるようになる。カテゴリーを形成する能力は，言語の発達・記憶力の発達にとって必須であり，6か月齢から9か月齢になる頃に出現すると考えられている。6か月齢から9か月齢の乳児を対象にした実験（Ruff, 1978）からみてみよう。乳児は，形（直方体の上に円柱と立方体がのっている）は同じだが，大きさや色（オレンジ・緑・赤）の違うもの（**図3.6**A）を自由に触る時間を経験する。1個1個について30秒間触る試行（慣れ親しむ試行［familiarization trials］）を経験する。その後のテスト試行では，大きさ・色は同じものが2個呈示された。ただし，そのうちの1個はA試行で乳児が慣れ親しんだ形（直方体の上に円柱と立方体がのっている，図3.6B左）だが，もう1個はテスト試行で初めて呈示された形（円柱と立方体が直方体を挟んで別の側についている，図3.6B右）だった。6か月齢児は，どちらにも同じ反応を示し，触る時間に差はなかった。しかし，9か月齢児は，テスト試行で初めて呈示されたものをより多くの時間触っていた。ここから，9か月齢児は，形に慣れ親しむことで，ものの形に基づいたカテゴリーを形成していたことが示唆された。

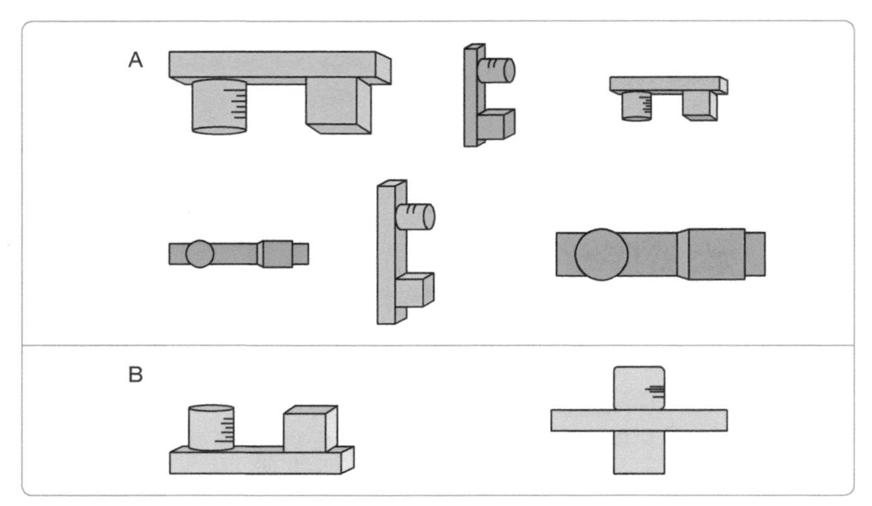

図3.6　形・色・大きさに関する分類実験（Ruff, 1978）

F. 記憶力の発達

ベビーベッドの上に吊るされたモビールを使用した実験から，乳児期の記憶力についてみていこう。いずれも3か月齢児を対象に行われた実験である（**図3.7**）。

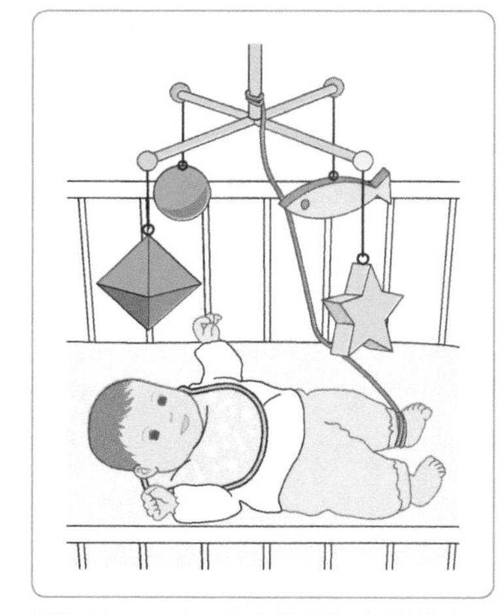

図3.7　モビールを使用した記憶力に関する実験

i）実験1（Sullivan et al., 1979）

乳児の片足にモビールの端をリボンで結び付ける。まもなくすると，乳児は自分が足で蹴るとモビールが動くことを学習する。この学習が成立して1週間後，乳児にモビールを見せると，乳児は足で蹴った。すなわち，足で蹴るとモビールを動かせることを記憶しているようであった。しかし，2週間後にモビールを見せても，すぐに足で蹴ろうとはしなかった。2週間経つと忘れてしまったようであった。

ii）実験2（Rovee-Collier, et al., 1980）

この実験は，3か月齢児でも，手がかりが与えられるなら，1か月後でも記憶していることを示した。まず，乳児に，モビールを足で蹴って動かすことを訓練する。1か月後，モビールを見せられるだけでは蹴ることはしなかった。しかし，その翌日，乳児の足にリボンが結びつけられるとすぐに乳児は足で蹴りはじめた。すなわち，リボンを足に結びつけるという手がかりを与えることによって，足で蹴るとモビールを動かすことができるという学習の記憶が呼び起こされたと考えられた。

iii）実験3（Rovee-Collier & Sullivan, 1980）

この実験は，3か月齢児も，成人と同じように，ものや事件の詳細を忘れてしまっても，大筋は覚えているらしいことを示した。3か月齢児にモビールを足で蹴って動かすことを訓練する。その後，訓練時と異なるモビールを使用して記憶力テストを行った。グループ1は訓練の1日後に記憶力テスト，グループ2は訓練の4日後に記憶力テストを行った。グループ1の乳児は足で蹴るという動作をしなかったが，グループ2の乳児は足で蹴る動作を行った。ここから以下のように考察された。グループ1：訓練されたときのモビールを覚えており，自分たちはいま新しいモビールを見ていると認識しているようであった。新しいモビールを動かすにはどうしたらよいか，また最初から学ばなければならないと考えたのではないか。グループ2：訓練を受けたときのモビールがどんなものであったかの詳細は忘れてしまったが，モビールというものを見たら何をしなければならないかを覚えていた。

上記の実験から，3か月齢児の記憶力は限定的ではあるものの，成人と同じように，手がかり刺激を利用する記憶方略（物事を覚えたり思い出すために行う手立て）をとることや，ものや事件の詳細を忘れてしまっても大筋は覚えているらしいことが明らかになっている。

3.2節 ふり遊び

12か月齢になる頃，乳児は成人と同じような仕方でものを使って遊びはじめる。スプーンは口に持っていき，ハンマーで床をたたく。しかし，18か月齢から24か月齢の間に，こうしたものの使用法に変化が現れる（Belsky & Most, 1982）。ふり遊び（symbolic play, pretend play）の始まりである。小枝で「ジュースをかき混ぜたり」，玩具の熊手で「人形の髪をとかしたり」する。こうしたふり遊びの発達段階は，14～24か月齢の乳児の観察より，以下の4段階からなることが報告されている（Watson & Fischer, 1977; Watson & Fischer, 1980）。

①乳児は，自分自身の頭を枕の上に置いて眠るふりをする（self as agent）。

②乳児は，人形を枕の上に置き，人形が眠っているかのように扱う（passive other agent）。

③乳児は，積み木を枕の上に置き，それが眠っているかのように扱う（passive substitute agent）。

④乳児は，人形を枕の上に横たえて眠らせる。あたかも人形が自ら枕に頭をのせて眠りにつくかのように扱う（active other agent）。

さて，ふり遊びのもつ社会的性質の重要性について指摘したのはヴィゴツキー（Vygotsky, L. S.）である（Vygotsky, 1978）。彼は，遊びの中でつくり出される想像上の状況を発達の最近接領域（zone of proximal development）と考えた。社会的な遊びの「あたかも…のよう」という性質と子どもどうしの共同での活動は，個々の子どもに，子ども一人ひとりではできない，より発達した活動を可能にさせると考えたのである。なお，発達の最近接領域については，5.3節にて説明する。

3.3節 「自己」の認識の発達

「自己」の認識の発達について，まず系統発生の観点から，次に個体発生の観点からみていく。

A. 系統発生的発達の観点から

野生のチンパンジーの鏡に映った自己像に対する反応から，ギャロップ（Gallup, G. G.）により以下の知見が得られている（Gallup, 1970）。

第1に，野生チンパンジーの檻（おり）に等身大の鏡を置いた場合，チンパンジーが示す行動には2種類あった。「他者」に向けた行動と「自己」に向けた行動である。「他者」に向けた行動として，相手を威嚇（いかく），声を出す，「侵入者」を手なずけるようなジェスチャーがみられ，「自己」に向けた行動として，鏡を使用して自分の顔についている食べ物のかけらを取る，鏡なしでは直接見られない顔の表情をいろいろ変えて鏡に映してみるなどがみられた。

第2に，鏡を見せられた当初は，自己像に向かって，「他者」に向けた行動をするのみであったが，その後，「自己」に向けた行動が出はじめ，3日以後はほとんどこの反応のみがみられた。この変化は，鏡に映った像が，威嚇したりする必要のない自分自身であることを，それほどの日数を要せずに，認識するようになることを示しているのではないかと考えられた。

次に，ルージュタスク（rouge-task）と呼ばれる実験が行われた。チンパンジーに麻酔をかけ，熟睡している間にチンパンジーの耳の上部や眉などに重さやにおいのない目立つ色（赤）の塗料でマークを付ける。そして，鏡の置いてある部屋に連れていき，麻酔から覚めた時の反応をみた。チンパンジーは，鏡の中に赤いマークが付いている像を見つけると，その場所にあたる自分の身体を何度も触った。これは，明らかに，鏡の中の像は自分自身であることを認識していることを示していた。

その後多くの研究者によって，ギャロップの手続きに従った実験観察が行われた。そして，チンパンジーより系統発生的に低次の動物（ネコ，イヌなど）では，この種の自己認知は成立しないことが明らかになった。

B. 個体発生的発達の観点から：ヒトの乳児に対する実験

さて，ヒトの乳児の場合，鏡の像に対する反応にはいくつかの発達段階がある。3か月齢以前は，鏡に映るのが自分であれ他人であれあまり関心を示さない。4か月齢頃になると，玩具や他人が鏡に映ると，鏡の中の像に向かって手を伸ばしたり触ろうとしたりする。この時期は，自分が見ているものが映っている像であると認識していないのではないかと思われる。10か月齢頃には，乳児が鏡を見ている時に，玩具を乳児の後ろにゆっくり置いてやると，乳児は自分の後ろへ手を伸ばす。しかし，自分の鼻のあたまに付けられた赤いマークに触ることはない。18か月齢頃には，自分の鼻のあたまに付けられた赤いマークに触ったり，そのマークをこすり落とそうとしたり，「これ誰？」と聞いたりする。21か月齢頃には，鏡の中の乳児の像を指さし「これ誰？」と乳児に尋ねると，躊躇なく「僕（私）」と答えることができる。ルージュタスクの正答率が60％以上になる時期は21～24か月齢であるとの報告がある（Bertenthal & Fischer, 1978）。

百合本（1981）は，1歳児32名（男児16名，女児16名）を対象に，以下の5つの課題を行った。

①鏡を見て3分以内に自分の鼻のあたまの赤いマークに触れるか。

②自分の背後の人形を鏡の中に見て，30秒以内に取ることができるか。
③「○○ちゃんどこ？」の問いに，鏡の自己像または自分自身を指さすことができるか。
④自分の鏡像を「誰ですか？」と問われて自分の名前を言えるか。
⑤他人の鏡像を見て，「○○さんどこ？」の問いに，他人の実物を指さしたり，実物のほうに振り向くことができるか。

そして，これら5つの課題を行った結果，自己認知の発達段階は以下の3段階で考えられることを報告している。第1段階では，②および⑤にのみ通過する。第2段階では，③自己の鏡像を指さすことができる。第3段階では，①および④に通過する。

この結果を，柏木惠子（1983）は，以下のように考察している。自己の像が認知できる前に，他者についての認知が先行する。他者は既に外的対象として直接知覚してきた経験があるため，その客観的属性を把握しやすく，鏡像が実際の人物ではなく，その映っている姿だと認めるのが容易なのではないか。それに対して，自己は，外から観察する客観視の経験は初めてであるのだが，お腹がすく，遊びたい，くたびれたといった具体的感情経験は同時にもっている。この主観的実感としての自己と分離して，他者と同様に自己を観察の対象とすることは難しいのであろう（柏木，1983）。ゆえに，鏡の自己認知ができるためには，①第三者の視座に身を置き，自分の見える姿を想像すること，②その姿が鏡の中ではなく，第三者からは自分の身体のある地点に見える表象であること，の2点の把握が必要である（百合本，1981）。しかし，①ができるためには，同類の他者との間で見たり見られたりする経験を前提とし，さらに，その同類として経験する者たちが自分と同じ姿をもつことが必要である。隔離飼育したチンパンジーは自己認知ができないとの知見（Gallup, 1977）は，この見解を支持するものと思われる。

3.4節 情動の発達

A. 基本情動の出現

乳児の顔の表情筋の動きから，基本情動（興味［interest］，身体的苦痛［physical distress］，嫌悪［disgust］，喜び［joy］，悲しみ［sadness］，怒り［anger］，恐怖［fear］，驚き［surprise］）（**図3.8**）は，以下の出現順序をとることが確かめられている。新奇なもの・動くものに対しては新

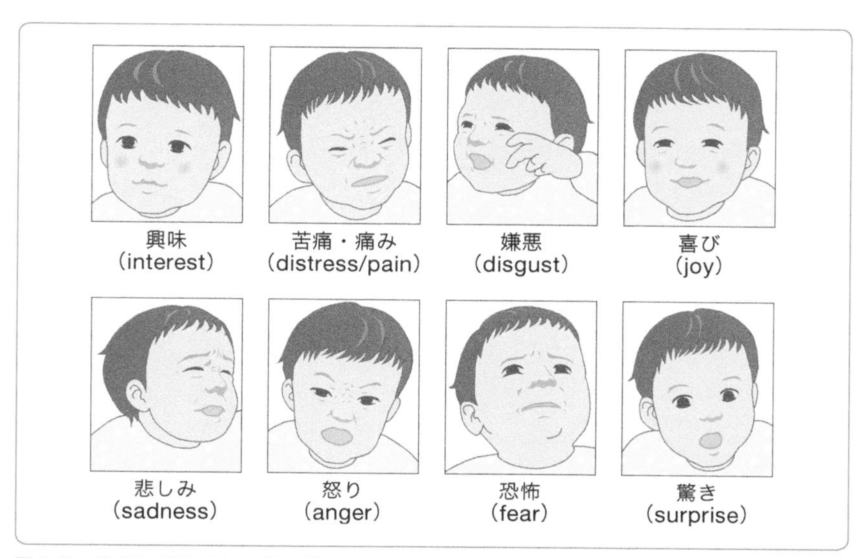

図3.8　乳児に観察される基本情動

生児の頃から「興味」を引き出すことができる。また，痛み刺激に対して新生児は「身体的苦痛」を表出し，不快な味やにおいに対しては「嫌悪」の表出をする。3～4週齢になると高いピッチの人間の声に「喜び」を表出するようになり，4～6週齢になるとうなずく顔に対しても「喜び」を返すようになる。これら4つの基本情動は養育者に対してその情動特有のメッセージを送り，養育者からそれに応じた反応を引き出すという適応的な働きをもっている。痛みを伴う医学的処置に対しては，1週齢の頃に「悲しみ」の表出の片鱗を認めることができるが，完全な「悲しみ」の表出が観察されたのは3～4か月になる頃に痛みを伴う医学的処置が施された場合であった。2か月齢児の90%がジフテリア・百日咳・破傷風の予防接種の痛みに対して「怒り」の表出をし，ほとんどの4か月齢児は腕を拘束されるという事態で「怒り」を表した。7か月齢児はあまりにも見慣れないものに対して「恐怖」で反応し，ハイハイを始めた7～9か月齢児には高さに対する「恐怖」が観察された。また，7か月齢児には「驚き」の表出も認められた。これら4つの情動の出現は神経系の成熟によるものであるが，比較的発達後期に完全な形態をとって出現する。

分化した情動の発達モデル（differential emotions theory）では，

人間には，発達初期から基本情動が備わっており，それ独自の適応的機能をもっていると考えている（Izard & Malatesta, 1987）。

B. 他者の表出する情動の理解

顔の表情は乳児と大人のコミュニケーションにおける重要な情報源である。乳児は他者の情動表出をどの程度正確に認知し，理解し，利用するのであろうか。顔の表情というかたちでシグナルが送られたとき，乳児には，どういう情動が表出されているのかを区別する能力はあるのだろうか。シグナルを理解すること，表出されている情動を分類することはできるのだろうか。そのシグナルを利用して，自分がどのような行動をとるかのガイドにできるのだろうか。以下の実験（Sorce et al., 1985）によって，次のことがわかっている。

視覚的断崖の上に下ろされた12か月齢の乳児を母親が断崖の向こう側からさまざまな顔の表情（恐怖，喜び，怒り，興味，悲しみ）をつくって誘う。統制場面では，断崖を転落しないような高さに調節した状況に置かれた乳児を誘った。その結果，恐怖では17人中1人も渡らなかったし，怒りでは18人中渡ったのは2人であったが，喜びでは19人中14人が，興味では15人中11人が渡った。なお，統制場面では，母親の顔を見ることなく渡った乳児の数は，24人中20人であった。この結果から，乳児は，母親の顔によって表されたさまざまな情動を区別しており，その表出の意味するところを的確に理解し，自分がどう行動すべきかのガイドとして利用していること，すなわち，社会的参照（social referencing，**図3.9**）を行っていることがわかった。

	渡る	渡らない
恐怖	0	17
喜び	14	5
怒り	2	16
興味	11	4
悲しみ	6	12
統制場面	20	4

図3.9　社会的参照の実験（Sorce et al., 1985）

練習問題

1. ものの永続性に関するさまざまな研究からわかってきたことを的確に表しているものをすべて選びなさい。

a. 乳児は2歳になっても，ピアジェのもの探求テストにおいては成功しない。

b. ピアジェによるもの探求テストは，感覚運動的知能で認識する乳児の特性をよく表している。

c. 驚愕反応を利用した実験からは，ピアジェが主張したよりも早い段階で乳児はものの永続性を獲得することが証明された。

d. ピアジェのもの探求テストは，乳児の記憶力に左右されないものとなっていることが証明された。

e. A-not-B errorというのは，表象を獲得しはじめる18か月齢になると現れる行動である。

2. 先行研究では，乳児のもっている能力を調べるのに，さまざまな道具が使用されてきた。①～⑤の能力を調べるために使用されてきた道具を，a～eからそれぞれ選びなさい。

①奥行知覚（空間認識） ②記憶力 ③概念の獲得

④視覚と聴覚の感覚間の統合 ⑤自己認識

a. スクリーン映像とスピーカー b. 鏡 c. 視覚的断崖 d. モビール

e. 色・形・大きさの異なる玩具

〈文献〉

Acredolo, L. (1978). Development of spatial orientation in infancy. *Developmental Psychology*, *14*, 224-234.

Baillargeon, R., & DeVos, J. (1991). Object permanence in young infants. *Child Development*, *62*(6), 1227-1246.

Baillargeon, R., & Graber, M. (1987). Where's the rabbit? 5.5-month-old infants' representation of the height of a hidden object. *Cognitive Development*, *2*(4), 375-392.

Belsky, J., & Most, R. K. (1982). Infant exploration and play. In J. Belsky (Ed.), *In the beginning*. Columbia University Press.

Bertenthal, B. I., Campos, J. J., & Barrett, K. C. (1984). Self-produced locomotions. In R. Emde, & R. Harmon (Eds.), *Continuities and discontinuities in development*. Plenum Press.

Bertenthal, B. I., & Fischer, K. W. (1978). Development of self-recognition in the infant.

Developmental Psychology, *14*(1), 44-50.
Bower, T. G. R.(1974). *Development in infancy*. W. H. Freeman & Co.
Bower, T. G. R.(1979). *Human development*. W. H. Freeman & Co.
Bower, T. G. R., & Wishart, J. G.(1972). The effects of motor skill on object permanence. *Cognition*, *1*(2), 28-35.
Campos, J. J., Benson, J., & Rudy, L.(1986). The role of self-produced locomotion in spatial behavior. In *International Conference for Infant Studies*.
Cole, M., & Cole, S. R.(1993). *The development of children*(2nd ed.). Scientific American Books.
Diamond, A.(1985). Development of the ability to use recall to guide action, as indicated by infants' performance on AB. *Child Development*, *56*, 868-883.
Gallup, G. G.(1970). Chimpanzees: Self-recognition. *Science*, *167*(3914), 86-87.
Gallup, G. G.(1977). Self recognition in primates. *American Psychologist*, *32*(5), 329-338.
Held, R., & Hein, A.(1963). Movement-produced stimulation and development of visually guided behaviors. *Journal of Comparative and Physiological Psychology*, *56*, 872-876.
Izard, C. E., & Malatesta, C. Z.(1987). Perspectives on emotional development 2: Differential emotions theory of early emotional development. In J. D. Osofsky(Ed.), *Handbook of infant development*(pp. 494-554). John Wiley & sons.
柏木恵子(1983). 子どもの「自己」の発達. 東京大学出版会
ピアジェ. 谷村覚・浜田寿美男(訳)(1978). 知能の誕生. ミネルヴァ書房
Rovee-Collier, C. K., & Sullivan, M. W.(1980). Organization of infant memory. *Journal of Experimental Psychology: Human Learning and Memory*, *6*, 798-807.
Rovee-Collier, C. K., Sullivan, M. W., Enright, M., Lucas, D., & Fagan, J. W.(1980). Reactivation of infant memory. *Science*, *208*, 1159-1161.
Ruff, H.(1978). Infant recognition of the invariant form of objects. *Child Development*, *49*, 293-306.
Spelke, E. S.(1976). Infants' intermodal perception of events. *Cognitive Psychology*, *8*, 553-560.
Spelke, E. S.(1984). The development of intermodal perception. In L. B. Cohen, & P. Salapatek(Eds.), *Handbook of infant perception*. Academic Press.
Sullivan, M. W., Rovee-Collier, C. K., & Tynes, D. M.(1979). A conditioning analysis of infant long-term memory. *Child Development*, *50*, 152-162.
Sorce, J. F., Emde, R. N., Campos, J. J., & Klinnert, M. D.(1985). Maternal emotional signaling. *Developmental Psychology*, *21*(1), 195-200.
Vygotsky, L. S.(1978). *Mind in society*. Harvard University Press.
Watson, M. W., & Fischer, K. W.(1977). A developmental sequence of agent use in late infancy. *Child Development*, *48*, 828-835.
Watson, M. W., & Fischer, K. W.(1980). Development of social roles in elicited spontaneous behavior during the preschool years. *Developmental Psychology*, *16*, 483-494.
百合本仁子(1981). 1歳児における鏡像の自己認知の発達. 教育心理学研究, *29*(3), 261-266.

第4章 アタッチメントの発達

到達目標

- ボウルヴィのアタッチメント理論の成り立ちとその特徴について説明できる。
- アタッチメントの個人差とその発達のメカニズムについて説明できる。
- アタッチメントの測定法について説明できる。

子どもは生後まもなく母親（一次的養育者）に対して特別の感情を抱くようになる。この特別の感情のことをボウルビィ（Bowlby, J.）は「アタッチメント（attachment）」という概念で説明した（Bowlby, 1969）。

4.1節 アタッチメント理論

A. 人間関係・人間の発達を理解するための1つの理論

ボウルビィが提唱したアタッチメント理論は，子どもの社会化過程を説明するために有用な1つの理論である。なぜなら，子どもの社会化過程では，母親・父親・きょうだい・祖父母・教師などの社会化の推進者（エージェント［agent］）の役割が重要になってくる。子どもは，彼らに同一視し，自分なりの規準を発達させていくと考えられる。子どもがどういった人物に同一視するかは，多分に「アタッチメント」と関わってくるだろう。子どもはアタッチメントをもつ人物に同一視し，その判断・行動パターンを模倣すると考えるのが理に適っている。

B. アタッチメント理論の背景

アタッチメント理論が提唱されるに至った経緯に，精神分析学とホスピタリズム研究がある。

i）精神分析学から取り入れた概念

フロイトは，神経症の発症に乳幼児期の親子関係の障害が重大な影響を及ぼしていることを指摘した。このフロイトの精神分析学と関連する用語として，ボウルビィは乳幼児期における対象喪失を考えた。親との分離を余儀なくされた乳幼児が示す対象喪失反応から悲哀の心理過程をフロイトの3段階と類似するものとして考えたのである。その3段階は，以下のとおりである。

①抗議（protest）の段階，対象保持（retention）の段階

客観的には対象喪失が起こっているが，必ずしも心の中の対象喪失には至らない段階である。失った対象を取り戻そうとし，対象喪失を否認し，心の中に対象を再び探し出し，保持し続けようとする段階であり，この段階では，対象喪失を認めまいとする心理状態にある。

②抑鬱（depression）の段階，あるいは絶望（hopelessness）の段階

対象喪失の現実を認め対象への諦めが起こると，それまで失った対象との間の結合によって成立していた心的態勢が一時的に解体し，激しい絶望と失意が襲い，不穏・不安・引きこもり・無力状態が起こる。

③離脱（detachment）の段階

健康な悲哀の場合，最終的に失った対象の断念，新しい対象の発見とそれとの結合に基づく新しい心的態勢の再構築が起こる。

ii）ホスピタリズム研究

1940年代，治療のため入院を余儀なくされ親と一時的に離れなくてはならなかった幼い子どもや施設に収容された乳児が，無関心，不幸感，および微笑やあやしに対して無反応を示す現象は，ホスピタリズム（施設病）として当時の注目を集めていた。また，乳児院や病院で過ごす乳児の死亡率が極めて高いことに関心が向けられ，その原因が栄養的な問題や医学的管理の問題にあると考えた小児科医たちはその改善に努めたが，それだけでは施設における乳児の高死亡率を防ぐことはできなかった。このような状況において，世界保健機関（WHO）の要請を受け，ボウルビィは，この問題を解決すべく，過去の研究知見の整理と自らの研究の成果をまとめ，“Maternal care and mental health”（1951，邦題：乳幼児の精神衛生）として報告書を刊行した。そこには，「乳幼児と母親（あるいは生涯母親の役割を演ずる人物）との人間関係が，親密かつ継続的で，しかも両者が満足と幸福感に満たされるような状態が，精神衛生の根本である」との主張がなされた。

C. ボウルビィ以前の理論

なぜ，子どもは生まれてまもない頃から母親としての役割を担う人物に対して特別な感情を抱くようになるのか。この問いは，多くの研究者の関心を集め，「母親に対する子どもの結びつき」すなわち「アタッチメント行動」

についての理論・仮説が提唱されてきた。主要な学説は4つほどあるが，当時の心理学の知見に照らして妥当性が高いと考えられていたのは，二次的動因説（theory of secondary drive）である。ボウルビィのアタッチメント理論は，その仮説を棄却することにより発展してきた。そこで，まず，その二次的動因説についてみていく。

二次的動因とは，学習理論から派生した用語である。学習心理学者であるダラード（Dollard, J. F.）とミラー（Miller, N. E.）は，「子どもは必ず満たされなければならないいくつかの生理的要求，例えば食べ物や暖かさに対する要求をもっている。乳児が人間に興味をもち，そしてアタッチメントを示すのは，母親が乳児の生理的要求を満たしてくれるからであって，要求の充足ということが乳児の根底になっている」と主張した（Dollard & Miller, 1950）。食物摂取に対する乳児の欲求は一次的動因であり，その動因の満足（哺乳）が報酬となっている。さて，授乳するのは母親であり，乳児の空腹時に母親が授乳し乳児の一次的動因を満足させるという経験が繰り返されると，この満足が母親（という人物）と連合し，母親は二次的動因のターゲットとなる。そして，乳児は食物（ミルク）が存在しないときでさえ，母親との交流を願うようになると説明される。

さて，ここで，要求（need）・動因（drive）・誘因（incentive）の概念について整理しておこう。これらは，行動はなぜ起こるか（触発性）と，それはなぜ一定の方向に向かうか（指向性）を説明するための概念である。以下，『新版心理学事典』（藤永編，1981）より引用する。「例えば，摂食行動であるが，生活体は絶食という環境条件によって栄養低下という要求状態となり，空腹あるいは飢餓動因を生じて，行動に駆り立てられる。そして，食物を求めての渇望行動を経て，食物を見いだし，それに到達し，それを食べる。この目的志向的行動の過程は，動因によって支えられているが，同時に，食物という外的刺激なしには進行しない。食物のような，行動の目標となるような刺激対象あるいは事象を誘因と呼ぶ。動因に学習性のものがある場合，それは二次的動因（acquired or secondary drive）と呼ばれる。動因は生活体を行動に駆り立てるのに対して，誘因は生活体をひきつけたり，あるいは退けたりする正負の方向を持つ一種の力と見ることができる。」

D. ボウルビィの理論

養育者への特別な感情は学習されたものとする二次的動因説に対し，ボウルビィは，乳児は，成人との接近や接触を求める生物学的傾性をもって誕生すると考えた。人間の成人への接近・接触要求行動は学習によって獲得するものではなく，生得的なものであると考えたのである。典型例を新生児の把握反射などにみることができるだろう。大人の手が子どもの手のひらに当たれば，新生児はその手を握るのである。また，人間の新生児においては信号機構が極めて重要な役割を果たしている。乳児の泣き（crying），微笑（smiling），喃語（なんご）（babbling）は，成人を乳児に近づかせ乳児の近くに維持する機能をもっている。それらの信号機構は，乳児の側からみれば，略奪や遺棄から保護される機能をもっているのである。

i）理論の特徴

ボウルビィは，乳児が略奪や遺棄からの保護を求めて成人への接近・接触を図るという行動パターンは進化の過程を通してもたらされたものであり，こうした乳児の行動に応答して乳児の保護をしようとする成人側の行動も，人間の基本的本性からもたらされるものであるとする。ゆえに，彼の理論によると，アタッチメントの形成には，生理的要求の充足経験を学習するといったことは必要ではない。アタッチメントは，新生児が誕生当初よりもっている生得的行動（吸う・しがみつく・泣くなど）が自己の働きかけに対して適切に応答する対象に向けられるようになり，やがてその対象を選択しその対象に対して感じるようになった情愛的感情であると説明される。アタッチメント行動とは，周囲の年長者を自分のほうに引き寄せたり自分のほうから彼らのほうへ近づくといった，対人関係を維持する行動を指して使われる。さらに彼は，そのアタッチメント行動を発信行動と接近行動とに区分し，前者には泣き・微笑・喃語といった周囲の人々を自分のほうへ引き寄せる効果をもつ行動を含め，後者には探し求める・後を追う・しがみつき・非食事的吸引・乳首いじりといった周囲の人物に自分から近づこうとする行動を含めたのである。

ii）動物モデルからの証拠

ボウルビィは，以下のような，ヒト以外の動物から得られた知見を参考に自らの理論を構築していった。

1）**エソロジー（比較行動学）からの示唆**　ローレンツのインプリンティングの研究は，まず1935年に出版されたが，1950年頃まではほとんど知られていなかった。心理学的観点から重視されるようになったのは，1960年くらいからである（Bowlby, 1969）。

第２章で学んだように，離巣性の鳥類の雛は，生まれて最初に見た動くものにアタッチメント行動を発達させる。たとえ食べ物やその他の報酬が与えられなくても，孵化してから数時間のうちであれば，親鳥，人間，ゴムまり，ボール箱など，動くものであれば何でもその後を追う。そしていったんある特定対象の後を追うことを経験すると，その対象のみを選択し，他の対象には追随行動を示さなくなる。離巣性の鳥類にみられるこうした現象は，哺乳動物でもみられるのだろうか，人間ではどうだろうか，という関心に結びつき，その後の研究が展開されていく。

2）動物実験による確認

2-1）スコット（Scott, J. P.）らの実験：子イヌ　人間から隔離された，同じ母親から生まれた子イヌを誕生直後から明るい所で母親とともに飼育した。２～３週齢頃から実験を開始した。実験の目的は，人間を見たことがなく，人間によって食べ物を与えられたこともない子イヌが，果たして人間に接近し，人間の後を追うようになるかを調べること，もし子イヌがそのような行動を示すならば，それは生後何日頃であり，またどのような条件において生じるかをみることであった（Scott, 1963）。

・実験１：臨界期の検討

目的は，さまざまな週齢の子イヌを調べることにより臨界期（critical period：その時期を逃すと学習が成立しなくなるような限られた期間）について検討することであった。子イヌは椅子に座って静止している人間に対面した。１回の対面は10分間，隔日で，１週間実施した。生後３～５週齢頃に初めて人間に対面した子イヌは，ただちに人間に近づいて，持続的に10分間人間のそばにいた。それ以上の週齢で初めて人間に対面した子イヌは，人間を恐れるものが多かった。特に，生後14週齢以後では，人間のそばに近づいた子イヌは１匹もいなかった。

・実験２：人間への追随行動が生じる条件の検討

３週齢以後の子イヌを完全に隔離し，機械的な操作によって食べ物を与えた。その後，毎日短時間，子イヌを隔離室から出して，歩いている人間に対する子イヌの反応を観察した。すべての子イヌが人間の後を追った。実験群の子イヌは，人間から報酬ではなく毎回罰を受けたが，それにもかかわらず後を追った。数週間後，実験者は罰を与えることをやめた。人間から罰を受けていた子イヌは，統制群（おきまりの愛撫を受けていた子イヌ）よりも，より長い時間人間のそばにいた。この実験結果はどういうことを示唆しているだろう。あなたは何を読み解くだろうか。考えてみよう。

2-2）ハーロウ（Harlow, H. F.）の実験：アカゲザル　誕生直後に母ザルから分離された子のアカゲザル（リーサス・ザル）を対象に行われた実験である。針金でつくられたモデル・マザーと柔らかい布を巻かれたモデル・マザーが作製された。ミルクはこれらモデル・マザーによって与えられるという状況である。

・知見1

飼育室には，針金マザーと布マザーが置かれている（**図4.1**左）。第1群（4匹）の子ザルは針金マザー，第2群（4匹）の子ザルは布マザーによって授乳された。すべての子ザルは，大部分の時間を布マザーにしがみついて過ごした。布マザーに対しては1日平均15時間接触したが，針金マザーに対して1日2時間以上接触した子ザルは1匹もいなかった。ここから，モデル・マザーに対する愛情反応の発達において重要な役割を果たすのは，快適な接触であって，授乳はさして重要ではないことがはっきりと示された。二次的動因説によれば，年齢が増大し，経験が重なるにつれて，針金マザーから授乳された子ザルは，それに対して，よりいっそう反応を示さなければならないはずである。ところが，事実はそれとは反対に，むしろミルクを与えてくれなかった布マザーに対してより多くの反応を示したのである。これらの事実は，愛情の発達における二次的動因説と全く相反している（Harlow & Zimmermann, 1959）。

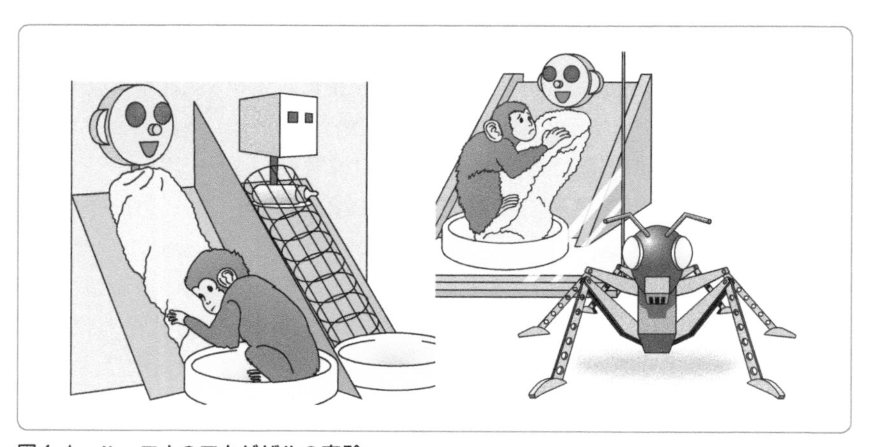

図4.1　ハーロウのアカゲザルの実験

・知見2

針金マザーから授乳され，その他の時間を布マザーと一緒に過ごした子ザルは，「奇怪な玩具」が子ザルに近づくと，布マザーにしがみついて恐怖を軽減した（図4.1右）。恐怖が軽減されると，子ザルはやがて恐怖対象に接近して，それを確かめるような行動さえ示した。針金マザーから授乳され，その他の時間も針金マザーと過ごした子ザルは，モデル・マザーに対して助けを求めるための接近行動を示さなかったばかりか，恐怖感の軽減が緩慢であり，ましてや恐怖対象に向かって探索行動を示す気配は全くなかった。このように，ミルクを伴わない布マザーに対しては典型的なアタッチメント行動が示されたが，ミルクを伴う針金マザーに対してはアタッチメント行動が示されなかったのである。

・知見3

圧搾空気の吹き出す管が布マザーに取りつけられた。条件刺激としてブザーが用いられ，差し迫った強烈な嫌悪刺激を子ザルに予告する役割を果たした。子ザルは，ブザーの後に圧搾空気が吹きつけられることをまもなく悟ったが，逃避的な反応を示さないで，力強く布マザーにしがみついて強烈な風を顔や腹に受けた。すなわち，子ザルは，罰を受けてもその対象に執着することを示したのである（Harlow, 1961）。

上記のハーロウの実験からもたらされた知見は，アカゲザルは，報酬を伴わない対象に対してもアタッチメント行動を示すことである。その他に行われた実験からは，人間以外の哺乳動物，特に，モルモット，イヌ，ヒツジにおいて，報酬を伴わない対象に対しても，アタッチメント行動が形成されることが報告されている（Cairns, 1966）。

4.2節 アタッチメントの形成過程

ここでは，ヒトの子どもがどのようにアタッチメント行動を発達させていくのかについてみていく。発達段階は4段階から構成される。以下，ボウルビィの著作から引用する（Bowlby, 1969）。

第1段階は，人物弁別を伴わない定位（orientation）と発信（signals）の段階である。この段階では，乳児に，ある人を他の人と弁別する能力はまだ存在しないように見受けられる。ゆえに，どのような人物に対しても，その人に対して注意を向け，その人を目で追う（定位）。そして，彼らをつかんだり，彼らに向けて手を伸ばしたり，微笑し，喃語を発する（発信）。この段階は誕生から少なくとも8週まで続く。一般的には12週頃まで続く。好ましくない条件のもとではさらに持続することもある。乳児は人の声を聞いたり顔を見たりすると泣きやむことが多い。このような乳児の行動の一つひとつが，乳児に関わる人々の行動に影響し，結果として，彼らが乳児のそばにいる時間を長くする。

第2段階は，1人（または数人）の弁別された人物に対する定位と発信の段階である。この段階では，乳児は第1段階の時と同様に，人に対して親密な方法で行動する。しかし，その行動は，母性的人物に対してより顕著なかたちで行われる。家庭で育てられる乳児の場合，12週以降になると，母性的人物の声・姿とその他の人々の声・姿に対して異なる反応を明確に示すようになる。この段階は生後6か月頃まで続き，環境条件によっては，さらに後まで続く。

第3段階は，発信ならびに動作の手段による弁別された人物への接近の維持の段階である。この段階では，乳児はますます人を区別したうえで接近するようになり，反応の種類も広がる。その反応には，外出する母親を追う，帰宅した母親を迎える，探索活動のためのよりどころとして母親を利用するなどが含まれる。同時に，誰に対しても示された，親密で，やや無差別な反応は減少する。ある特定の人がアタッチメント対象人物として選択され，他の人たちは選択されなくなる。見知らぬ人たちはますます警戒されるようになり，そのうちに恐れと引きこもりを引き起こさせるようになる。第3段階は通常生後6か月から7か月の間に始まるが，特に一次的養育者との接触をあまりもたない乳児たちの場合には，最初の誕生日以後になって初めて現れることもある。この段階はおおよそ2歳まで続く。

第4段階は，目標修正的協調性の形成の段階である。すなわち，子ども自身とアタッチメント対象人物の双方がそれぞれの目標をもっていることを理解し，必要な場合にはそれらを修正し，協調性（partnership）と名づける関係を形成できるようになる段階である。第3段階の期間に子どもはアタッチメント対象人物への接近を維持するために，やや原始的な認知図（cognitive map），すなわち，事象の関連についてもつ自分なりの認識様式を用いて，単純な目標修正的システムを用いるようになる。その認知図の中で，アタッチメント対象人物は時間的，空間的に永続し，時間・空間の連続において多少予測できる動きを示す独立対象として考えられるようになる。

そして，母親の行動やそれに影響を与える事柄を観察することによって，母親の設定目標のいくつかについて，また彼女が目標達成のために行おうとしている計画の一部について，推察できるようになる。言い換えれば，子どもは母親の感情および動機について洞察しうるようになる。ひとたびこのような状態になると，母子の間には協調性のある関係を発達させるための基礎が形成される。3歳の中頃までにその段階が既に十分始まることが示唆されている。

4.3節 アタッチメントの形成

最初の誕生日までに，乳児は一次的養育者にアタッチメントを形成すると考えられる。それは，人間が生得的にもって生まれた行動のレパートリーが特定の対象に向けられるようになり，他とははっきりと弁別していることを示すアタッチメント行動で明らかである。

A. アタッチメントの3つの質

さて，その1歳児が示すアタッチメント行動には個人差がある。そして，その個人差は，その乳児のもつアタッチメントの質によって異なっている。アタッチメントの3つの質は，以下のような3つのパターンとして呈示されている。

パターンA：母親に対して不安定なアタッチメントをもち，また回避的である。

パターンB：母親に対して安定したアタッチメントをもつ。

パターンC：母親に対して不安定なアタッチメントをもち，また反抗的である。

安定したアタッチメントの質をもつパターンBの子どもの行動として特徴的なのは，探索行動や遊びのときに，安全基地（secure base）として母親を利用する行動である。彼らは，あたかも「お母さんがここにいるのなら，ぼくはあっちで遊んでいよう。こわくなればお母さんのところに戻ればよいのだ。」と言わんばかりの行動をするのである。すなわち，ボウルビィは，母親が安全基地としてどのように機能するかがアタッチメントの質であると考えたのである。

B. アタッチメントの質を規定する要因

では，このアタッチメントの質における個人差は，どのような要因によって決まってくるのであろうか。1つの要因は，乳児の個人差や胎児期や周生期の危険性から生じた障害，そして，それらに影響されるかたちでの母親の行動であろう。もちろん，そうした第一の要因についてもボウルビィは言及している。しかしながら，彼がアタッチメントの質を規定する要因として最も重視したのは，乳児からの信号に対して母親が示す情緒応答性である。例えば，お腹がすいたりおむつが濡れて乳児が泣いた時，母親が乳児の気持ちに寄り添っていかなる応答を返すのかといった情緒応答性がアタッチメントの質を決定すると主張した。

そうした母親の情緒応答性は，母親の子どもの養育についての考え方や母親自身が子どもをもつことをどのように考えるかの構えからある程度予測可能であるし，母親の子ども時代の経験にも影響されている。子どもには時間を決めた授乳が望ましいと考える母親は泣いてもすぐに応答することはないだろう。また，キャリア形成途上の母親と余裕があって子育てをする母親では子どもへの情緒応答性に差が出ることは予想できる。しかし，そうした母親の情緒応答性における個人差がアタッチメントの質を決定する。乳児が最終的に発達させるアタッチメントパターンは，母親の行動によって決定されるとボウルビィは主張したのである。

C. 内的作業モデル

各個人は，世界について，およびその中の自分自身について内的作業モデルを構築し，その作業モデルに準拠して，出来事を知覚し未来を予測し，自分の計画を作成する。初期のアタッチメント体験に基づいて，個人はアタッチメントの内的作業モデルを形成する。それは，アタッチメント対象に対する内的作業モデルと自己に対する内的作業モデルとの2つから構成される。安定したアタッチメントを形成した乳児は，「アタッチメント対象は，自分が保護を求めればそれに応じてくれるし，いざというときには必ず助けてくれる人だ」と考え，「自分という人間は，アタッチメント対象からいつでも助けを得ることができるような価値のある存在だ」と考えることができるようになる。つまり，初期のアタッチメント体験から，自分自身と他人から何を期待できるかを学ぶし，アタッチメント対象との相互作用による情緒的結果がどのようなものであるかを学ぶ。そして，安全を維持・再構築するのに必要とされる行動的レパートリーを学ぶ。個人は，現在のアタッチメント関係を方向づけたり理解したりするために，その内的作業モデルに頼る。これがボウルビィの主張である。

4.4節 乳児のアタッチメント測定法

1歳の誕生日を迎える頃には，乳児のアタッチメントの質に個人差が現れる。それは，その乳児の内的作業モデルを反映しており，その子どもがその後どのような人間関係を築くかを予測するものとなる。このボウルビィのアタッチメント理論を実証するために，エインズワース（Ainsworth, M. D. S.）らは，乳児のアタッチメント測定法を開発した（Ainsworth et al., 1978）。

A. アタッチメント測定法開発の経緯

1950年代，エインズワースは，ウガンダの村落に住む28組の母子を対象にフィールドワークを行っていた。乳児の家庭訪問を実施し，日常的な養育環境で参与観察を実施していたのである。そこで，彼女は，ウガンダの乳児に顕著にみられるアタッチメント行動に注目した。それらの行動とは，①探索するとき母親を安全基地として使う，②日常で母親から離されるとき（短期分離時）困惑を示す，③見知らぬ人（エインズワースら研究者）に恐れを示すといった3つの行動である。そして，一人ひとりの乳児が示すそれらの行動には，ボウルビィが主張したアタッチメントの質を反映するような個人差がはっきりとみられたのである。この経験を経て，彼女が考えたのは，初めての訪問者による家庭での参与観察によって，乳児のアタッチメントの質が測定できるのではないかということであった。帰国後，彼女は，アタッチメント研究を続けたボルティモアにおいて，26組の母子の家庭訪問を実施し，その考えを実践に移した。ところが，アメリカの乳児は，ほとんどすべてが探索活動を行い，しかも，初めての訪問者（観察者）を恐れず，ウガンダの乳児の間でみられたような個人差が観察されなかった。そこで，彼女は，アメリカの乳児にとっては家庭訪問での参与観察は，アタッチメント行動が誘発されるような適度なストレス状況ではないと考えた。もっとアタッチメント行動を促すような見知らぬ場面でなら個人差は顕著に現れるのではないかと考えたのである。上記のような発想のもと，家庭のような日常親しんでいる場面ではなく，乳児にとって初めて訪れる場面での行動観察測定法が考案された。

その際に，エインズワースら開発者は，他の行動指標で母親にアタッチメントしているとされる乳児が，必ずしも母親からの分離に抗議しないこと，さらには，ほとんど困惑を示さない乳児さえいることに気づいた。この現象は，ボルティモア，ウガンダ双方でみられた。しかし同時に，自分の意思に反して母親と分離させられた乳児や，長い間見知らぬ状況に置かれた乳児は，母親との分離に抗議する。こうした事実を考慮して，アタッチメント行動の指標としての困惑は，新奇場面（strange situation）において，乳児の予期せぬ時に母親との短期分離を設定することによって観察できると判断した。さらに，その短期分離後の母親との再会場面での乳児の行動が，むしろ，よりよくアタッチメントの質を反映するのではないかと考えた。この考えの妥当性は，ごく短い分離（数時間・数日）の後には母親と再会した時に乳児のアタッチメント行動が非常に高まるのをみることができるという日常経験からも支持することができるだろう。

B. 新奇場面測定法

新奇場面測定法（strange situation procedure：SSP）は，8つのエピソードからなる実験的観察法であり，実施時間は30分ほどである（**表4.1**）。乳児用の玩具と母親およびストレンジャーが使う椅子が置かれた，カーペット敷きのプレイルームで実施される（**図4.2**）。

i）SSPでの乳児の7種類の行動カテゴリー

乳児の行動は次の7種類の行動カテゴリーに分類され，7ポイントスケールで評定される。再会場面において母親・ストレンジャーに対して示す行動カテゴリーとして，①接近・接触要求行動，②接触維持行動，③抵抗行動（怒りの表出・押しのけ・投げ捨て・打ちつけ・蹴りつけ・じだんだ踏みなど），④回避行動（距離を広げる・背を向ける・顔を背ける・視線をそらす・顔を隠すなど），⑤歓迎行動，⑥離れた場所からの相互作用，の6つのカテゴリーが，短期分離場面で示す行動として，⑦母親探索行動（母親の後を追いかける・ドアを開けようとするなど）がある。

ii）アタッチメントの3パターン

上記の7つの行動カテゴリーでの評定をもとに，個人は，アタッチメントの3つの型に分類される（下位分類［A_1, A_2, B_1, B_2, B_3, B_4, C_1, C_2］を含

表4.1　新奇場面測定法手順（Ainsworth et al., 1978）

エピソードの順番	登場人物	時間	エピソードの概要
1	母親・乳児・観察者	30秒	観察者が母親と乳児をプレイルームへ連れてきて，退室する。
2	母親・乳児	3分	乳児が部屋を探索中には，母親は関与しない。もし必要なら，母親は乳児がひとりで遊べるように働きかける。
3	ストレンジャー・母親・乳児	3分	ストレンジャーが入室する。最初の1分は黙っている。次の1分は母親と話す。最後の1分は乳児に接近する。3分過ぎたら，母親はそっと退室する。
4	ストレンジャー・乳児	3分あるいはそれ以下[a]	最初の分離エピソード。ストレンジャーは，乳児に合わせて行動する。
5	母親・乳児	3分あるいはそれ以上[b]	最初の再会エピソード。ストレンジャーは退室し，入室した母親は乳児に挨拶し，慰める。それから，乳児にもう一度ひとりで遊べるように働きかける。そして「バイバイ」と言って退室する。
6	乳児	3分あるいはそれ以下[a]	2回目の分離エピソード。
7	ストレンジャー・乳児	3分あるいはそれ以下[a]	2回目の分離エピソードの継続。ストレンジャーが入室し，乳児に合わせて行動する。
8	母親・乳児	3分	2回目の再会エピソード。母親が入室し，乳児に挨拶し，抱き上げる。その間に，ストレンジャーはそっと退室する。

a：エピソードは，乳児がひどく泣いたり動揺したときには短縮される。
b：エピソードは，乳児が再びプレイしはじめるのに時間がかかるようなら延長される。

めると8類型になる）。

①A型（回避型，avoidant type）：母親との分離に直面しても行動にほとんど変化がみられず，泣くことはめったにない。また，ストレンジャーとの交流も容易である。母親との再会時には，母親をはっきり避けようとすることが多い。母親のほうを見たり，近づいたりすることもあるが，すぐに視線を背け遠ざかってしまう。母親が抱き上げた場合でも安定せず，むしろもがいて下ろされようとすることが多い。

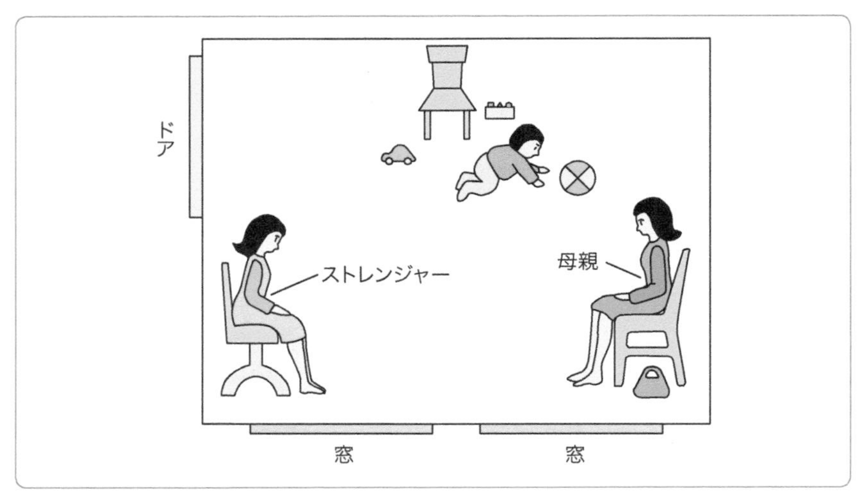

図4.2　新奇場面測定法（Ainsworth et al., 1978）

②B型（安定型，secure type）：母親との分離時には，悲しみが明確に表現され，分離エピソードでは探索行動が減少する。しかし母親が再び入室すると，喜んで母親を迎え，接近・接触したり，離れた場所からの相互作用を積極的に行う。母親の存在と接近は，ストレスから解放された分離の後でさえ，環境との相互作用に必要な慰安と安定とを乳児に提供しており，母親は安全基地としての役割を明確に果たしている。

③C型（抵抗型，resistant type／アンビバレント型，ambivalent type）：母子の分離以前にも，不安の徴候を示す傾向があり，見知らぬ場面では母親が存在していても気持ちが安定しにくい。分離時には，最も強い不安がみられる。再会場面では，母親への接近・接触要求行動と，怒りや抵抗行動（ぐずり・癇癪・抱かれるのを嫌がるなど）とが混在し，アンビバレントな感情を示す。母親との交流によっても気持ちが安定しにくく，探索行動が最も乏しい。

4.5節　生涯発達的視点からみたアタッチメント

内的作業モデルは，アタッチメントに関連した情報を濾過し，乳児期のアタッチメント対象人物との歴史的な経験に基づいて自らがつくり出したものである。この内的作業モデルは，重要な他者との関係性・親密性に影響を及ぼすし，親としての自己の内的作業モデルにも，自律していく自分の子どもについての内的作業モデルにも影響を与えるものである。

ここでは，青年期・成人期のアタッチメントについて考える。青年期・成人期におけるアタッチメント測定法は，アタッチメント対象人物としての自分の親について回想するアダルト・アタッチメント・インタビュー（Main & Goldwyn, 1989, 1991）である。構造化された面接法であり，ナラティブ分析（話された内容［物語：ナラティブ］の分析）をすることにより，青年・成人のアタッチメントを以下の3類型に分類するものである。

①自律型・安定型（autonomous）：アタッチメントと自律の双方に価値を置いている。また，自分の親とのアタッチメント関係や，それが及ぼす現在への影響について語るときにも，話しにくさやためらい，思い出しづらさはなく，内容的にも筋道が通っている（coherent）。そして，子どもの頃の経験と結びついた，親に対する肯定的な感情と否定的な感情が統合できており，親との関係性が自分の現在のパーソナリティにどんな影響を与えているのかについても現実的・客観的に話すことができる。

②放棄型（dismissing）：自分の発達にとって，人生早期のアタッチメント関係はほとんど影響を及ぼしていないと感じており，アタッチメントということの価値についても重きを置いていない。子ども時代のアタッチメントに関わる出来事の記憶は，概して想起しがたく，「思い出せることはほとんどない」とか「全くない」と主張する傾向がある。あるいは，具体的なエピソードとは結びつかないような過度に理想的な親子関係が語られ，そこには否定的な感情はいっさい排除されている。

③とらわれ型（preoccupied）：子どもの頃の家族へのアタッチメント関係に現在も過剰にとらわれている。アタッチメントに関わる特定の記憶を数多く想起し，しばしば，アタッチメント経験のつらく不幸な出来事を想起する。しかし，語った内容を全体としてまとまった描写として統合することができず，そのため，言述に一貫性がなく，また，記憶として潜在している親へのさまざまな感情を統合することができない。いまだに，親への依存の問題にとらわれており，親を喜ばせようという過度の試みが認められる。

自律型・安定型とそれ以外のパターンとの大きな違いの1つは，過去のアタッチメント関係を回想した場合に，アタッチメント対象人物（親）に対する肯定的感情だけではなく，否定的感情をも認識でき，しかもそれらの感情を現実に照らし合わせて統合することのできる能力の有無や，筋道の通ったまとまりのある事柄として語れるかどうかにある。この機能をリフレクティブ機能という。放棄型においては，否定的感情を含むアタッチメント経験を否定したり排除するという特徴が認められ，とらわれ型においては，過去の否定的なアタッチメント経験にいつまでもとらわれ，葛藤や依存にまつわる問題が未解決のまま，過去をまとまりのある「人生物語」として語ることができにくいという特徴が認められる。また，これらの3タイプに加えて，新たに未解決型（unresolved）が報告されている。

4.6節 アタッチメント理論の展開

A. D型アタッチメント

SSPの再会エピソードで不可解で理解できない行動を示す子どもを「D型：組織化されていない・無志向型（disorganized/disoriented）」として分類したのはメイン（Main, M.）とソロモン（Solomon, J.）である（Main & Solomon, 1986）。D型の子どもは，「顔を背けつつ母親に接近する」「強い分離抵抗を示しドアのそばに寄り母親を求めるが，再会時には離れる」「見知らぬ人の存在に怯えた表情を示しつつも，母親からも離れる」といった行動をとり，分離ストレスに対処するための一貫して組織された方略が欠如している。こうした行動をとる子どもは，アタッチメント対象に対して「解決なき恐怖」を経験していると考えられる。すなわち，これらの子どもたちは何度も養育者によって脅かされた経験をもっており，彼らにとって養育者は安全基地であると同時に恐れの対象になっているとの仮説が提示された。そして，D型アタッチメントは，上述の不安定アタッチメント（A型・C型）とは次元が異なるアタッチメントの質であり，精神病理的な発達へとつながる危険性をはらんだものと考えられている。ゆえに，このD型アタッチメントスペクトラムの極には，虐待などの不適切な養育行動によるアタッチメント行動システムの崩壊が予想され，アタッチメントの再構築といった観点からの研究が求められている（久保田，2006）。

B. ソーシャル・ネットワーク理論

アタッチメント理論の基本的な考え方は，乳児が一次的養育者（primary caretaker）に対して抱いたアタッチメントによって，人間関係の内的作業モデルが構築され，その内的作業モデルが他者との人間関係の中で活性化するというものであった。それに対して，乳児は誕生直後から複数の人間に対して自分の要求を満たすために絆を形成し，それぞれの絆システムは並行して発達すると考えるソーシャル・ネットワーク理論（Lewis, 2005; Weinraub et al., 1977）が提案されるようになった。ルイス（Lewis, M）は，子どものソーシャル・ネットワークの構成員（母・父・仲間など）が子どものさまざまな要求や機能（保護・世話・養護・遊び・学習など）を充足させるマトリックスを図式化する。そして，このマトリックスの検討を通して，子どものライフサイクルにつれて変化するソーシャル・ネットワークの全体性を明らかにした。そして，アタッチメント理論よりも子どもの社会的・情動的状態を的確に描くものとしてソーシャル・ネットワーク理論の有効性を主張している。

さらに，やはりソーシャル・ネットワーク理論の立場から，「愛情の関係モデル」（高橋，2007）が提案されている。このモデルにおいて，「愛情の関係」とは「重要な他者と情動的な交渉をしたいという要求を充足させる人間関係」と定義される。これには，情動的支えを求める要求，情動や経験を共有したいという要求，他者を擁護したいという要求という3種類の要求が含まれる。そして，「愛情の関係モデル」が記述する人間関係の本質的な4つの性質として，①個人の人間関係の枠組みには複数の重要な対象が含まれる，②枠組みは階層的な構造をなす，③枠組みには個人差がある，④枠組みは変容する可能性をもつ，がある。

複雑な人間関係の現実に関心を向け，その理論化を試みるソーシャル・ネットワーク理論とアタッチメント理論の論争は1970年前後から続いており，そうした論争を通して，それぞれの理論は精緻化され発展している。

4.7節 アタッチメントの病理・障害

虐待を含む不適切な養育を受けたりすることにより，アタッチメントの形成ができなかった場合，誰に対してもアタッチメント行動を示さずに引きこもったり，見知らぬ人であろうと誰かれかまわず過度の社交性を示すなどの行動がみられることがある。こうしたアタッチメントの障害にかかる病理は，DSM-5（APA, 2013）では，反応性アタッチメント障害（reactive attachment disorder），脱抑制型対人交流障害（disinhibited social engagement disorder）と診断される。反応性アタッチメント障害の特徴は，困難な状況下で苦痛を感じても大人の養育者に慰めてもらおうとすることはなく引きこもってしまい，他者との情緒的交流が少なくポジティブな情動を表出することが少ないことにある。脱抑制型対人交流障害の特徴は，見知らぬ人への恐れのなさ，なれなれしさである。どちらも，著しく不十分な養育が原因となっている。

練習問題

1．ボウルヴィのアタッチメントについての記述で，正しいものをすべて選びなさい。

a．子どものアタッチメント形成には生理的要求の充足経験が不可欠である。
b．安定したアタッチメントを形成した子どもに特徴的なのは，母親（一次的養育者）を探索対象とする行動である。
c．母親（一次的養育者）に抱く特別の感情がアタッチメントである。
d．子どものアタッチメントの質の個人差には，母親（一次的養育者）の情緒応答性が関わっている。
e．不安定なアタッチメントを形成した子どもには，人間関係の内的作業モデルが形成されない。

2．二次的動因説の否定につながった発見や実験に関して，①～③の各研究者と関係のある発見・実験を，a～cからそれぞれ選びなさい。

①ローレンツ　②ハーロウ　③スコット

a．子イヌ　b．針金マザー　c．離巣性の鳥類の雛

〈文献〉

Ainsworth, M. D. S., Blehar, M. C., Waters, E., & Wall, S. (1978). *Patterns of attachment*. Lawrence Erlbaum.

American Psychiatric Association. (2013). *Diagnostic and statistical manual of mental disorders* (5th ed.). American Psychiatric Association.（日本精神神経学会（監修），高橋三郎・大野裕（監訳）(2014). DSM-5 精神疾患の診断・統計マニュアル．医学書院）

Bowlby, J. (1951). *Maternal care and mental health*. Bulletin of the World Health Organization.

Bowlby, J. (1969). *Attachment and loss. Vol. 1, Attachment*. Basic Books.（黒田実郎・

大羽蓁・岡田洋子・黒田聖一(訳)(1991). 母子関係の理論1　愛着行動. 岩崎学術出版社)
Cairns, R. B. (1966). Attachment behavior of mammals. *Psychological Review*, *73*, 409-426.
Dollard, J. F., & Miller, N. E. (1950). *Personality and psychotherapy*. McGraw-Hill.
藤永保(編)(1981). 新版心理学事典. 平凡社
Harlow, H. F. (1961). The development of affectional patterns in infant monkeys. In B. M. Foss (Ed.), *Determinants of infant behavior*. Wiley.
Harlow, H. F., & Zimmermann, R. R. (1959). Affectional responses in the infant monkey. *Science*, *130*, 421.
久保田まり(2006). アタッチメント研究の動向. 乳幼児医学心理学研究, *15*(1), 1-9.
Lewis, M. (2005). The child and its family. *Human Development*, *48*(1-2), 8-27.
Main, M., & Goldwyn, R. (1989). *Adult attachment rating and classification system*. Department of Psychology, University of California, Berkeley.
Main, M., & Goldwyn, R. (1991). *Adult attachment classification system: Version 5*. Department of Psychology, University of California, Berkeley.
Main, M., & Solomon, J. (1986). Discovery of an insecure-disorganized/disoriented attachment pattern. In T. B. Brazelton, & M. W. Yogman (Eds.), *Affective development in infancy* (pp. 95-124). Ablex Publishing.
Scott, J. P. (1963). The process of primary socialization in canine and human infants. *Monographs of the Society for Research in Child Development*, *28*(28), 1-47.
高橋恵子(2007). 人間関係の生涯発達理論. マイケル・ルイス・高橋恵子(編), 高橋恵子(監訳), 愛着からソーシャル・ネットワークへ(pp.73-104). 新曜社
Weinraub, M., Brooks, J., & Lewis, M. (1977). The social network. *Human Development*, *20*(1), 31-47.

第5章 幼児期の発達

到達目標

- ピアジェの前操作的知能の概念とその発達過程に関する実験について説明できる。
- 幼児期の行動統制能力と言語機能の発達について説明できる。
- 幼児期の社会的知性の発達について，実験例を交えて，説明できる。

幼児期は，直立二足歩行と言葉の使用によって，より人間らしさが増す時期である。同時に，家庭から近隣社会へといった生活空間の広がりに伴い，社会性の発達が著しく進む時期でもある。

5.1節 前操作的知能による思考

幼児期になると，子どもには，「いま」・「目の前にないもの」をイメージとして思い浮かべ別のもので見立てる象徴機能が形成されるようになる。乳児期は「いま」・「目の前にある」ものの世界から構成される感覚運動的な認知の段階であったが，幼児期は，表象による認知の段階といえる。さて，**表象**とは，目の前の対象やそれに働きかける活動を，それと一定の関係をもつ代用物で内的に表現することや表現されたものをいう。それには，①行為的表象（身振りや動作によること［もの］），②映像的表象（イメージによること［もの］），③象徴的表象（言語や記号によること［もの］）の3つがある。

認識のあり方は，乳児期の感覚運動を伴った「活動」から，表象による「操作」へと発達する。ピアジェは，行為が内面化され可逆性をもつに至った論理的枠組みの中で営まれる思考を**操作**と定義づけたのであるが，6～7歳までの幼児期は，一貫した論理的構造に欠けるので，この時期を**前操作期**と名づけた。そして，前操作期の前半を前概念的思考段階，後半を直観的思考段階と呼んだ。

A. 前半：前概念的思考段階（2～4歳）

ままごと遊びのような「ごっこ遊び」や，以前に見たことのある他者の行為を自分自身でやってみるという延滞模倣ができるようになる。このようなイメージによる思考がこの時期の特徴である。だが，この時期の子どもの言葉や意味を支えているものは，子どもが抱く個々のイメージを中心としたもので，これはまだ概念以前のものであるから前概念とピアジェは呼んだ。事物の属性の共通な側面をまとめて捉えた抽象化されたものを概念というが，前概念は大人が使用する概念と具体的な事物との中間に位置するものとなっており，抽象化されたものとはなっておらず，一般性を有していない。前概念的思考の特徴は，個と類が未分化な点にある。例えば，ピアジェの娘は2歳7か月の頃，散歩の途中で1匹のかたつむりを見つけ，しばらく行くとまた別のかたつむりに出会った。そして，「あのかたつむりがいる」と主張した。このような推論の誤りは，1つのものはあるクラスに含まれるというクラスの概念や，個と一般の区別を欠いているために起こると考えられる。子どもは，「ワンワン」といっても自分が知っているイヌ（家で飼っているイヌ）を思い浮かべていたり，逆に，ネコやトラなど，その子がイヌと同類だとみなす動物に対して，すべて「ワンワン」という言葉を用いたりする。大人のように，あらゆるイヌに共通した特徴を捉えて，一般化して形成された概念として「ワンワン」という言葉を使っているわけではない。ゆえに，この時期の推論は，特殊から特殊へと結びついたり，特殊を過度に一般化しやすい傾向がある。例えば，最初に入ったお店でおまけがもらえると，次に入ったお店でもおまけがもらえると思ったり，母親が病気で床についていることを経験したあとで，母親が横になっているのを見て，「ママが寝ているのは病気だから」と考えたりすることも多い。シュテルン（Stern, W.）は，こうした特殊から特殊への推理を転導推理と呼んだ。転導推理は，幼児期前半の思考の全般的特質と関連づけて考えると理解がしやすくなる。転導推理は，思考としては未熟だが，事物に対する表象が形成され，言葉を用いて予測や判断などの推論をしていることを示している。

B. 後半：直観的思考段階（4～7歳）

この時期になると，言葉の発達に伴って概念が進み，ものを分類したり関連づけることがかなりできるようになる。しかし，イメージが思考の中心になっているので，推理や判断は知覚的印象，すなわち直観に頼る傾向がある。そのため，同じ量，数，重さ，長さであっても，視覚的な違いにより，誤った判断をすることが多い。例えば，形も大きさも同じ2つの容器に同量の水を入れ，子どもに同じであることを確かめた後に，一方の容器の水を細長い容器に移し替えると，「こっちは背が高いから多い」と答えたり「これは細いから前よりも少ない」と答えたりする。このように，判断は，本人にとって知覚的に際立ってみえる特徴によって左右されてしまうということが起きる。

i）ピアジェの保存課題

保存（conservation）の概念とは，「物の数や量はその形や見た目が変わったとしても，同じままである」という理解のことである。ピアジェは，前操作期にある子どもは，この保存の概念を獲得することが難しいと考えた。なぜなら，子どもには「操作による思考（operational thinking)」が難しいからである。操作による思考とは，一貫した論理的構造をもって情報を結合したり分離したり変容したりする精神的な行為のことをいう。精神的操作（mental operation）の例として，ものを足したり引いたり，あるいは，小さいものから大きいものへの順番にものを並べ替えたりするような数学的なプロセスが挙げられる。子どもがそうした操作による思考能力を獲得するのは7～8歳頃である。それ以前の子どもの思考能力には論理一貫性が欠けているので，ものの見た目に引きずられ，ピアジェの保存課題（**図5.1**）に失敗するのである。

ii）自己中心性の概念

直観的思考段階の子どもは，自己の視点からしか世界を見ることができない。対峙している相手や他者の視点からは，事物が自己の視点とは異なっていることが理解できないのである。

1）**思考の自己中心性**　ピアジェは，4～12歳の子ども約240人を対象にきょうだい関係や左右関係の理解の発達的変化を調べ，幼児の思考の自己中心的特徴と，それが7～8歳頃に減少していく傾向を示した。例えば，きょうだい関係では，6歳で自分のきょうだいの人数を言うことはできるが，その時期にはまだ，きょうだいを3人もっている人の家族全体のきょうだい数が4人であることは理解できない。また，左右関係では，5歳で自分の手や脚の左右が言えるが，他者の左右や，対象物の左右関係を正しく述べることはできなかった。

2）**空間認識の自己中心性**　前操作期の子どもの空間認識は，自己の視点と他者の視点を区別することや，両者を関連づけること，協応させることができない状態である。100人の子ども（4歳～6歳6か月：21人，6歳7

	相等性の確定	変形操作	保存の判断
液量	容器の形や大きさの変化によっても，その中の液量は変わらない。		
	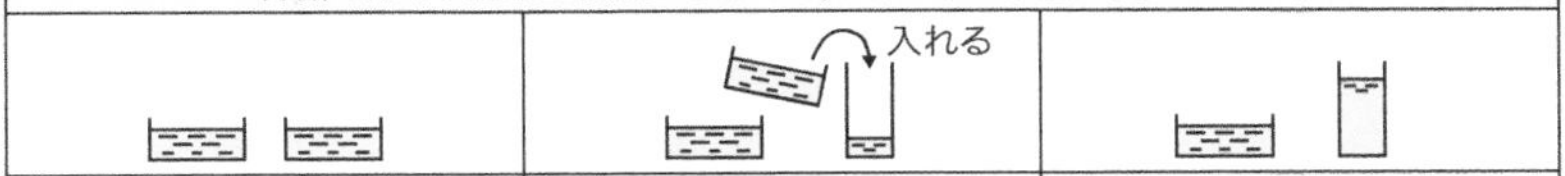	入れる	
	どちらも同じ入れものの中に色水が同じだけ入っていますね。	こちらの色水を別の入れものに全部移し替えます。	さあ，色水はどちらも同じだけ入っていますか。それとも，どちらかが多いかな。
数	集合内要素の配置の変化によっても，その集合の大きさは変わらない。		
	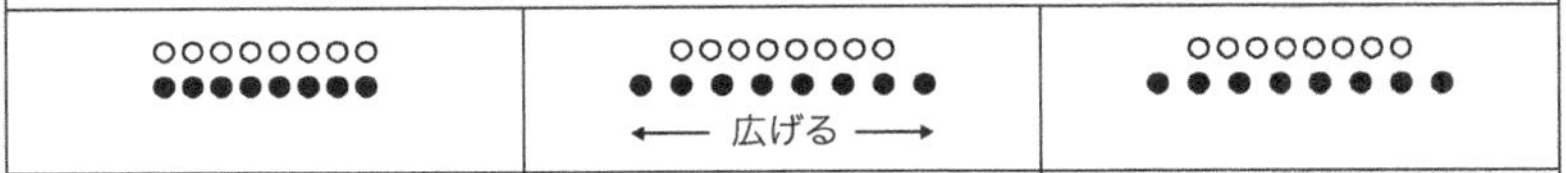 ○○○○○○○○ ●●●●●●●●	○○○○○○○○ ● ● ● ● ● ● ● ● ←― 広げる ―→	○○○○○○○○ ● ● ● ● ● ● ● ●
	白色の石と黒色の石とでは，どちらも数が同じだけありますね。	いま，黒色のほうを並べ替えてみます。	さあ，白石と黒石とでは，その数は同じですか。それとも，どちらかが多いかな。
長さ	物の形や位置の変化によっても，その物の長さは変わらない。		
	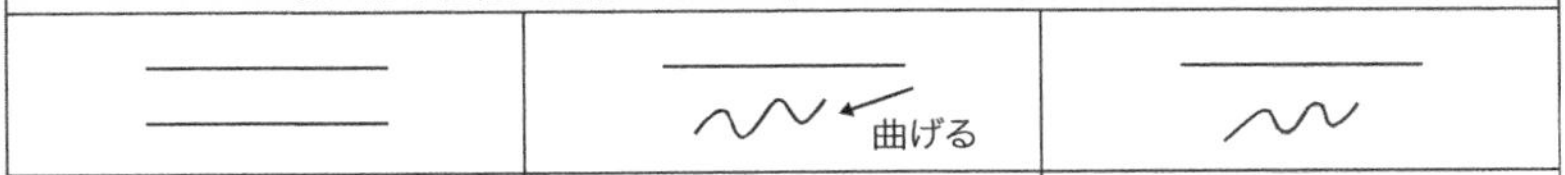	曲げる	
	2本の糸は，どちらも長さが同じですね。	いま，こちらの糸をヘビのような形に変えてみます。	さあ，今度も2本の糸の長さは同じですか。それとも，どちらかが長いかな。
面積	①図形の面積は，その図形の変形後も変わらない。 ②包含されている図形の変形後も，それを包含する図形の余面積は変わらない。		
	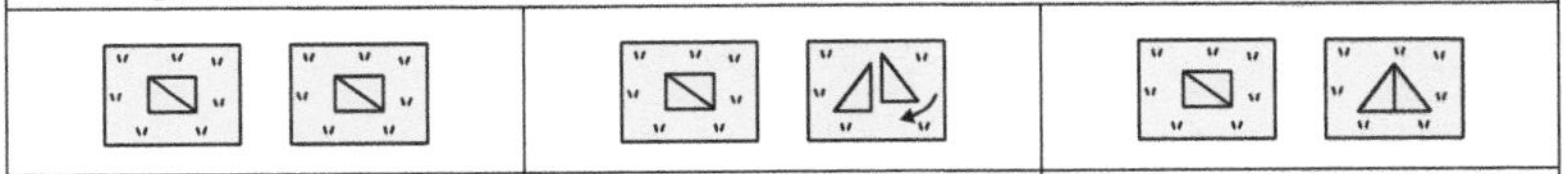		
	同じ広さの牧場が2つあります。どちらにも同じ広さの四角のじゃがいも畑があります。どちらの牧場でも牛は同じだけ草を食べることができます。	いま，片方の牧場のほうで，畑の形をつくり替えました。	さあ，今度も牛の食べられる草は，どちらも同じだけあるかな。それとも，どちらかが多いかな。畑の広さは同じかな。

図5.1　ピアジェの保存課題
（野呂 正編著，1983．幼児心理学．p.91．朝倉書店より一部改変）

か月～8歳：30人，8歳～9歳6か月：33人，9歳6か月～12歳：16人）を対象に，以下の3つ山課題による実験（**図5.2**）が行われた。

3つの山は，ボール紙でできており，1m四方の中に高さ20～30cmで立っている。図のAの位置から見て右側手前の山は，緑色で頂上に小さな家がある。その左の山は，緑の山より少し高く，色は茶色で頂上に赤い十字架が立っている。奥にある山は，3つの山の中で最も高く，灰色で頂上は白い雪で覆われている。図のCの位置からは，緑の山の斜面にジグザグの道が見える。また，図のBの位置から，灰色の山の斜面を下って

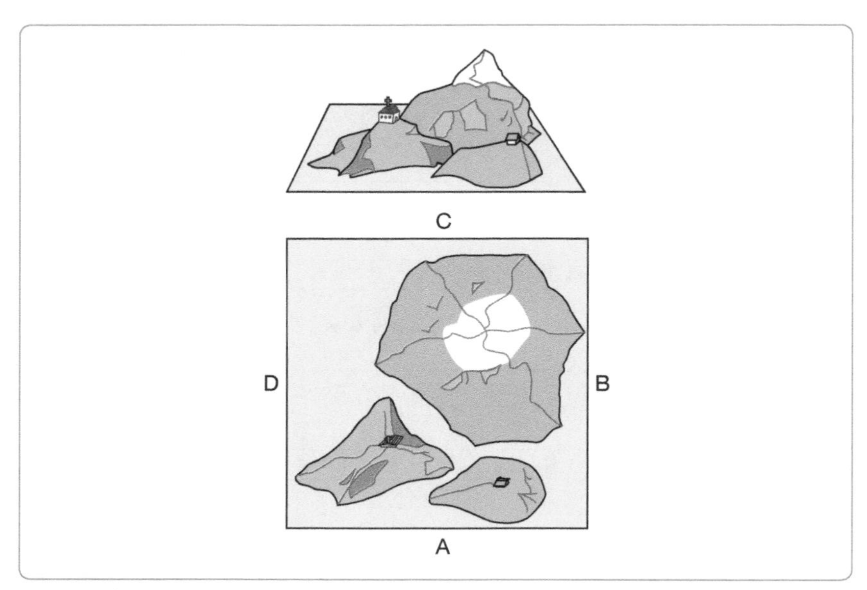

図5.2　ピアジェの3つ山課題（Piaget & Inhelder, 1948, 1956）

いく小川が見える。

20×28 cmの大きさの10枚の絵が用意されている。さまざまな位置から山の様子を描いた絵で，元の山と同じ色が塗ってあり，十字架や小さな家などの細部もきちんと再現されている。それらに加えて，3つの山のそれぞれと同じ形，同じ色をしたボール紙製の模型の山が用意されている。また，身長2～3 cmの木製の人形も用意されている。

子どもは以下の3つの種類の課題に取り組んだ。

①子どもがまずAの位置に座り，ボール紙製の3つの模型の山を用いてA（0度），B（90度），C（180度），D（270度）それぞれの位置から見える様子を再構成する課題である。

②人形をA～Dのいずれかに置き，10枚の絵を見せて，その中から人形の位置から見えるものと最も近い絵を1枚選ばせる課題である。

③子どもが絵を1枚選び，それと同じ景色が見えるように人形を置く地点を選択する課題である。

著書（Piaget & Inhelder, 1948）全体を通じて，子どもたちの反応は，その年齢と内容によって段階Ⅰ（4歳未満）・段階ⅡA・B（4～7歳）・段階ⅢA・B（7～12歳）に分類されている。段階Ⅰの子どもたちは問題の意味を理解しなかった。下位段階ⅡAでは，自己の視点と他者（人形）の視点の区別ができていない。下位段階ⅡBでは，自己の視点と他者の視点を区別しようとしはじめるが，まだうまくいかない。下位段階ⅢAは，平均的には7～9歳の時期にあたり，山の前後と左右の関係に注意をはらうようになるが，まだその複雑な関係に迷わされることが多い。下位段階ⅢBは，9～10歳頃から始まり，視点の協応が可能になるので，課題にも正しく答えられるようになる。

5.2節 行動統制能力と言語機能の発達

A. 幼児期の子どもの行動統制能力

幼児期になると，子どもは，規準に従って，自分の行動を統制*する能力を獲得するようになる。その，子どもが獲得しはじめる抑制能力には4種類あることが指摘されている（Maccoby, 1980）。

①行動の抑制（inhibition of movement）：行動規準（内面化された規準あるいは要求された規準）に従って，自分自身で行動を始めたりやめたりすることができるようになる。ただし，小さい子どもにとっては，進行中の行為をやめることは，新たに行動を起こすことよりも難しい（Luria, 1981）。

②情動の抑制（inhibition of emotion）：場面に応じて情動表出を抑制するようになる。

③結論の抑制（inhibition of conclusion）：正しいモノ探しテスト（Matching Familiar Figures［MFF］Test）で衝動型反応から熟慮型反応へと変容する。すなわち，回答するまでの時間が長くなるが，正答率が高くなる。そして，10歳以降になると，より短い反応時間で正答できるようになる（MFFテストは子どもにとって簡単な課題になる）（Salkind & Nelson, 1980）。

④選択の抑制（inhibition of choice）：満足の遅延ができるようになる。すなわち，すぐにもらえる小さいキャンディーと，後から（翌日）もらえる大きなキャンディーという条件下で，年少の子どもの多くは小さなキャ

*ここ（5.2節）では，依拠した文献において，controlが使用されている場合には「統制」，regulateが使用されている場合には「調整」，inhibitionが使用されている場合には「抑制」とした。

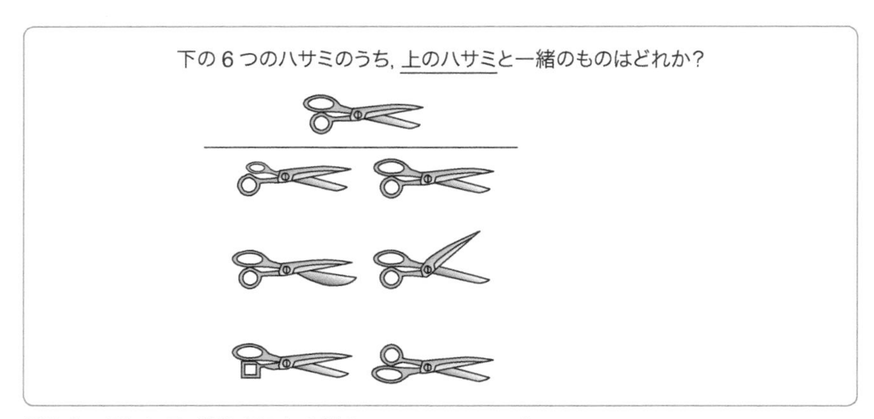

図5.3　正しいモノ探しテストの例（Kagan et al., 1964）

ンディーを選ぶが，12歳頃になると大きなキャンディーを選ぶようになる。

B. 子どもの行動統制に関する理論と実証研究

子どもの行動統制の発達は，言語機能の発達によって支えられている。それを明らかにした研究についてみていく。

i）言語の行動調整機能

ルリヤ（Luria, A. R.）は，言語は人間の行動に対して調整機能を果たすことを明らかにした（Luria, 1981）。そして，子どものランプに対するボタン押し反応から，言語の行動調整機能は，①他律から自律へ，②外的から内的へ，③インパルス的調整から意味的調整へと発達することを示した。2歳児は他者の言語教示に従って行動を起こすことはできるが，他者の教示によって行動を抑制することや自己教示によって行動を起こすことはできない。3歳半頃までに，子どもは自己教示によって行動を適切に起こすことができるようになる。しかし，この段階では，まだ言語の意味が行動を調整しているのではない。言語は，行動触発のインパルスとして作用しているにすぎない。「押すな」の自己教示に対しても，行動的には押してしまう。言語の意味が行動を調整しはじめるのは4歳頃である。そして，5歳頃になると，内言による調整が可能になり，もはや言語化の必要がなくなる。

さて，ここで，外言と内言（outer speech & inner speech）について学んでおこう。ヴィゴツキーは，言語は，社会的言語から内言へと発達すると主張した（中村，1998）。言葉は，最初は社会的結合の手段（コミュニケーションの手段）として，つまり他人への働きかけの手段として発達し，その後でのみ自分自身への働きかけの手段となる。子どもの発達においては，この言葉の発達図式は，他人への言葉である外言から自分自身への言葉である内言へと実現される。内面化された言葉のことを，ヴィゴツキーは内言と名づけているが，内言の特徴は，形式としては声に出されない，いわば頭の中の言葉である。その機能は，自分自身に話しかけることによって自分の行動を支配・調節することであり，その構造としては，自分自身への言葉ゆえにその主語やテーマは自分に了解されているので，余分な言葉は省略・短縮されている。子どもは，およそ7歳までかけて，この内言を発達させる。その発達途上にいる3歳から7歳の子どもには，かたちのうえでは外言だが，その機能と構造においては全く社会的言語とは異なる独自な言葉が観察される。それは，独り言や集団的独語であり，他人に伝達する言葉としての構造をもたないので，自己中心的言語と呼ばれる。

ヴィゴツキーは，この自己中心的言語の特質を分析し，①7歳児の自己中心的言語のほうが，3歳児のそれよりも他人に伝達する言葉としての構造をもたず（断片性，省略，短縮などが著しい），他人には理解しがたいこと，②自覚や熟考を必要とする困難な課題に直面すると，自己中心的言語の出現の割合が増大することなどの事実を見いだした。これらから，自己中心的言語は，形式としては声に出される外言だが，その機能としては，自らの行動を方向づけたり調整したりする内言と同じであることが明らかになった。自己中心的言語は，それゆえ，構造的，機能的には内言へと進化していく途上の過渡的形態の言葉なのである。つまり，「社会的言語 → 自己中心的言語 → 内言」という，言葉の社会的機能から内的な個人的機能への発達の筋道が明らかにされたのである。

ii）行動活性化試行と行動抑制試行の比較

子どもの行動統制機能の発達に着目した「サイモンが言ったよゲーム（“Simon Says”）」を使用した実験についてみていこう（Strommen, 1973）。

このゲームは，以下のルールで行われる。「サイモンが言ったよ。。。お鼻を触って “Simon say…Touch your nose.”」と言われたら，自分の鼻を触る動作をする（行動活性化試行）。単に，「。。。お鼻を触って “…Touch your nose.”」と言われたら，自分の鼻を触る動作をしてはいけない（行動抑制試行）。10試行（行動活性化試行 “Simon say…” ×5試行・行動抑制試行“…”×5試行）が2回に分けて実施された。分析対象となったのは，保育園児（preschool）[中央値4歳9か月]：男児9人・女児9人，幼稚園児（kindergarten）[中央値5歳10か月]：男児17人・女児17人，小学1年生 [中央値7歳1か月]：男児20人・女児20人，小学3年生 [中央値8歳11か月]：男児25人・女児25人である。

結果は以下のとおりであった。行動活性化試行“Simon say…”においては，ほぼすべての参加者が完全にできた（幼稚園児2人が1つずつ，小学1年生1人が5つのエラーをした）。行動抑制試行“…”においては，年少段階の成績は極めて悪かった。ほぼ誤りなくできるようになるのは小学3年生になってからだということが判明した。

iii）言語の行動調整機能と行動のプランニング

子どもが行動を抑制する際に，言語の果たす役割について明らかにした，幼児（平均4歳6か月齢児）70人（男児35人，女児35人）を対象にした実験（満足の遅延を測定する実験）についてみていこう（Mischel & Patterson, 1976）。

実験は，以下の手順で行われた。実験室に入ると，魅力的な玩具と壊れた玩具の両方を子どもは見せられ，どちらで遊びたいかを尋ねられる。魅力的な玩具を選んだ（実際にすべての子どもがそうした）後で，子どもは別の部屋に連れていかれ，テーブルの前に座らされる。そこで，実験者に課題（pegboard task）を与えられ，今から実験者は部屋を離れなければならないが，子どもはその間課題をやっているように言われる。そして，ピエロの描かれたびっくり箱（Mr. Clown Box）を見せられる。その箱からはピエロが実験者と子どもを招く声がし，魅力的な玩具がいくつか箱の窓を通して子どもに見えるようになっている。実験者は，子どもに，もし決められた時間内に課題ができたら，実験者が部屋に戻ってきたときに，最初に見た魅力的な玩具やピエロのびっくり箱で遊んでもいいと約束する。しかし，もし課題ができなければ，最初に見た壊れた玩具でしか遊べないと言われる。

子どもは，以下の8群に分類された。

①衝動抑制方略を教示される群：ピエロが遊びに誘ったら，次のように言うんだよ。「ううん。僕は（私は）びっくり箱は見ないよ」それだけでいいんだよ。ピエロが「見て」と言ったら「ううん。僕は（私は）びっくり箱は見ないよ」と言うんだ。

②報酬志向方略を教示される群：…「僕は（私は）面白そうな玩具やびっ

くり箱で後から遊ぶことができるんだ」と大きな声で言ってみよう。

③課題遂行方略を教示される群：...「僕は（私は）課題を続けることにしよう。」と大きな声で言ってみよう。

④自分で衝動抑制方略を考える群：ピエロが「こっちを見てごらん，僕と遊ぼうよ」と言ったら，何か，びっくり箱を見ないで済む方法を考えて，大きな声で言ってごらん。それだけでいいんだよ。ピエロが「見て」と言ったら，何か，びっくり箱を見ないで済む言葉を考えて言うんだよ。

⑤自分で報酬志向方略を考える群：...何か，課題が終わったらできることを思い出して大きな声で言ってみよう。

⑥自分で課題遂行方略を考える群：...何か，課題を続けることができる方法を考えて大きな声で言ってみよう。

⑦統制群（irrelevant plan群）：私が部屋を出て行ったら，次のように言ってごらん。「チック，タック，ボーン，ネズミが時計を駆け登る "Hickory Dickory Dock, the mouse ran up the clock."」それだけでいいんだよ。私が部屋を出て行ったら，「チック，タック，ボーン，ネズミが時計を駆け登る」って言うんだよ。

⑧統制群（no plan群）：言語化することについて何も言わない。

結果は以下のようであった。子どもの言語による統制は，完全に自発的なかたちでの効果は生じなかった。満足の遅延のために行動を統制するためには，どのように言語化したらよいかというプランを詳細に教える必要があった（Mischel & Patterson, 1978）。なお，自分自身で満足の遅延方略を考えなければならない状況に置かれたときに幼児にみられた個人差は，その後の認知発達の個人差に関連していた。すなわち，幼児期に自ら方略を考え，しかも長い間満足の遅延が行えた子どもは，青年期に達したとき，注意深く集中力・忍耐力があり，有能で計画性があり，知的レベルが高いと親が報告した。また，大学適性試験（scholastic aptitude test：SAT）の得点も高かった（Mischel et al., 1989）。

5.3節 ヴィゴツキー理論

言語のそもそもの機能は社会的なものであり，それが内的な個人的機能へと発達を遂げるとのヴィゴツキーの主張は，「人間に固有の高次精神機能は社会的生活（活動）にその起源がある」とするヴィゴツキー理論を基盤にしている。彼は,「すべての高次精神機能は発達の過程において2度,2つの水準で現れる。はじめは,人々との間(社会的水準)で精神間カテゴリーとして現れ,その次に個人内(心理的水準)で精神内カテゴリーとして現れる」とする「文化的発達の一般的法則」を主張する。「例えば,乳児の指さし機能の獲得過程をみてみよう。はじめ,乳児が何かものをつかもうとしてうまくいかないでいるとき,母親がそれを助ける。すると,乳児は達成されない行為がものを指し示す意味を表して,母親の援助を得られることに気づき,把握行為の一部を指さし行為に変化させていく。このように,指さし機能ははじめから子どもの中にあるのではなく,また,母親の指さしを単に模倣するのでもなく,子どものある行為(の意味)が,母親との関係で新たな意味を獲得する。同時に,母親にとっては,子どもの把握不能に対する援助行為から,指示行為に対する反応へと変化していく」と述べている(Wertsch, 1985, 1990)。個人の精神機能が社会的起源に由来すると考える彼の理論においては,「発達の最近接領域」の概念が広く知られている。

発達の最近接領域(zone of proximal development)とは,心理的水準において子ども1人によって遂行される問題解決の水準(現実の発達水準)と,社会的水準において大人やより有能な仲間の援助や助言のもとに共同で遂行する水準(潜在的発達水準)との間の隔たりの領域のことをいう(**図5.4**)。例えば,知的年齢が7歳という点では同等のA児とB児がいるとしよう。A児・B児とも1人で課題を行わねばならないときには,2人の達成水準は同じであろう。しかし,A児の周囲には,A児が課題に取り組むときに様子をみて助言をしたり,課題解決の参考になるような行動をする他者

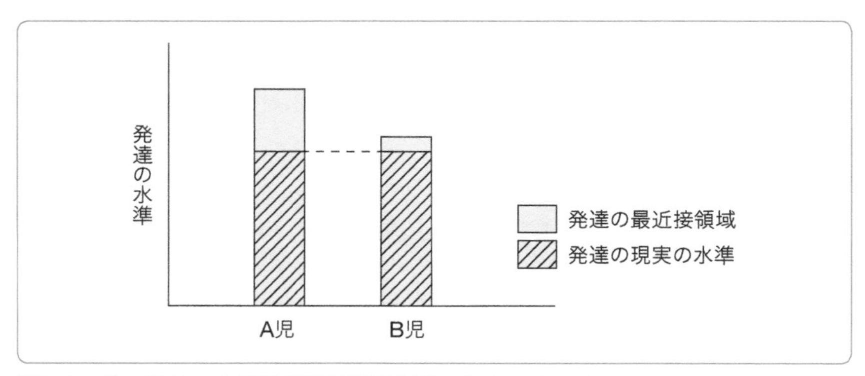

図5.4 ヴィゴツキーの発達の最近接領域(ヴィゴツキー, 2003)

が大勢いる（教師であったり，級友であったり，年上のきょうだいであったりする）。その場合，A児は，それら他者の援助を得て，知的年齢9歳児に求められる課題を解決することができる。一方，そうした援助が得られる機会が少ないB児は，知的年齢7歳半の課題しか解くことができない。すなわち，A児の発達の最近接領域は，B児のそれよりも広くなっており，その領域の広さが子どもの発達の可能性を示していると考えられる。いずれA児は，他者の援助を得て達成していた水準の課題を，独力で解けるようになるであろう。潜在的発達水準が現実の発達水準を先導するのである。

上記のように考えると，教育が行わなければならないことは発達の最近接領域を広げるような環境を用意することであろう。知的発達水準を先導するような教材を提供すると同時に，子どもが社会の中に生まれ，そこでの指導や協力を得て発達する存在であることをわきまえた社会環境の整備も必要になってくるだろう。

5.4節 社会的知性の発達

子どもは社会の中に生まれ，そこでの指導や協力を得て自らの発達を遂げることができる。さて，その社会に所属する他者と社会関係を築く知性，すなわち，社会的知性を発達させる時期は，幼児期に始まるとされる。

「『社会的知性』は他者との社会的関係の中でいかにうまく振舞うかに関連して必要になる知性（藤田，2002)」と定義され，それには，競合的場面で必要になる「欺き」・「駆け引き」・「出し抜き」，協力的な場面で必要になる「思いやり」・「利他行動」・「手伝い」，そして「同盟」を行う知性が含まれる（**図5.5**）。進化発達心理学の視点からは，この社会的知性は，ヒトが進化の過程で身につけた知性であると考えられている（バーン・ホワイトゥン，2004)。霊長類の群れは，恒常的に同じメンバーが一緒に暮らす集団から形成されており，誰もが他のメンバーを個体識別しており，個体間に社会的な順位がある。いったんそのような群れで生活することが始まると，互いの競争と協調の関係が複雑になり，処理すべき社会的な情報が加速度的に多くなる。それが脳の発達を促したと考えるのが，社会脳仮説（マキャベリ的知能仮説）であるが，その仮説を支持するバーン（Byrne, R. W.）は，ヒヒの群れで観察した「戦術的な欺き」について詳細に報告している(Byrne, 1995)。このように，社会的知性は，系統発生的には霊長類にお

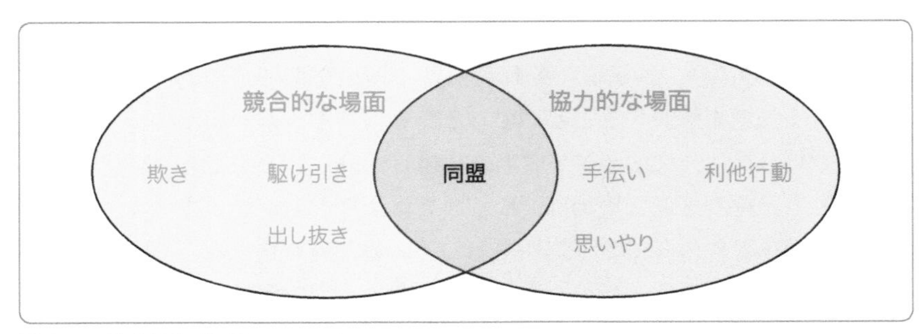

図5.5　社会的知性（藤田, 2002）

いて獲得されたと考えられている。

欺き行動などの社会的知性の基本にあるのは，同じ社会集団に属する他の仲間の心の状態を推測する能力である。すなわち，他者が自分とは異なる視点から物事をみるという事実が理解できる必要がある。そして，自分とは異なる視点から物事をみている他者が自分とは異なった信念を抱くということが推測できる必要があるのである。プレマック（Premack, D.）とウッドラフ（Woodruff, G.）が，チンパンジーなど霊長類の動物が他の仲間の心の状態を推測しているかのように行動することから，そこに働く心のメカニズムを「心の理論」という概念で解釈することを提唱した（Premack & Woodruff, 1978）。その後，個体発生的には社会的知性はいつ頃獲得されるのかという問題意識のもと，ヒトの子どもについての社会的知性の獲得研究も精力的に行われてきている。

A. 誤った信念課題

ウィマー（Wimmer, H.）とパーナー（Perner, J.）は，以下のような誤った信念（false belief）課題によって，幼児期の「心の理論」の発達過程を調べる研究を行った（Wimmer & Perner, 1983）。

マキシという男の子を主人公とする次のような物語を子どもに聞かせる。マキシは，母親が買ってきたものを戸棚にしまう手伝いをしている。そして，チョコレートを「緑色」の戸棚に入れて遊びに出かけていく。彼は，後で戻ってきて食べようと思っているので，チョコレートをどこに入れたかちゃんと覚えている。ケーキをつくるためにチョコレートが少し必要になった母親は，「緑色」の戸棚からチョコレートを取り出し，ケーキをつくるために少しだけ使った。その後，母親はそれを「緑色」の戸棚に戻さないで，「青色」の戸棚にしまった。母親が必要になった卵を買いに出かけた後で，マキシがチョコレートを食べようと思って戻ってきた。

幼児期の子どもたちに，「マキシは，どこを探すだろうか？　チョコレートはどこにあると思っているだろうか？」という質問をする。この質問に，「緑色」の戸棚と回答すれば，その子どもは「マキシの誤った信念」を正しく推測することができたということである。この質問に，3歳児は正しく答えられない。4～5歳にかけて正答率は上がることが確かめられている。

B. 王様・泥棒ゲーム

子どもがいつ頃から社会的知性を獲得するようになるかについて，子どもがいつ頃から「騙すこと」ができるようになるかを調べることによって回答を示そうとした研究もある。ソディアン（Sodian, J.）は，子どもが故意に他人に誤った信念をもたせるようにすることができる（すなわち，「騙すことができる」）かどうかを知るために，以下のような実験状況をつくった（Sodian, 1991）（**図5.6**）。

子どもの目の前には2つの宝箱がある。そして，子どもに，以下のように話をする。今から金貨をどちらかの宝箱に入れる。その後で，王様の人形と泥棒の人形がやって来て，子どもにどこに金貨が隠されているかを尋ねることになっている。王様は金貨を見つけると，自分の宝袋からもう1枚新たな金貨を取り出し2枚とも子どもにくれる。一方，泥棒は金貨を見つけると自

図5.6　ソディアンの王様・泥棒ゲーム（Sodian, 1991）

分が持っていってしまう。そこで，子どもには，泥棒の人形には金貨を取られないように，王様の人形には金貨を見つけられるように助けてほしいと頼んでおく。さて，2個の宝箱のどちらかに金貨が隠された後，人形が登場した。子どもは金貨の場所を知っているが，人形は知らない。ここで，人形が子どもに「金貨はどこにある？」と尋ねる。その時の子どもの反応を観察するのである。子どもが泥棒には嘘を言ったり空の宝箱を指さしたりして，泥棒が金貨を取らないようにできるかどうか，そして王様には金貨の入っている宝箱を教えて，王様が金貨を見つけるのを助けられるかどうかが観察された。4歳児はこの課題に通過したが，3歳児はできず，泥棒と王様のどちらにもいつも金貨のあるほうを教えた。3歳児にとって，他人の信念を変えるよう情報を制御する，すなわち，騙すことは難しい。子どもが騙すことができるようになることは，その子どもが他者の目的・意図・知識・信念・思考を推測できるようになったことを意味する。そして，それは，子どもが心の理論をもつようになったと言い換えることができる。

C. チョコレート争奪ゲーム：窓課題

3歳児でも，人形ではなく実在の人物と現実的な場面で，好物であるチョコレートを手に入れるためなら成功するだろうか？　ラッセル（Russell, J.）らはそんなゲームをつくった（Russell et al., 1991）（**図5.7**）。

練習試行では，2つの箱のどちらかに，チョコレートを隠したが，子どもも対戦相手も，どちらの箱に入っているのか知らなかった。子どもは，対戦

図5.7　ラッセルらのチョコレート争奪ゲーム（Russell et al., 1991）

相手に箱を開けさせるために，どちらかの箱を指すように言われる。対戦相手は子どもが指した箱を開ける。もしその箱にチョコレートが入っていたら，対戦相手がそれをもらえるが，もう1つの違う箱にチョコレートが入っていたら，自分がもらえる。これを15回繰り返して，子どもが手続きを確実に理解できるようにした。テスト試行では，練習試行で使用した箱の代わりに，新しい2つの箱を使用した。新しい2つの箱には窓が開いているが，窓は子どものほうに向いているため対戦相手からは見えない。ルールはさっきと同じだった。チョコレートをどちらかの箱に入れ，子どもがどちらかの箱を指さし，対戦相手がそれを開けた。もしその箱にチョコレートが入っていたら，対戦相手がもらえるが，違う箱に入っていたら，子どもがもらえた。しかし，テスト試行のゲームは簡単である。なぜなら，子どもにはチョコレートがどちらに入っているか見えていて，空の箱を指させば必ず勝てるからである。

3歳児はたいていチョコレートの入っている箱を指さし，4歳児は空の箱を指さした。3歳児は，20試行以上毎回負けても，チョコレートが入っている箱を指さし続けた。しかし，4歳児は，最初は空の箱を指ささなかった子どもでも，すぐにそうするようになった。ラッセルらは，このチョコレート争奪ゲームでの成績と誤った信念課題（マキシ課題に代表される主人公の誤った信念の理解を測る課題）の成績の間に相関を見いだしている。

以上，みてきたように，ヒトの子どもは，4歳以降の幼児期後期になると，社会的知性を獲得し，仲間集団の中で適応していく術を洗練させていくと考えられている。

練習問題

1．以下の文章の ① ～ ⑦ に適切な語句を入れなさい。

幼児期の子どもの認識のあり方は，乳児期の感覚運動を伴った「活動」から， ① による「操作」へと発達する。ピアジェは，行為が内面化され可逆性をもつに至った論理的枠組みの中で営まれる思考を「操作」と定義づけたのであるが，6～7歳までの幼児期は，一貫した論理的構造に欠けるので，この時期を ② と名づけた。そして，その前半を ③ 思考段階，後半を ④ 思考段階と呼んだ。この時期の子どもの思考には，論理一貫性が欠けているので，ものの見た目に引きずられ，ピアジェの ⑤ 課題に失敗するのである。また，この時期の子どもは，自己の視点からしか世界を見ることができない。対峙している相手や他者の視点からは，事物が自己の視点とは異なっていることが理解できない。こうした子どもの空間認識における［ ⑥ ］を表した課題として［ ⑦ ］課題が知られている。

2．ピアジェとヴィゴツキーは，子どもの言動や大人の役割について，異なった視点からみている。以下の中から，ヴィゴツキーに当てはまるものをすべて選びなさい。

a．子どもは自ら学ぶ科学者であるので，大人の援助は最小限にすべきである。

b．子どもの独り言は，子どもが自分の視点からしかものを見ることができない証拠である。

c．子どもの独り言は，言語が自分の行動を調整する機能へと変容する過渡期に出る言葉である。

d．子どもは社会の中で自分よりも有能な者の援助を得ることで，より高い水準の発達を遂げる存在である。

e．子どもが示す指さし行動は，生得的に子どもに備わった機能である。

3．以下の文章の［ ① ］～［ ③ ］に適切な語句を入れなさい。

「『［ ① ］』は他者との社会的関係の中でいかにうまく振舞うかに関連して必要になる知性（藤田，2002）」と定義される。この知性は，［ ② ］的には霊長類でみられるようになり，チンパンジーの欺き行動などの報告がある。［ ③ ］的にみると，ヒトは幼児期後期になるとそれを獲得するとの研究結果が報告されている。

〈文献〉

Byrne, R. W.（1995）. *The thinking ape*. Oxford University Press.

バーン, R. W・ホワイトゥン, A（編）. 藤田和生・山下博志・友永雅己（監訳）（2004）. マキャベリ的知性と心の理論の進化論. ナカニシヤ出版

藤田和生（2002）. 子供と動物は正直というけれど. 桐谷滋（編）. 心の発達, ことばの発達（pp. 22-33）. クバプロ

Kagan, J., Rosman, B. L., Day, D., Albert, J., & Phillips, W.（1964）. Information processing in the child. *Psychological Monographs: General and Applied*, *78*（1）, 1-37.

Luria, A. R.（1981）. *Language and cognition*. Wiley.

Maccoby, E. E.（1980）. *Social development*. Harcourt Brace Jovanovich.

Mischel, W., & Patterson, C. J. (1976). Substantive and structural elements of effective plans for self-control. *Journal of Personality and Social Psychology*, *34* (5), 942-950.
Mischel, W., & Patterson, C. J. (1978). Effective plans for self-control in children. In W. A. Collins (Ed.), *Minnesota symposia on child psychology* (pp. 199-230). Lawrence Erlbaum.
Mischel, W., Shoda, Y., & Rodriguez, M. L. (1989). Delay of gratification in children. *Science*, *244* (4907), 933-938.
中村和夫(1998). ヴィゴツキーの発達論. 東京大学出版会
野呂 正(1983). 幼児心理学. 朝倉書店
Perner, J. (1991). *Understnding the representational mind*. The MIT Press.
Piaget, J., & Inhelder, B. (1948). *La représentation de l'espace chez l'enfant*. Presses Universitaires de France. (F. J. Landon, & J. L. Lunzer, trans. (1956). *The child's conception of space*. Routledge & Kegan Paul.)
ピアジェ. 大伴茂(訳)(1969). 表象の心理学. 黎明書房
Premack, D. & Woodruff, G. (1978). Does the chimpanzee have a theory of mind? *The behavioral and brain sciences*, *1*, 515-526.
Russell, J., Mauthner, N., Sharpe, S., & Tidswell, T. (1991). The "windows task" as a measure of strategic deception in preschoolers and autistic subjects. *British Journal of Developmental Psychology*, *9* (2), 331-349.
Salkind, N. J., & Nelson, C. F. (1980). A note on the developmental nature of reflection-inpulsivity. *Developmental Psychology*, *16*, 237-238.
Sodian, B. (1991). The development of deception in young children. *British Journal of Developmental Psychology*, *9*, 173-188.
Strommen, E. A. (1973). Verbal self-regulation in a children's game. *Child Development*, *44*, 849-853.
ヴィゴツキー. 土井捷三・神谷栄司(訳)(2003).「発達の最近接領域」の理論. 三学出版
Wertsch, J. V. (1985). *Vygotsky and the social formation of mind*. Harvard University Press.
Wertsch, J. V. (1990). Dialogue and dialogism in a socio-cultural approach to mind. In I. Markovà, & K. Foppa (Eds.), *The dynamics of dialogue* (pp. 62-82). Harvester Wheatsheaf.
Wimmer, H., & Perner, J. (1983). Beliefs about beliefs. *Cognition, 13* (1), 103-128.

第6章 児童期(学童期)の発達

到達目標

- 児童期の認知発達に関する先行研究の知見を説明できる。
- ピアジェの道徳性の発達理論について説明できる。
- 児童期の社会性を形成する役割取得能力・社会的慣習概念・向社会性に関する先行研究の知見について説明できる。

児童期に入ると，子どもたちはクラス集団に所属し一斉授業を受ける。授業を通して，あるいは，書物やメディアから知的刺激を受ける機会が多くなる。そして，学習課題を課され，学校行事に参加する。ピアジェは7～11歳くらいまでの小学校に通う時期の子どもたちが示す認知発達段階を**具体的操作期**と概念化した。

6.1節 児童期(学童期)の認知発達

A. 具体的操作的知能の段階

この時期に達すると，子どもたちは保存課題に通過するようになる。同じ量の水ならば，見た目が異なるコップに移し替えたとしても量は変わらない，また，粘土を丸めてボールにしても平たく延ばしても同じ重さであると回答するようになる。この時期の子どもは，具体的な事物については論理的に操作可能になるのである。しかし，抽象的な概念についてはまだ操作不可能な段階にある。例えば，鉄と発泡スチロールを見せてどちらが沈むかを尋ねる。おそらく，子どもは鉄が沈むと答えるだろう。そこで，なぜ，鉄は沈んで発泡スチロールは浮くのか尋ねると，子どもは重いからと回答する。では，小さな鉄と大きな発泡スチロールでは，発泡スチロールのほうが重いと指摘すると返答できなくなる。同じ重さの粘土で，丸めたボールと平たく伸ばした皿をつくる。そして，水の表面に置いてやると，ボールは沈み，皿は浮く。この原理についての学習が始まるのは中学生になってからである。

認知発達段階からみると制約のある児童期（学童期）であるが，子どもたちの記憶方略やメタ認知能力の発達がみられる時期でもある。学習支援と

図6.1　情報処理モデル

いった観点からは，子どもの動機づけの発達にも注目する必要がある。

B. ワーキングメモリの発達

まず，子どもの発達を情報処理能力の発達という観点からみてみよう。われわれは，感覚器官から入った情報を**図6.1**のように処理し，記憶している。

児童期には，ワーキングメモリ（working memory）の容量の個人差が，学習活動に大きく関連していることがわかってきた。ワーキングメモリとは，短い時間に心の中で情報を保持し同時に処理する能力を指し，会話や読み書き，計算などの基礎となっている。そのワーキングメモリの容量は，年齢に伴って増加するが，7歳くらいから，ワーキングメモリ容量が大きい子どもと小さい子どもの差が大きくなってくる。そして，その容量の個人差が，国語，算数，理科などの学習と密接に関連していることが明らかになっている(Alloway, 2009; Alloway et al., 2009)。

ワーキングメモリは，授業中に教師の指示に従ったり，黒板や教科書に書かれた内容をノートに書き写したり，クラスの子どもの発言を聴き理解するなど，さまざまな情報を処理するために使用される。十分な容量がないと適切な学習行動をとることが難しくなる。その結果，学業不振に陥ったりするなどの問題が生じることになる。ワーキングメモリの能力は，新たな事物を学習する能力に関わると考えられるため，将来の子どもの学習成績を正確に予測すると主張されている（Alloway & Alloway, 2010)。

C. 記憶方略の発達

長期記憶に情報を転送するためには，記憶すべき事物を体制化したり意味づけたりする精緻化リハーサルが有効である。児童期には，記憶方略の発達が，子どもの学習活動を後押しするものとなる。学校での学習活動に成功する子どもは，短い文でも語を補って意味をもたせるようにして記憶しやすい文にするなどの工夫を行っている。一方，学習が遅れている子どもは短い文を丸暗記する傾向にあることが報告されている（Bransford et al., 1982; Franks et al., 1982）。当然，自分で工夫した記憶方略をとれば学習時間はかかるので，それをやり抜こうとする意志力であったり，そうした学習活動に対する知的好奇心などが必要になるだろう。

D. メタ認知能力の発達

幼稚園児，小学2年生，4年生を対象にして，自分の再生記憶を推定する能力を調べた研究がある。課題は1枚から10枚までの絵を順に呈示し，どの枚数なら再生できる（思い出すことできる）かを問うものであった。幼稚園児は半数以上が10枚でも再生できると答えたが，2年生や4年生で10枚再生できると答えた者はほとんどいなかった。2年生や4年生が再生できると答えた枚数は，実際の再生量と比較して現実的なものであったが，幼稚園児の答えは非現実的なものであった（Flavell et al., 1970）。児童期には，自分がどのくらいなら記憶できるか，どの程度の課題なら解答が可能かといったメタ認知能力が発達する時期なのである。

E. 動機づけの発達

子どもが難しいゲームに取り組んでいる状況を考えてみよう。この子どもはどのようなときにゲームをやり続け，どんなときにゲームをやめてしまうのだろうか。ゲームをクリアできそうだ（期待）と思えば思うほど，またゲームをクリアしたときの喜び（価値）が大きければ大きいほど，最後まで頑張ると考えられる。逆にできそうもないほど難しいゲームだったり，このゲームができてもそれほどうれしくないと思えばやめてしまうだろう。

i）アトキンソンの達成動機づけ理論

アトキンソン（Atkinson, J. W.）は，成功に向けて頑張ろうとする動機づけの強さは，①その人のもつ達成動機の強さ，②成功できそうかどうかという見込み（主観的成功確率＝期待），③成功することの自分にとっての価値の3つによって決まると考えた（Atkinson, 1964）。式にすると以下のようになる（鎌原・竹綱，1999）。

行動を行おうとする動機づけの強さ＝
①その人のもつ達成動機 × ②期待 × ③価値

達成動機の強さは，その子どもの性格的なものであって一定だとすると，動機づけの強さは期待と価値で決まることになる。さらにアトキンソンは，

表6.1　アトキンソンの達成動機づけ理論：期待・価値・達成行動傾向
（Atkinson, 1964）

期待	価値	達成行動傾向
0.1	0.9	0.09
0.2	0.8	0.16
0.4	0.6	0.24
0.5	0.5	0.25
0.7	0.3	0.21
0.9	0.1	0.09

期待と価値の間に「期待が高いほど価値が小さい（価値＝1－期待）」，という関係があると考えた。ゲームの例でいえば，簡単に成功しそうな易しいゲーム（期待が高い）では，成功してもあまりうれしくない（価値が小さい），逆にできそうもない難しいゲーム（期待が低い）に成功すれば，喜びが大きい（価値が大きい）ということである。期待・価値，達成行動傾向を表にすると，期待・価値がともに0.5のときに達成行動傾向が最も高くなることがわかる（**表6.1**）。このことから，子どもをやる気にさせるには，適度に難しい課題を選んで与えてやることが重要であることがわかるだろう。

ii）子どもの動機づけを学習支援に活かすには

ところで，人には課題を避けようとする動機もある。失敗をすれば残念な思いをするし恥ずかしい。失敗を恐れる子どもは思いのほか多いと考えられる。課題に取り組もうとする傾向と同様に，課題を避けようとする傾向も，やはり適度な困難度のときに最も高くなる。成功・失敗の確率が五分五分という状況は，まさに自分の能力があるのかないのかを確認されるような状況に映るだろう。それがゆえに，失敗を恐れる子どもは，その子にとって易しすぎる課題あるいは難しすぎる課題を選択する。自分に能力があるかないかが明らかになるのを恐れるからである。教育者は，こうしたことも念頭に置いて，子どもの学習支援にあたる必要がある。

iii）子どもの達成動機を育成する養育態度

さて，上記の①その人のもつ達成動機であるが，子どもにこうした動機づけが出現するのは，3歳～3歳半頃である（Heckhausen & Wagner, 1965）。そして，徐々に，達成動機には個人差がみられるようになってくる。ウィンターボトム（Winterbottom, M. R.）は，達成動機の強い男児の母親の特徴として，子どもが幼い頃から，制限的しつけ（「こうなってはいけない」「こうしてはいけない」）ではなく，要求的なしつけ（「こうなってほしい」「こうしなさい」）をしていたこと，成功したときに温かく十分な報酬を与えていたことを報告している（Winterbottom, 1958）。

iv）原因帰属と動機づけ

子どもをやる気にさせるためには，子どものやる気の出そうな課題を与えるといった課題選定以外に，何か良い方法があるだろうか。

①原因帰属　私たちは，物事がうまくいかないとき，なぜそうなったのかを考えるものである。例えば，試験で良い成績が出ないときや試合で負けてしまったときなどは，自分の学習や練習が足りなかったのだろうか，あるいは，予期せぬ問題のせいだろうか，相手が強すぎたのだろうかなどと原因について思いを巡らせる。こうした行為は，自分の行動の成功や失敗をどのような原因に帰属させるのかという意味において，原因帰属と呼ばれる。悪い成績を努力に帰属すれば，今回は努力が足りなかったのだから次は頑張ってみよう，きっと良い結果に結びつくはずだという気持ちになるが，運に帰属すれば，たまたま運が悪かっただけだからと考え次はどうなるかわからず，必ずしも動機づけは高まらない．

ワイナー（Weiner, B.）は，成功や失敗の原因を3次元8要因に整理している（Weiner, 1979）。原因が統制可能か不可能か，原因が安定しているのか変動するのか，原因が内的か外的か（自分の内にあるのか，外にあるのか）である（**表6.2**）。これに従えば，努力は自分で変えることはできるが（内的・統制可能），能力では自分で変えることはできない（内的・統制不可能）。教師の自分に対する偏見はそれを取り除くよう働きかけることによって変えることができるが（外的・統制可能），課題の困難さは自分では変えることはできない（外的・統制不可能）と，ワイナーは考えたのである。

表6.2　原因帰属（Weiner, 1979）

	統制可能		統制不可能	
	安定的	変動的	安定的	変動的
内的	日常的努力	一時的努力	能力	気分
外的	教師の偏見	他者からの予期せぬ援助	課題の困難さ	運

②努力と能力　児童期の子どもは，「頭が良い（be intelligent)」とはどういうことかについて自分なりの理論をもつようになる。ある子どもたちは，「頭の良さ（intelligence)」は，その個人に備わっているもので変えることはできないと考える。別の子どもたちは，個人が学習したり新たな経験をすることによって伸びていくものだと考える。子どもたちがもつ「頭の良さ」に関する理論は，子どもたちが課題の達成のためにどの程度努力するかと関連してくる。ドゥウェック（Dweck, C. S.）は，頭の良さは固定したものと考える前者の子どもたちは，失敗に対して自分は何をすることもできないと考え努力しないこと，挑戦的な課題を避ける傾向にあることを見いだしている。一方，頭の良さは変わりうるものだと考える子どもたちは，挑戦的な課題であっても努力して取り組みさえすれば成功すると考え，達成志向的に課題に取り組むことを見いだしている。そして，子どもたちに，失敗した原因を能力不足だと考えるのではなく，努力不足だと考えるよう導くことが，動機づけの観点からは重要だと主張している(Dweck, 1999)。

しかし，努力をすることは美しくないといった考えを子どもたちがもつこともあることに注意が必要である。なぜそうした考えが出てくるのだろうか。物事の成功には，時には運もあるかもしれないが，努力と能力という2つの要因は関与している。歴史的な発見や発明をするという場合（**表6.3**A）には，努力も能力もともに必要になるだろう。しかし，学校の試験で良い成績を得る場合（表6.3B）には，能力があればそれほど努力しなくてもいいかもしれないし，能力があまりなくても一所懸命努力すれば良い成績を得られるかもしれない。このような場合，私たちは一方の原因が存在するといわれると，他方の原因は存在しないと考える傾向がある。これを割引原理という（鎌原・竹綱，1999)。例えば，毎日塾にも通って一所懸命勉強をしているA君と毎日放課後仲間と遊んでいるのを見かけるB君が，ともに良い成績を取得したという情報を得ると，B君には能

表6.3　努力と能力（鎌原・竹綱, 1999）

A. 歴史的発見・発明の場合

	努力した	努力しない
能力あり	成功	失敗
能力なし	失敗	失敗

B. 学校の試験の場合

	努力した	努力しない
能力あり	成功	成功
能力なし	成功	失敗

力があるかのように考える傾向がある。そこで努力することをあまり人には見せないようにする，あるいは努力を放棄してしまうといった現象すら起きる。試験の前日に友達と夜遅くまで遊びに行ったり，部屋の片づけをしたりするわけである。この場合，試験ができなくても，前日勉強できなかったからだという言い訳が成り立つ。悪い成績は努力しなかったからであるし，万が一良い成績が得られれば能力があるとみられるし，自分でそう思うこともできる。自分には能力があるというイメージを維持するために自ら努力を放棄してしまうことをセルフハンディキャッピングと呼んでいる。

v）内発的動機づけ

何か報酬を得ようとして行動するのではなく，行動そのものが楽しくて活動する場合がある。こうした状況を，「内発的に動機づけられている」という。これとは逆に，何か報酬を得ようとして活動をする場合，それが金銭的なものであってでも，褒められようとしてでも，「外発的に動機づけられている」という。

外的報酬の効果について考えよう。外的報酬は行動を動機づける。特に生起確率の低い，何もしなければ自発されそうにない行動に対しては有効である。しかし，内発的に動機づけられている行動に対して報酬を与えると，その後最初の水準より内発的動機づけが低下してしまうことが明らかになっている（Deci, 1971）。外的報酬は，内発的動機づけ行動を阻害する効果があることが確かめられている。

どのような場合に外的報酬は動機づけを促進し，どのような場合に阻害するのだろうか。デシ（Deci, E. L.）によると，外的報酬には情報的側面と制御的側面の2つがある（Deci, 1975）。情報的側面とは，それを与えることによって，相手の行動を評価するというメッセージを伝える側面のことである。制御的側面とは，それを与えたり与えなかったりすることによって，相手の行動をコントロールしようとする側面のことである。報酬の情報的側面が意識されれば，有能感が高まり動機づけが高まる。一方，制御的側面が意識されると，自分は報酬のために行動しているとの原因帰属がなされ，動機づけが低下する。一般に，金銭や物品などの物質的報酬は制御的に，褒めるなどの言語的報酬は情報的なものとして受け取られる傾向があるといわれている。報酬のどちらの側面が意識されるかは子ども側の問題だが，物質的な報酬を与える時には注意をする必要があるだろう（鎌原・竹綱，1999）。

F. 素朴理論

子どもたちは，学校で科学的概念を学習する前に日常生活で自然に獲得した知識をもっている。**素朴理論**（naive theory）とも呼ばれるこの知識体系は，専門家のそれとは異なっている。しかし，多くの子どもたちに共有されており，容易には変化しない性質をもっている。それらは具体的な事例から生成されたものであることが多く，多くの場合，すべての事象を整合的に説明できる科学理論のように厳密なものではない。いかに有効かという実用的な思考のもとに獲得されている枠組みである。例えば，「地球と宇宙」については，物体は支えなしに宙に浮かないし，物体が停止しているためには平らな面に置かれていなければならないという素朴理論をもっているので，地球が宇宙空間に浮き，われわれが丸い地球の上に立っているという事実が受け入れられにくい。小学2年生，3年生，5年生を対象に，「地球は丸い」という科学的な事実と「大地は平らである」という日常感覚から得た素朴理論の矛盾をどのように理解しているかを調べたところ，子どもは自分の素朴理論とつじつまの合うさまざまな地球の絵を描いてみせた。この素朴理論を科学的概念獲得の教授法に活かそうという試みがなされるようになっている。例えば，自分の知識や考え方を，自分あるいは他者に向かって，シンボルや図を用いて表現し，思考内容を外化して操作可能なものに変換することにより，自分の知識の曖昧さや不十分さに気づき，吟味するという認知活動が生じやすくなることが報告されている（三宅，1991）。

なお，素朴理論と同じような概念として，ヴィゴツキーは，日常生活の中で子どもが自然と身につける概念のことを「自然発生的概念，生活的概念」と定義した。そして，学校教育で教授される「科学的概念」との関係について考察している（ヴィゴツキー，2003）。それによれば，学校で行われる「科学的概念」の教授は，子どもたちの自然発生的な「生活的概念」に働きかけ，それを改造する。この働きかけがないと，子どもはいつまでも「生活的概念」の水準にとどまってしまう。ゆえに，社会は，子どもに対して「科学的概念」を教授し，子どもの発達を促す必要がある。この改造は，子ども一人でできることではなく，教師や子どもどうしの共同作業の中で成し遂げられる性質をもっている。

6.2節 行動規準の発達

児童期は，自己の欲求や意思と他者のそれらとが葛藤する場合に，どのような行動をとるべきかといった子どもなりの行動規準が形成されていく時期でもある。ここでは，「正義（公正）」の道徳性，すなわち，他者や社会の存在を視野に含めた道徳性の発達について考えていく。

A. ピアジェの道徳性の発達理論

ピアジェは，「すべての道徳は規則の体系から成り立っており，すべての道徳の本質は，当人がその規則に対してどれだけの尊敬を払っているかということに求められなければならない」という。彼は，子どものゲームは種々の規則が支配していることに注目した。そして，子どものゲームを支配している規則を子どもがどれだけ尊敬しているかを明らかにすることによって，子どもの道徳性の本質をつきとめようとした（Piaget, 1930）。

i）なぜ，規則に対する尊敬が道徳性の本質なのだろうか？

その理由として，彼は，以下の2つを挙げている。第1に，人間の道徳性は，他人をかわいそうだと思ったり復讐しようとしたりするような情動的・本能的な性向に基づくとは考えない。道徳の問題は，「正しい」「間違っている」という「判断」を含んだ問題だと考える。第2に，規則が，個人的な心理プロセスと他者・社会とをつなぐ接点にあると考える。規則とは，単に個人が自分自身を律するための信条や信念を指すのではなく，個人とは別個に存在する社会的な実体を指す。「規則は，非常にはっきりとした社会的実体を構成しており，『個人とは独立』（デュルケムのいう意味で）であり，言語のようにある世代から別の世代へと伝達される。（Piaget, 1930 大伴訳, 1954）」ゆえに，規則は，大人や年長の子どもを介して，小さい子どもに伝達される。小さい子どもにとって，大人や年長の子どもは，当然自分とは別個の存在である。このような二重の意味，すなわち社会的実体である規則が，他者を通して伝えられるという意味で，規則は，個人と他者や社会をつなぐのである。

ii）ゲーム規則の意識の発達

ピアジェは，ゲーム規則の意識が以下のような3段階で発達すると考えた。
①規則は強制的なものではない。
②規則は，大人から発生し永久的性質をおびたものであるから神聖なものと

考えられ，修正してはどうかと聞いてみてもそんなことをすれば違反だと考える。この段階は，4歳から9歳までの子どもに顕著である。

③規則は，相互の同意に基づく一法律と考えられ，まじめにやろうとすればまずこれを尊敬しなければならない。しかし，同意を得れば修正することができる。子どもたちは，自分たちでゲームのルールをつくり出し，楽しむようになる。

B. 拘束の道徳と協同の道徳

ピアジェは，子どもは，拘束の道徳（他律の道徳）から協同の道徳（自律の道徳）へと年齢に伴う移行を経験すると考えた。そして，「過失」「盗み」「虚言」の逸話に対する子どもの道徳的判断を分析することによって，その移行について明らかにした。

では，子どもは「過失」の逸話に対してどのような道徳的判断をするのだろうか。子どもに，お母さんのお手伝いをしようとして大きな鏡を割ってしまったマリーと，お母さんとの約束を破ってふざけていた時に小さな鏡を割ってしまったマーガレットの，2人の子どもの逸話を聞かせる（**図6.2**）。その後，「どちらがより悪い子か」の判断を求める。7歳の子どもは，大きな鏡を割ったマリーのほうが悪いと判断するが，9歳の子どもは，割ってし

図6.2　ピアジェの「過失」の逸話課題（Piaget, 1930；大伴, 1954）
左：マリーは，お母さんのお掃除の手伝いをしているとき，道具がうまく使えなくて，大きな鏡を割ってしまった。
右：マーガレットは，お母さんの留守中に，道具を勝手に持ち出し，ふざけていて，小さな鏡にぶつけてしまい，割ってしまった。

まった鏡の大小ではなく，マリーはお母さんの手伝いをしようとの意図で行ったがマーガレットは約束を破って遊ぼうとする意図をもっていたことに言及し，マーガレットのほうが悪いと判断する。ピアジェの言葉を借りれば，小さい子どもは，客観的責任の視点から，意図を離れて物質的結果によって判断・評価するのに対し，大きい子どもは，主観的責任の視点に立ち，意図のみによって判断する傾向がある。客観的責任は年齢とともに減少（客観的責任：平均7歳，主観的責任：平均9歳）するのである。

「虚言」に関する子どもへの調査結果は，以下のことを示している。小さい子どもは，虚言が真実らしくなく，その内容が現実から遠ざかるにしたがっていっそう悪くなると考える。例えば，「お母さん，今日学校の帰りにウシぐらい大きいイヌを見たよ」という嘘は特に悪い。「なぜならそんなものはいないから」である。だが，よく考えれば「ウシぐらい大きいイヌ」の嘘はすぐに見破ることができる。大人にしてみれば冗談の一種とも考えられる。一方，家の手伝いをしたくない子どもが，「今日は道草をしないで帰ってきたよ」という嘘は，容易に見破ることができない。年齢が上がるにつれて，子どもは，意図や結果を比較考量して，どのような嘘が悪いのかの判断を行うようになる。一連の調査から，以下のような発達段階を辿ることが示されている。

①虚言は，それが懲罰の対象となるがゆえに悪い。ゆえに，もし懲罰がなければ許される。
②虚言は，そのものとして悪い。ゆえに，たとえ懲罰がなくても悪い。
③虚言は，それが相互的信頼と愛情とに反するがゆえに悪い。

C. 協同と正義観念の発達

ピアジェによれば，正義の感情は，大人の教訓と実例とによって強めることができるが，大部分はこれらの影響とは無関係であって，それが発達するためには，子どもどうしの間に支持される相互的尊敬と連帯性が何より必要である。正義と不正義との観念が子どもの心にはっきりと現れてくるのは，大人によってではなくて，しばしば大人を犠牲にしてなのである（Piaget, 1930）。年齢に伴うこうした観念の発達についても，逸話に対する子どもの回答から明らかになっている。

i）懲罰の観念についての研究

懲罰には，拘束関係に内在する贖罪（しょくざい）的懲罰と，相互性による応報的懲罰の

2つの型がある。6～12歳の子ども65人を対象に調査が行われた。子どもには，その家庭の取り決めで，夕食のパンを買いに行くことをしなければならない子どもが，自分に与えられたその務めを果たさなかったという逸話が呈示され，どのような罰をその子どもに与えるのが妥当であるかの判断が求められた。小さい子どもは，「子どもが楽しみにしている，休日に遊園地に連れていくことをしない」に代表されるような厳しい罰，子どもが最も嫌だと思う罰を与えるのが妥当であると回答した。一方，大きな子どもは，「子どもに何か頼まれても今度はお父さんが聞いてあげない」などの相互性による懲罰に傾いた。子どもに対する種々の「逸話」を用いた実験の結果，応報的懲罰の判断は年齢が上がるにつれて増加することが明らかになった。

ii）集団的および共有的責任の研究

子どもに集団的責任の概念はどのように獲得されるのだろうか。6～14歳の子ども60人を対象に調査が行われた。例えば，次のような逸話が呈示され子どもの判断が求められた。クラス全員で雪合戦をやっていたのだが，雪玉の中に石を入れて窓ガラスを割った子どもがいた。子どもたちは，①誰がその不届きな行為を行ったか知らない場合，②犯人を知っているが，そのことを大人には言わないと決めた場合のそれぞれで，メンバーの過失ゆえに集団全体を罰するのが妥当か否かの判断が求められた。①については，小さい子どもは，集団が責任を負うべきなので，皆が罰せられるべきと考える。大きい子どもは，無罪者に課せられた懲罰は有罪者が無罪となるよりも不正であるから誰も罰してはならないと考える。②についても，集団全体を罰するべきであると考える子どもと集団全体を罰しないほうが正しいと考える子どもの両方がいる。後者の子どもは，集団は犯人を告発しないことに決心したのだから集団はそのこと自体によって自らを連帯的であると考える（大きい子どもに多い）。それに対し，前者の子どもは，もし誰も悪事遂行者を告発せず，そして告発するのは大人に対する義務であるとすれば，各人は個人的に有罪だと考える（小さい子どもに多い）。

iii）平等と権威についての研究

正義感と大人権威との間の衝突が現れるのはいかなる形態で，それは年齢とどのような関係にあるのだろうか。大人から不当な命令が与えられた時に子どもはいかに反応すべきかに関して，5～12歳の子どもに対する調査が行われた。5～7歳の子どもの約75％は服従を容認し，8～12歳の子どもの約80％は，大人と子どもは平等であるから大人の不当な命令に従う必要はないとの意見を表明した。子どもの回答は，以下の4段階で発達すると考えられた。

①大人の命令を「公正」だと考える。この段階では，正しいことと，ただ単に受けた命令に服従することとを区別していない。

②命令を不正だと考えるが，服従の規則が正義に打ち勝つため，受けた命令はとやかく言わずに遂行するのが妥当であると考える。

③命令を不正だと考え，服従よりも正義を優位に選ぶ。

④命令を不正だと考え，盲目的服従を義務であるとは思わないが，論議や反逆よりも服従を選ぶ。

6.3節　役割取得能力の発達

児童期には，役割取得能力（role-taking ability），すなわち，「相手の立場に立って心情を推しはかり，自分の考えや気持ちと同等に他者の考えや気持ちを受け入れ，調整し，対人交渉に活かす能力」も著しく発達する。この能力は，①自他の観点の違いを意識すること，②他者の感情や思考などの内的特性を推論すること，③それに基づいて自分の役割行動を決定することの3つから成り立っている。ゆえに，この能力は，自分と他者から構成される社会といった，社会的視点に立って物事を考える能力であるといえる。

A. 社会的視点取得能力の発達理論

セルマン（Selman, R.）は，役割取得能力の発達を，子どもの視点と他者の視点が分化し，視点間の調整がなされていく構造的変化の過程と考えた（Selman, 1976）。社会的視点取得能力の測定方法として，オープンエンドのジレンマ物語を子どもに提示し，面接しながら，思考の特性や特徴を明らかにしていく方法をとっている。物語は，「木登りが大好きで上手な女の子が，ある日，高い木から落ちてしまうが怪我はなかった。心配した彼女の父親は『これからは木登りをしないこと』を女の子に約束させる。ところが，後日，彼女の友達の子ネコが木に登り下りられなくなってしまう。それを見た女の子はどうしたらいいだろうか」というものである。そして，役割取得段階を同定するために3つの観点に基づいた標準的な質問を行っている。その3つの観点とは，①子ども自身の視点，②ジレンマの中の登場人物それぞれの異なる視点，③これらのさまざまな視点間の関係である。実際の役割取得の発達段階は，それぞれの基本質問に対する回答を総合的に分析することによって決められる。その際，子どもの人間観や他者の行動の動機や感情を理解し，配慮できるかも考慮して判断するのである。セルマン（1980）は，ジレンマ問題の子どもの回答を分析して，4つの社会的視点取得能力の発達段階を呈示した。そして，それらが，友情をどういうものと考えるのかの理解と対応することを発見した（Selman, 1981）（**表6.4**）。社会的視点取得能力の高いレベルの段階にいる子どもは，友人関係についてより洗練した考え方をしていたのである。

B. 児童期における社会的視点取得能力

児童期には，セルマンの「段階2：自己内省的役割取得の段階」に達する。自己の考えや感情を内省でき，他の人が自分の思考や感情をどう思っているかを予測できる段階である。人は独自の価値観をもっていること，考え方や感じ方が違うということに気づくようになり，絶対的に正しいという唯一の視点の存在はありえないという，相対的な信念をもちはじめる。しかし，双方の視点を，第三者の視点から考慮し，関係づけることはまだ十分にはできない。

なお，セルマンは，道徳性は，認知能力と役割取得能力との発達を受けて，獲得されていくと考えている。

6.4節 社会的慣習概念の発達：領域特殊理論

テュリエル（Turiel, E.）は，社会的ルールや社会秩序に関する「社会的慣習」概念と正義や人権に関する「道徳」概念とは，異なる発達過程を持つ別々の領域概念であるとし，それらを区別する領域特殊理論を提唱した。「社会的慣習」は，集団の社会的相互作用を円滑にし，社会的秩序を維持するための領域概念である。「社会的慣習」には，服装，校則，礼儀作法など相対的ではあるが行動上の一様性に関連した行為が含まれる。なお，「社会的慣習」の行為自体には，規定的な性質はないと考えられている。

「社会的慣習」領域は，「道徳」領域とは異なる以下の7段階の発達過程を経るとテュリエルは考えた（Turiel, 1994）。

第1段階：社会的均一性を表現するものとして慣習を肯定する（6～7歳）

表6.4　セルマンによる社会的視点取得能力の発達段階と，友情とは何かの理解に反映される発達段階（Selman, 1981）

社会的視点取得能力の発達段階	友情とは何かの理解に反映される発達段階
段階0：約3〜7歳	
自己中心的役割取得段階 子どもは，自分の視点と他者の視点とを区別できない。同じ社会的経験をしても，他者が自分とは異なる視点から解釈することを理解しない。	**即時的な遊び仲間** 親しい友人は，近くに住んでいる子どもであったり，一緒に遊ぶ子どもであったりする。
段階1：約4〜9歳	
主観的な役割取得段階 子どもは，他者の視点が自分のそれとは異なることを理解するようになる。しかし，主観的に物事を判断し，他者の視点に立って考えることができない。	**援助してくれるのが友人** 友人は，その子どもの望むことをしてくれる子どもである。好き嫌いを共有できるのが親しい友人である。
段階2：約6〜12歳	
自己内省的／二者相互的役割取得段階 子どもは，他者の視点に立って自分自身の思考や感情を内省できるようになる。しかし，双方の視点を考慮して調整することができない。	**協調的友人関係** 友人関係は，自分の思考や行為を調整し協調させることによって成り立つものと考えるようになる。
段階3：約9〜15歳	
三人称／相互的役割取得段階 子どもは，当事者としての相互作用の外側に立って，物事をみることができるようになる。そして，第三者の視点から，自己と他者の思考や感情を調整できるようになる。	**親密で物事を共有する友人関係** 友人関係は，お互いの親密性やサポート体制を発達させるための基本的な手段とみられるようになる。友人関係は，その場的な相互作用にとどまらないものとなる。この段階の友人関係には，独占や嫉妬といった性質が限界として出てくる。
段階4：約12歳〜大人	
社会的役割取得段階 子どもは，社会，法，モラルといった視点から，物事をみることができるようになる。	**自律的，相互依存的友人関係** サポートのための友人関係の相互依存性とアイデンティティの感覚に気づくようになる。同時に，他者との関係性を構築したいという他者のニーズにも気づくようになる。

第2段階：社会的均一性を表現するものとしての慣習を否定する（8～9歳）

第3段階：慣習を規則や権威者の期待に沿うものとして捉え，規則や慣習を肯定する（10～11歳）

第4段階：慣習を恣意的なものと捉え，規則体系としての慣習を否定する（12～13歳）

第5段階：慣習を社会の統一性を保つためのものと捉え，社会のシステムに媒介された慣習を肯定する（14～16歳）

第6段階：慣習を社会的な基準として捉えるが，慣習それ自体は社会的システムが適切に機能するための必要条件であるとは考えず，慣習を否定する（17～18歳）

第7段階：慣習は，社会的相互作用を円滑にするためにあると考え慣習を肯定する（18～25歳）

この領域特殊理論によると，児童期は，社会的慣習概念形成途上の時期となる。そこで，学校では，社会科や道徳などの教科教育，学級活動や児童会活動などの特別活動を通して，子どもの規範意識を醸成すべくさまざまな取り組みがなされている。

6.5節 向社会的行動の発達

向社会的行動（prosocial behavior）は他者を利することを意図した自主的な行動と定義づけられる。ものを分け与えたり，援助したり，ケアしたり，同情を表すなどは，すべて向社会的行動の例となる。向社会的行動が生起するための重要な精神状態と考えられているのが，共感（empathy）と同情（sympathy）である。ここで，共感は他者の情動や抱いている感情を共有するような精神状態，同情は他者を気の毒に思う感情やその他者を気遣うような精神状態のことである（Eisenberg & Fabes, 1990; Eisenberg et al., 1989）。

児童期になると子どもの向社会的行動は選択的になっていく。3～14歳の子どもを対象に分配行動を調べた研究からは，7，8歳にかけては分配行動のコストを考慮するようになり，コストがかからない場合は向社会的行動を多くするが，コストがかかる場合には向社会的行動を控えるようになったという。また，9～14歳では，相手が親しい仲間である場合には，コストがかかっても分け与えることを選ぶことが，年齢が上がるにつれ増加したという。こうした知見の紹介を行うことにより，久保（2017）は，社会性の発達とは向社会的行動が選択的になっていくと考えるトマセロら（Tomasello et al., 2009）の見解を支持している。トマセロ（Tomasello, M.）は，向社会的行動の変容を社会化過程の1つとして考えた。ヒトは生得的に他者を利する特性を備えていると考えるトマセロは，発達初期から観察される向社会的行動は，所属集団のメンバーとの直接的な社会的経験を通して，より戦略的なものになると考えた。また，社会化が文化集団内における価値や規範を内面化していく過程であることから，所属集団で評価され賞賛される向社会的行動をとるように選択的になると考えたのである。同世代の仲間と生活時間の多くを一緒に過ごすようになり，学校や近隣社会での活動など行動半径が広がる児童期は，戦略的な向社会的行動が発達する時期であるとも考えられる。

1．以下の文章の［ ① ］～［ ⑤ ］に入る語句を，a～eからそれぞれ選びなさい。

ピアジェによれば，児童期の子どもは，［ ① ］な事物について論理的に操作可能になる。そして，この時期には，自分がどの程度思い出すことができるのかといった自分の記憶力に関する認知，すなわち［ ② ］認知能力なども発達する。しかし，学校での授業中に教師の指示に従ったり，黒板や教科書に書かれた情報を参照してノートに書き写したり，クラスの子どもの発言を聴き取ったりするなど，同時にさまざまな情報を処理するために使用される［ ③ ］の容量には個人差がみられるようになる。そこで，子どもの学習活動に対する支援が必要になってくるし，子どもが自ら進んでさまざまな活動を行えるように注意しなければならない。例えば，子どもの達成動機を強めるためには，［ ④ ］ような課題を与えることが重要であるし，子どもが［ ⑤ ］に動機づけられている時には金銭的報酬を与えるようなことは慎んだほうがよいことが明らかになってきている。

① a. 視覚的　b. 抽象的　c. 絵画的　d. 具体的　e. 感覚的

② a. 自己　b. 記憶　c. メタ　d. エピ　e. メゾ

③ a. ワーキングメモリ　b. エピソード記憶　c. 感覚記憶　d. 学習能力
e. 長期記憶

④ a. 謎解きの　b. 簡単には解けない　c. 簡単に解ける　d. ゲームの
e. 少し頑張ればできる

⑤ a. 他者志向的　b. 外発的　c. 課題志向的　d. 目標志向的　e. 内発的

2. ①〜⑤の各研究者と関連のある概念を，a〜eからそれぞれ選びなさい。

①アトキンソン　②デシ　③ワイナー　④セルマン　⑤ピアジェ

a. 社会的視点取得能力　b. 達成動機づけ　c. 拘束の道徳・協同の道徳
d. 原因帰属の８要因　e. 外的報酬の阻害効果

〈文献〉

Alloway, T. P. (2009). Working memory, but not IQ, predicts subsequent learning in children with learning difficulties. *European Journal of Psychological Assessment*, *25* (2), 92-98.

Alloway, T. P., & Alloway, R. G. (2010). Investigating the predictive roles of working memory and IQ in academic attainment. *Journal of Experimental Child Psychology*, *106* (1), 20-29.

Alloway, T. P., Gathercole, S. E., Kirkwood, H., & Elliott, J. (2009). The cognitive and behavioral characteristics of children with low working memory. *Child Development*, *80* (2), 606-621.

Atkinson, J. W. (1964). *An introduction to motivation*. Van Nostrand.

Bransford, J. D., Stein, B. S., Vye, N. J., Franks, J. J., Auble, P. M., Mezynski, K. J., & Perfetto, G. A. (1982). Differences in approaches to learning. *Journal of Experimental Psychology: General*, *111* (4), 390-398.

Deci, E. L. (1971). Effects of externally mediated rewards on intrinsic motivation. *Journal of Personality and Social Psychology*, *18* (1), 105-115.

Deci, E. L. (1975). *Intrinsic motivation*. Plenum Press. (安藤延男・石田梅男 (訳) (1980). 内発的動機づけ. 誠信書房)

Dweck, C. S. (1999). *Self-theories*. Psychology Press.

Eisenberg, N., & Fabes, R. A. (1990). Empathy: Conceptualization, measurement, and relation to prosocial behavior. *Motivation and Emotion*, *14* (2), 131-149.

Eisenberg, N., Fabes, R. A., Miller, P. A., Fultz, J., Shell, R., Mathy, R. M., & Reno, R. R. (1989). Relation of sympathy and personal distress to prosocial behavior. *Journal of Personality and Social Psychology*, *57* (1), 55-66.

Flavell, J. H., Friedrichs, A. G., & Hoyt, J. D. (1970). Developmental changes in memorization processes. *Cognitive Psychology*, *1* (4), 324-340.

Franks, J. J., Vye, N. J., Auble, P. M., Mezynski, K. J., Perfetto, G. A., Bransford, J. D., & Littlefield, J. (1982). Learning from explicit versus implicit texts. *Journal of Experimental Psychology: General*, *111* (4), 414-422.

Heckhausen, H., & Wagner, I. (1965). Anfänge und Entwicklung der Leistungsmotivation: II. In der Zielsetzung des Kleinkindes [Origin and development of perfor-

mance motivation in the categorizing of young children: II. Regarding the recovery of level of aspiration]. *Psychologische Forschung*, *28*(3), 179-245.
鎌原雅彦・竹綱誠一郎(1999). やさしい教育心理学. 有斐閣
久保ゆかり(2017). 社会性の発達. 臨床発達心理士認定運営機構(監), 近藤清美・尾崎康子(編), 社会・情動発達とその支援(pp. 60-75). ミネルヴァ書房
三宅なほみ(1991). 日常的認知活動の社会文化的制約. 日本認知科学会(編), 認知科学の発展 第4巻(pp. 105-131). 講談社
Piaget, J.(1930). *Le jugement moral chez l'enfant*. Institut J. J. Rousseau. (大伴茂(訳)(1954). 児童道徳判断の発達. 同文書院)
Selman, R.(1976). Social-cognitive understanding. In T. Lickona(Ed.), *Moral development and behavior*(pp. 299-316). Halt.
Selman, R. L.(1980). *The growth of interpersonal understanding*. Academic Press.
Selman, R. L.(1981). The child as a friendship philosopher. In S. Asher, & J. Gottman(Eds.), *The development of children's friendships*(pp. 242-272). Cambridge University Press.
Tomasello, M., Dweck, C., Silk, J., Skyrms, B., Spelke, E. S., & Chasman, D.(2009). *Why we cooperate*. The MIT Press. (橋彌和秀(訳)(2013). ヒトはなぜ協力するのか. 勁草書房)
Turiel, E.(1994). *The development of social-conventional and moral concepts*. Garland Publishing.
Vosniadou, S., & Brewer, W. F.(1992). Mental models of the earth. *Cognitive Psychology*, *24*(4), 535-585.
ヴィゴツキー. 土井捷三・神谷栄司(訳)(2003). 「発達の最近接領域」の理論. 三学出版
Weiner, B.(1979). A theory of motivation for some classroom experiences. *Journal of Educational Psychology*, *71*(1), 3-25.
Winterbottom, M. R.(1958). The relation of need for achievement to learning experiences in independence and mastery. In J. W. Atkinson(Ed.), *Motives in fantasy, action and society*(pp. 453-478). D. Van Nostrand.

第7章 青年期の発達

到達目標

- ピアジェの形式的操作の知能の概念とその発達過程に関する実験について説明できる。
- 青年期のモラルの発達に関する理論について説明できる。
- 青年期のアイデンティティを巡る問題について，測定法を交えて説明できる。

ここでは，青年期の思考の特徴と，社会性の発達についてみていく。

7.1節 青年期の認知の発達

児童期のカリキュラムと青年期のカリキュラムは大きく違っている。児童期（具体的操作の知能段階）では，馴染みのないもの（外国）を馴染みのあるもの（近隣）へと変えて学習する。実際に地図や資料を見てさまざまな国について学び，その国に住む人々の風習について学ぶ。そして，海外に暮らす人々と近隣に住む人々との類似点や相違点を確認する作業を通して，「人間」というものについて学んでいく。しかし，青年期（形式的操作の知能段階）では，馴染みのあるものを馴染みのないものへと変える。ボールを投げた時のボールの動きを，加速度・重力という概念で説明し，物体の動きについて学ぶ。そして，水とはH_2Oという分子からできている物質であると学ぶのである。

A. 青年の思考・認識の特徴

キーティング（Keating, D. P.）は，青年期の思考を児童期の思考から区別する5つの特徴について以下のように整理している（Keating, 1980）。

①可能性について考える

現実に存在する具体的なものについては児童期でも論理的に考えられるが，青年期になると現実には存在しない可能性の世界についても論理的に考えることが可能になる。

②先回りして考える：見通しを立てることができる

将来のプランを立てられるようになる。児童期にも将来のことについて考えるようになるが，すべての状況を考慮して組織的に考えるということはない。例えば，夏休みが近づいてきた時，青年であれば「インターンシップに応募して職場体験をしてみよう」とか「前期の試験で不可をとった必須科目の勉強をしておこう」などと考える。児童は「楽しく夏休みを過ごす」ことのみ考え，その他に自分がなすべきことにまでは思い至らない。

③仮説を通して考える

仮説をつくり出して考え，事実や現実とは正反対の状況について考えることをよく行うようになる。例えば，あまりよく知らない男性とビーチパーティに出かける状況になった場合，「もし彼が酔っ払ったらどうしよう。手に負えなくなったら誰かに助けてもらえるかもしれない。でも，他の人を巻き込むことになるし…」などとアレコレ考えるかもしれない。おそらく，小さい子どもであれば，そうしたことは考えないで，パーティに行くか行かないか決めるだろう。

④「思考」について考える

青年期には自分自身の思考のプロセスについて考えることが増え，しかも複雑なことを考えるようになる。ルールのルールについて考え，2つの異なったルールシステムを熟考するといった二次的思考（second-order thinking）が可能になる。同時に，他者の思考についてより組織的に深く思いを巡らせる。それがゆえに，友情の質の変化が起きる。

⑤慣習の限界を超えて考える

モラル，政治，宗教といった「社会」に存在する根本的な問題について議論できるようになる。しかも，どのようにして「正義をなすべきか」に動機づけられ，周囲の大人の行動やコミュニティのあり方の理想と現実の違いに気づくようになる。

B. 形式的操作の思考（Inhelder & Piaget, 1958）

上記のような青年の思考の特徴は，中等教育のカリキュラムと相まってより洗練されたものとなっていく。そして，ピアジェが「形式的操作の知能」と呼んだ思考様式を発達させ，自然科学・社会科学に必要な概念を操作できるようになっていく。

具体的操作段階では思考は本質的には現実に結びつけられたものとなって

いる。ゆえに，現実の状況下での延長として「どういう可能性があるか」ということには思い至るが，現実とは異なる仮説をつくり出すことはできない。すなわち，具体的操作段階での仮説は現実から帰納的に導かれた仮説である。個々の事例から，仮説を立てることができる段階にとどまっている。しかし，形式的操作段階では，現実（reality）と可能性（possibility）の位置づけが反転する。可能性は単に現実の状況の延長ではないし，実際に達成することのできる行為の延長ではなくなっている。実際にある現状は，多数ある可能性の中の1つに過ぎない。言い換えるなら，形式的操作段階での思考とは仮説演繹的思考である。現実に生起しているかどうかとは独立して，事実や出来事を合理的に説明する仮説を立て，それらの仮説に基づいて演繹的推論（後述）を行うのである。立てた仮説を支持するような実証データが得られればその仮説が証明されたことになる。

i）変数の体系的操作

「操作」という観点からいうと，具体的操作段階と形式的操作段階では，以下のような違いがある。具体的操作段階でも思考は組織化されたシステム（分類，序列化など）から成り立っているが，子どもは部分的な関連性を一つひとつ検証していき，その部分的関連性を全体といった見地から検証することはしない。一方，形式的操作段階では，部分的関連性をすべて考慮して，全体で考えるとどうなるかといった視点での思考を行う。言い換えるなら，部分的関連性を「構造化された全体（structured whole）」から論理的に思考する段階が形式的操作段階である。こうした形式的操作段階の思考によって科学的思考が可能になる。科学的実験においては，ある事象に関連するすべての変数を考え，その内の1つの変数を一定にしたうえで，他のすべての変数を体系的に検証していくことが必要になるからである。

形式的操作段階の思考様式を代表する課題として最もよく引用されてきたのは，化学薬品組み合わせ課題（combination-of-chemicals problem）である。

化学薬品組み合わせ課題は以下のような手順で実施される（**図7.1**）。子どもの前のテーブルに，無色透明の液体の入った4つの大きな瓶（1，2，3，4），指示薬の液体（無色透明）を入れた瓶（*g*），2つのビーカーが置かれる。実験者は，瓶2の液体を入れたビーカーに指示薬*g*を1滴入れても透明のままであることを子どもに示す。次に，実験者は瓶1・瓶3の液体をビーカーで混ぜ合わせ，指示薬*g*を1滴入れると，ビーカーの液体が黄色に変化する

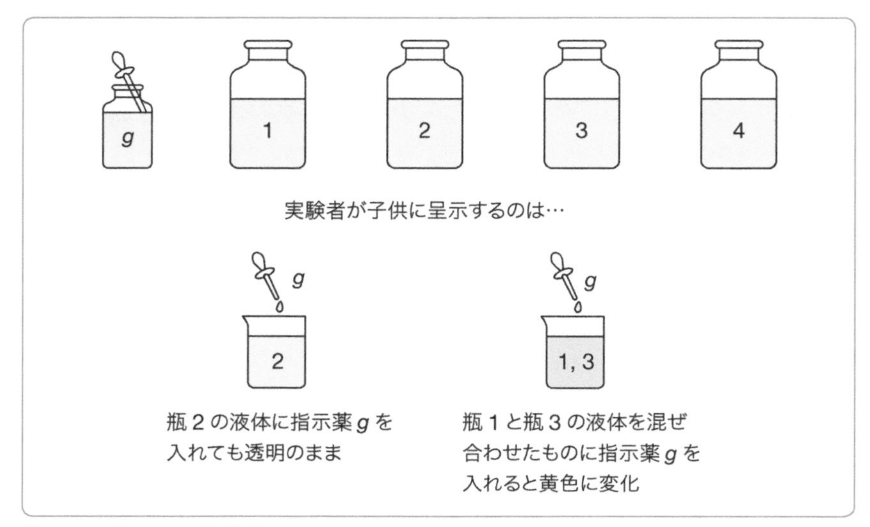

図7.1　ピアジェの化学薬品組み合わせ課題（Lightfoot et al., 2012）

のを見せる。さて，そのビーカーに，瓶2の液体を入れても，液体の色は黄色のままであるが，瓶4の液体を加えると，ビーカーの液体の色は透明になる。その後，子どもはどの組み合わせの液体が黄色に変わるかを発見することが求められる。形式的操作段階の子どもは，この課題において，液体の組み合わせによって色が変わるという認識をもち，色を変える要因を証明するために検証する必要のある組み合わせを組織的に見いだすことができるようになる。それに加えて，形式的操作段階の思考では，単にどの特定の組み合わせにより変化が生じたかという「現実」だけに満足するのではなく，ある特定の組み合わせにより変化が生じたとしても，他の要因間のあらゆる組み合わせ全体（「構造化された全体」）の中でその特定の組み合わせがどのような位置づけになるかといった観点から考察することができるのである。

ii）演繹的推論：三段論法推論と条件推論

科学的思考としての仮説演繹的思考には，変数の体系的操作と同時に命題操作が不可欠なものとして考えられている。上述の化学薬品課題を例にとるならば，①瓶2を使用して瓶4を使用しない場合，②瓶2は使用せず瓶4を使用する場合，③瓶2と瓶4を両方とも使用する場合，といった変数の組み合わせと同時に，「①の場合は色が変化せず，②の場合は色が変化し，③の場合も変化するので，瓶2ではなく瓶4が色の変化に影響を与えている」といった考察が必要となる。この考察には命題操作が関連している。

命題として与えられた言明や仮説を対象として，それらの命題とそこから帰結する命題との関係を扱う思考は，演繹的推論と呼ばれる。この演繹的推論の代表として三段論法推論と条件推論がある。

三段論法推論は，大前提・小前提・結論から成り立っており，例えば，アリストテレスの三段論法として以下のようなものがよく知られている。

大前提：すべての人間は死すべきである。

小前提：ソクラテスは人間である。

結論：ゆえに，ソクラテスは死すべきある。

三段論法推論は，与えられた前提から論理規則に基づいて妥当な結論を導く過程であるので，問題文の意味内容の処理とは本来独立に行われるものである。しかし，前操作段階の子どもは自分の経験に反する内容の推論に困難を示す経験バイアス（empirical bias）を，具体的操作段階の子どもは論理的な正しさに関する判断が（本来それとは無関係な）課題文の意味内容の正しさに影響されてしまう信念バイアス（belief-bias effect）をよく示すことが知られている。一方，形式的操作段階に達すると，そうしたバイアスを抑制して，論理的思考モードで課題を解くことが可能になる。

条件推論の代表的な測定法としては4枚カード課題がある。この課題では前提「もしpならばq」に関する真偽を尋ねられる。例えば，子どもには以下のようなインストラクションが与えられる。

「ここに生徒の行動に関する情報を記した4枚のカードがあります。1枚のカードの片面（表）にその生徒の学校での行動が書いてあります。反対側の面（裏）にはその生徒がその行動をしたことにより罰せられたか否かが書かれてあります。さて，規則『もし学校の廊下を走るなら罰せられる』が順守されているかを確認するために調べる必要のあるカードはどれですか？」

そして，このインストラクションに従って，子どもは，次の4枚のカード「あなたは学校の廊下を走っている（p）」「あなたは罰を与えられている（q）」「あなたは学校の廊下を歩いている（－p）」「あなたは罰を与えられていない（－q）」のうち，どれを調べる必要があるかを答えなければならない。「もしpならばq」におけるpとqの関連性が異なる2種類の4枚カード課題を使用して，小学6年生・中学3年生・高校3年生の成績の比較を行った（Ward & Overton, 1990）（**図7.2**）。pとqの関連が意味的合理性をもっているものとそうでないもの（恣意的なもの）である。その結果，

意味的合理性のあるp，qと恣意的p，q
p あなたは廊下を走っている
q ○あなたは罰せられる
q ■あなたはスニーカーを履いている
p ある人物がビールを飲んでいる
q ○その人は21歳である
q ■その人は教会に行く
p ある生徒が先生を殴る
q ○その生徒は停学処分になる
q ■非常ベルが鳴る
p ある人がバイクを運転している
q ○その人は16歳である
q ■その人は学校の先生である
p ある人が仕事を退職する
q ○その人は55歳以上である
q ■家が売りに出ている
○意味的合理性あり　■恣意的

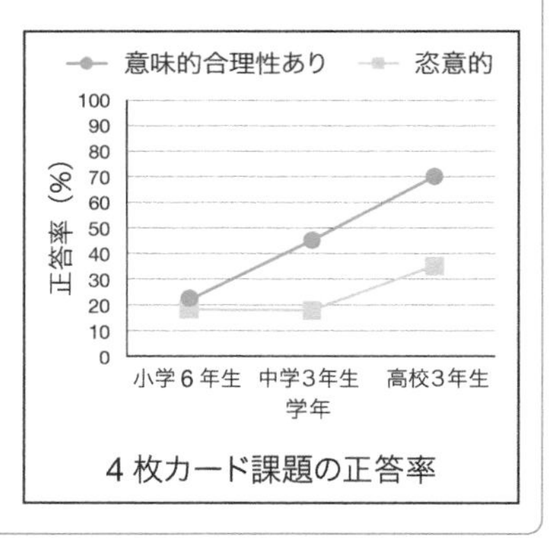

図7.2　4枚カード課題（Ward & Overton, 1990）

意味的合理性をもつ4枚カード課題は青年期に入ると正当率が上がる（小学6年生＜中学3年生＜高校3年生）が，恣意的な課題の場合は青年期後期（高校3年生）にならないとできなかった（小学6年生＝中学3年生＜高校3年生）。すなわち，形式的操作段階に達すると条件推論が可能になるが，課題に意味的合理性がない場合に命題を論理的合理性のみで操作できるようになるのは青年期後期を待たなければならないことが明らかになった。

iii）形式的操作段階の思考法：教育・ジェンダーの視点から

青年期になると獲得される形式的操作の思考法であるが，すべての青年が同じように発達するわけではない。どのような要因がその発達を促進するのであろうか。

化学薬品組み合わせ課題に類似した課題を使用して教育や訓練が青年の成績向上に役立つことを示した研究が報告されている（Siegler & Liebert, 1975）。課題は，電気で動く玩具の電車，4個のスイッチ，1個のフットペダルを使用して行われた。子どもには，目の前にある4個のスイッチの各々を上か下のどちらか適切な位置にセットすると電気が流れ，玩具の電車が動くことが伝えられ，4個のスイッチの組み合わせを考えて電車を動かすよう指示された。フットペダルは子どもからは見えない位置にあり，実験者が電気の流れをコントロールできるように設定されていた。このことにより，実験者は，子どもが2×2×2×2のすべての組み合わせをして「正解」に達したときに電車を動かすことができた。参加者は3つの群に分けられた。①体系的にあらゆる組み合わせをチェックする方法を教える群，②体系的なチェック法を教えた後で同じ構造をもつ類似の課題で訓練をする群，そして③統制群である。その結果，形式的操作段階に達していると考えられる13歳の子どもの場合，②群ではすべての子どもが正解し，①群では50％の子どもが正解したのに対し，③群の子どもで正解に達したのは10％であった。一方，10歳の子どもを対象にした場合には，②群では70％が正解したが，①群と③群では正解した子どもはいなかった。ここから，青年期に達した子どもに，適切な教示を与え，その教示の有効性を子ども自身に認識させることが課題解決には有効であると考えられた。

日本でも，方程式が導入されるのは子どもが形式的操作段階に達した中学校の数学からである。中学校では連立方程式で解く問題を小学生に教える場合，「つる」「かめ」といった具体的事物を使う（つるかめ算）。形式的操作段階の時期に適切な教育を受けることにより，子どもが科学的思考を自分自身のものとして獲得していく可能性が開かれている。しかし，中等教育を終える頃になると，科学的思考を要する学部（工学・理学等）に進学する女子は男子に比較して少数になる。

青年期に，女子は科学的思考の発達において遅れていくのであろうか。この問いに答えられる示唆的な研究がアメリカで数多く報告されている。そして，少なくともこれまでのところ，数学や科学的思考における性差は認められていない（Hyde & Linn, 2006; Lindberg, et al., 2010; Scafidi & Bui, 2010）。また，女子の中には，化学薬品組み合わせ課題には興味をもたないが，それと全く同じ構造をもったスパイス組み合わせ課題においては興味を示す者がおり，それらの女子はスパイス課題を与えられた場合にのみ優れた成績を示すこと，科学を専攻している女子（理系の女子）はどちらの課題においても優れた成績を示すことが明らかになった（Peskin, 1980）。これらの結果から，青年期になると，形式的操作段階の思考法の発達における性差はないが，この思考法をどの領域で発揮するかには，性差・個人差がみられるようになる。そして，各々が興味をもった領域においてその思考法をより洗練させていくと考えられる。ピアジェも，青年期以降，個人の適性や職業上の必要性に応じた各々の領域で形式的操作の思考法が成熟するが，個人が自ら発達させた思考法をどの領域でも使用するわけではないことを認めている（Piaget, 1972）。おそらく，弁護士は訴訟に携わった時には形式的操作の思考法を駆使するが，料理をする時にはそうした思考法を使用しないだろう。また，コンビニエンスストアの店長は商品の仕入れや陳列に関して形式的操作の思考法を使用するかもしれないが，化学薬品組み合わせ課題には失敗するかもしれない。

C. 青年期の思考：情報処理理論の視点から

ピアジェは，青年期には思考構造が形式的操作段階になるため，科学的思考が可能になると考えた。すなわち，思考構造が，それ以前の具体的操作段階とは質的に異なることに原因を求めた。この見解とは異なり，演繹的推論や体系的な変数の操作が可能になる現象を，記憶力の増大・関連した知識量の増加・効率的な方略の適用・メタ認知機能の発達といった総合的な情報処理能力が発達することに求める考え方もある。すなわち，推論過程は「感覚器での刺激の処理」「ワーキングメモリでの処理」「既有知識との照合（長期記憶での処理）」「表象の形成」「意味的処理」「判断」等，多くの処理の段階に分けて考えることができる。そして，それぞれの処理段階で必要となる能力がある。年齢とともに，そうした各段階で必要となる能力が徐々に進展するので，科学的推論が可能になるとする情報処理理論の立場である。

青年は，児童期の子どもと比較すると，課題を解くのに効率的な方略を獲得しており，課題の一つひとつの要素をお互いに関連づける際の記憶方略においても優れている。また，これまでの経験から，「自分はどのくらい記憶できるか」「自分はどのような課題が難しいと考えているか」といった知識（メタ記憶，メタ認知）を多くもっている。そして，既有知識も豊富なため，課題について多様なアプローチが可能である。それらすべてが，科学的思考法へと統合されると考えるのである。この視点に立って，形式的操作の思考の発達を考えると，日本の多くの青年が多くの時間を費やしている受験勉強やアルバイトも，情報処理の各段階で必要となる能力を伸ばすという意味において，一役を担っているともいえよう。

7.2節 モラルの発達

A. 脱慣習水準のモラル思考法

形式的操作段階の思考様式を獲得した青年は，「何が良くて何が悪いのか」「正義とは」といったモラルに関連した問題についても，現実にとらわれず可能性（理想）といった視点から思考することが可能になる。そして，現存のルールや社会について批判的に考察できる思考法，すなわち，自己の置かれた立場をいったん離れて「自分が…だったら」とあらゆる他者の視点に立ってモラルジレンマを考える思考法を獲得する。このモラル思考法は，**コールバーグ**（Kohlberg, L.）によって**脱慣習水準のモラル思考法**と概念化された（Kohlberg, 1984）。道徳性の発達段階を6段階に区分して考えた彼は，第5段階と第6段階の脱慣習水準のモラル思考法について次のように述べる。この水準の思考法では，物事の善悪を考える時に，現存の社会組織の維持という観点ではなく，社会組織それ自体を客観視し反省する視点をとる。すなわち，現在の社会組織やその中で求められる規範自体を対象化して認識する。第5段階の思考法は，すべての個人が人間としての普遍的な権利・自由をもつことを認め，そうした個人間で成立した契約・合意・法律によって社会組織は成立すべきであると考える。逆にこのような観点から社会組織の是非が批判的に検討される。コールバーグは，「公民権運動を先導したキング牧師は，当時のアラバマ州法に違反した犯罪者か」と問う。否，彼は，当時のアラバマ州法がアフリカ系アメリカ人の権利を不当に弾圧していることに異を唱えたのであって，脱慣習水準のモラル思考法で物事の本質を考えた。このように，批判されるべきは現状の法律・社会制度であると考えられるのが第5段階の思考法である。第6段階の思考法では，契約や法律を正当なものとする決定の手続きに注目する。契約や法律が正当でありうるのは，すべての人間を手段としてではなく目的として扱い（その人格を尊重し），すべての人が，すべての他者の観点に立って考えることを想定したうえで同意に至る決定をするときにおいてのみであると考える。すなわち，以下のように考える。社会としてのルールの決定には，誰がどの立場に立つかは事前に誰にもわからない状態（富裕層の子息なのか浮浪者なのか，天賦の科学的能力に恵まれているのか先天的な障害をもっているのかなどが全く不明な状態）において行われるべきである。また，異なった意見をもつ他者との自由な批判的コミュニケーションを含めた十分な討議を経て，誰にも受け入れうる合意が形成された時，その合意が規範となる。このような点から，たとえ契約や法律の及ばない場合でも，この観点から決定がなされる。

このコールバーグのモラルの発達段階理論を継承発展させるかたちで脱慣習水準のモラル思考法を考えたレスト（Rest, J.）らは，経済学の分野でマクロ経済学とミクロ経済学の2領域での研究が進められているように，モラルの研究も，多様な価値観をもつ一般的他者との共存を可能にするための倫理や規範に関するマクロモラルと，特定の他者との関係性の中でつくり出される倫理や規範に関するミクロモラルとの2領域での研究が必要だと考える。マクロモラルでは，そこに所属する個々のメンバーがお互いの個別認識が不可能であるような一般他者からなる「社会」を前提にして，何が良くて何が悪いことかを考えるシェマの発達が問題になる。シェマは，われわれが思考したり行動したりする時に働く認知様式であり，実際の行動の中で使用される。そして，人が成長していく過程で発達していくものであるし，時代や文化の影響を受け変容すると考えられる。例えば，尊敬するという行動をとる時には「尊敬」というシェマが使用されることになるが，このシェマは，どういう人を尊敬するのか，どういう行動が尊敬に値するのかなどの構成要素から形成され，個人の成長過程で変容すると考えられる。

さて，マクロモラルのシェマは，「社会」という視点をとることができない慣習以前（preconventional）の水準のシェマ，「社会」を考慮に入れ「現実の社会」を維持しようとする慣習（conventional）水準のシェマ，「社会」を考慮に入れ「現実の社会」を批判的に検討できる脱慣習（post-conventional）水準のシェマからなる。そしてそれらは，慣習以前の水準のシェマから慣習水準のシェマへ，慣習水準のシェマから脱慣習の水準のシェマへといった発達過程を辿る（Rest et al., 1999）。

B. モラルシェマの測定法：DIT

具体的な何らかのモラルジレンマ状況に遭遇した場合，人は状況に応じていろいろな水準のシェマを使用する。脱慣習水準のシェマを獲得している個人であっても，自分が当事者となる日常的なモラルジレンマには低い水準のシェマを使用することもあろう。そこで，その個人がどの程度脱慣習水準のシェマを活性化するかを測定するためには，第三者的立場に容易に立つことのできる仮説的モラルジレンマ課題の提示が有効である。また，モラルジレンマ課題に対する回答方法としては再認法が適切である。人は自ら高い水準北部インドのある小さな村では以前から食糧不足が続いていましたが，今年の大飢饉は今までにないほど悲惨なものでした。木の皮からスープをつくって飢えをしのごうとする家族さえいるほどです。
Mustaq Singhの家族は飢え死にしそうな状態にありました。Mustaqは食料を買いだめし値段をつりあげそれを売って莫大な利益を得ている村の富豪の男の行為にこれまで耐えてきました。こうした状況の中で絶望的になったMustaqは，富豪の倉庫からいくらかばかりの食料を盗むことを考えています。彼が家族のために必要とする食料はその富豪にとっては取るに足りない量だし，おそらく富豪はなくなったことに気づきさえしないだろうと思われました。

図7.3　DIT-2の具体例：大飢饉（物語1）（Rest & Narvaez, 1998）

のシェマを使用してモラルジレンマ課題に回答できなくても，選択肢として水準の高い考え方を提示されると，そのより高い水準の考え方を好む傾向がある。そこで，選択肢を提示する再認法を採用すると，個人のモラル思考の発達の最近接領域を測定することができる。モラルジレンマ・インタビューでは個人が考えつく（再生できる）思考法しか測定できないが，選択肢を与えておいてモラルジレンマ課題を考えさせることにより，他者の援助を受けて（この場合は選択肢による提示を受けて），個人が最も妥当だと考える高い水準のモラル思考法が活性化される。

以上のような発想のもと，Defining Issues Test（DIT）は開発された（Rest et al., 1999）。そして現在，物語や項目内容の見直しを経た改訂版がDIT-2（Rest & Narvaez, 1998）として使用可能となっている。DIT-2は，大飢饉に見舞われた村で家族を餓死から救うために富豪から食料を盗むことを考える主人公（大飢饉，**図7.3**），地域に多大な貢献をした州の副知事候補者の過去の過ちを公表すべきか悩む新聞記者，紛糾の恐れのある公聴会の開催に悩む教育長，末期がんの患者から安楽死の依頼を受けた医者，政府の不当な軍隊派遣に抗議するため大学の建物占拠に及んだ学生の，5つのモラルジレンマ物語からなっている。

C.「教育」される脱慣習水準のモラル思考法

脱慣習水準のモラル思考法は，形式的操作段階の思考を基盤としており，青年期の学校カリキュラムによって洗練されていく。このモラル思考法は，民族や国家といった匿名性が保証される社会集団で他者の視点をとるような知性を必要とするものである。ところが，ヒトが霊長類から進化した頃，ヒトの社会集団は大きくても150人程度であったことを考慮すると，ヒトは，不特定多数のメンバーからなる大規模な社会集団内で利他行動や協力行動を維持させていくのに必要な心の仕組みを，進化の過程で獲得してきてはいない。ゆえに，この思考法を獲得するには，「権威」「プライバシー」「責任」「正義」等の「社会」を構成するのに必要な概念について理解し，それらの概念を操作できる能力が必要になるだろう。そのためには，それらの概念についての「教育」が必要になるのではないか。それに加えて，それらの概念を駆使して既存の法律や社会制度を成り立たせている価値観や規範を自由に批判検討する機会が保障される必要がある。

上述した観点から考えるならば，法律を専攻した学生は，形式的操作段階の思考法でDIT-2課題を解くことが容易であると予想される。実際に，暦年齢20歳以上の法学部生と保育専攻学生のDIT-2回答を比較分析した結果，脱慣習シェマ得点（5つの物語課題を考えるにあたって1～4番目に重要と考えられた項目に重みづけを行って計算された，脱慣習水準の項目が選択された％，P得点と呼ばれる）の平均値は法学部生が保育専攻学生より高いことが報告されている（水野・山形，2009）。法律を専攻していなくても，社会の出来事に関心をもち，それらについて批判的に検討する機会をもつといった広い意味での「教育」は，青年の脱慣習水準のモラル思考法を育成するだろう。

D. ギリガンの「配慮と責任のモラル」（Gilligan, 1982）

「配慮と責任のモラル」とはギリガン（Gilligan, C.）の提唱した道徳性の概念を指すが，ギリガンは女性のアイデンティティ形成過程に組み込まれたものとしてこのモラルを考えた。彼女の議論は以下のようなものである。

人々が，道徳や他者と自己との関係について語るときには，2通りの語り方がある。男性の語り方と女性の語り方である。男性は，道徳の問題は競争関係にある諸権利の葛藤解決として捉え，形式的抽象的な諸概念を操作して考える。コールバーグの「ハインツのジレンマ」（末期のがんを患った妻の命を救うために薬を盗む行為の是非について悩む）は，男性にとって，個人間の欲求の葛藤や相対立する権利から生じており，普遍的な原理に基づいて論理的合理的に解決が目指される。一方女性は，道徳の問題を，葛藤し合う諸責任から生じるとみなし，関わりをもつ他者に責任をもつという観点から解決を求める。ゆえに，ハインツのジレンマは，女性にとって人間関係の物語となり，妻の生存をその人間関係の維持に結びつけると同時に，人間関係の文脈の中で妻の生命の価値を考慮する。また，男性は自他が分化し自律に向かう過程を発達と考えるが，女性は生涯にわたって他者と関係を維持することを志向し続ける。このように，道徳・自他・発達に対する語り方が男女で異なるにもかかわらず，フロイト・ピアジェ・コールバーグといった人間の発達に関する従来の心理学理論には，女性の語り方は反映されておらず，男性の語り方だけに基づいた理論化がなされてきた。女性の発達は，それらの理論の枠組みでは，男性よりも劣った発達段階として位置づけられてきたのである。そのように考え，彼女は，理論化されなかった「もう1つの」発達の道筋を提示しようと試みたのである。

ギリガンは，女性を調査協力者として，モラルや道徳に関わる葛藤（コールバーグの仮説的な葛藤と実生活上の葛藤）や自己の捉え方に関する面接調査を行った。そして，例えば，中絶のジレンマに直面している女性が繰り返し使う言葉が「利己的」「責任がある」であることを見いだした。彼女たちにとっては，モラルは他者に配慮し他者を傷つけない義務と捉えられており，道徳的葛藤とは責任をとること（胎児に対する責任であったり，愛人やその妻に対する責任であったりする）における葛藤であった。すなわち，自分につながりをもつ他者に配慮することがモラルある振る舞いだったのである。

7.3節 アイデンティティの発達

青年期の発達主題の1つとしてアイデンティティ形成がある。青年期後期には，社会の中での自己の役割や位置づけに関する意識が表面化していく。エリクソンは，生涯の発達それぞれの段階には，解決すべき固有の心理・社会的課題（危機）があり，ある段階の課題が解決することで次の段階に進むとした（Erikson, 1959）。そして青年期の中心的課題は，「アイデンティティ対アイデンティティ拡散」であると述べている。青年期は児童期までのさまざまな同一視を取捨選択し，アイデンティティとして統合するための準備期間（心理・社会的モラトリアム）である。この時期に青年は，さまざまな役割実験や自己省察を経て，アイデンティティの感覚を確かなものとしていく。

A. エリクソンの心理社会的発達理論

エリクソンは，フロイトの心理性的発達理論に心理社会的観点を付け加え，アイデンティティの概念を打ち出した。そして，青年期に育まれるアイデンティティの感覚が人生のバランスを約束すると論じた。アイデンティティの感覚とは，内的な斉一性（自分が他の誰でもない自分として社会の中で生きているという感覚）と連続性（過去・現在・未来という時間の流れの中で連続した存在として自分は生きているという感覚）を感じることができると同時に，他者が自分の斉一性と連続性を認めてくれた経験から生まれる確信のことである（Erikson, 1950）。こうしたアイデンティティの感覚の発達は，乳児期に萌芽的に始まり，生涯続く過程である。エリクソンは，発達の各段階に特有な発達課題の解決・未解決（不成功な解決）の両極を記述することによって，自我の心理社会的な発達を概念づけた。青年期ではその両極は，先に触れた「アイデンティティ対アイデンティティ拡散」である。アイデンティティとは，それ以前のすべての同一化や自己像を捉え直し，新たに社会との関連の中で選択し統合して，1つの独特で首尾一貫した全体としてつくり上げるものである。エリクソンは，アイデンティティが達成される重要な契機として，「実態的な契約に明示されている自分の存在の意味」である職業と，「同一性を導く社会的価値」である宗教その他の思想体系やイデオロギー的枠組みを挙げている。

アイデンティティの確立に際して認められる主観的感覚は，以下の8つである（坂田，1986）。①自分の未来に希望がもてる，②自分のことは自分でできる，③何事にも積極的に関わっていける，④自分には何かをすることができそうな気がする，⑤自分が自分として存在する，⑥自分には男性あるいは女性としての魅力がある，⑦人のために何かをしたい，⑧自分の個性に合った生き方を知っている，である。

エリクソンの記述したアイデンティティ拡散の臨床像は，以下の6つである（馬場，1976）。①時間的展望の拡散，②同一性意識の過剰，③否定的同一性の選択，④勤勉さの拡散，⑤対人的関わりの拒否と孤立，⑥選択の回避と空虚感，であるが，青年期には程度の差はあれ，多くの者が体験する。その体験は一過性のものであることが多いが，自分の中にこうした症状を認める時，それはアイデンティティを確立したり再構成したりする時だというサインでもある（馬場，1976）。

B. マーシャによるアイデンティティ・ステイタス

マーシャ（Marcia, J. E.）は，アイデンティティの達成度合に注目し，半構造化面接を用いて，それを測定しようと試みた。彼は，「職業」「政治」「宗教」の3つの領域を対象として，危機（crisis）の有無，積極的な関与（commitment）の有無という2つの基準により，4つのアイデンティティ・ステイタスを定義した（Marcia, 1966）（**表7.1**）。

危機の有無とは，いかなる役割，職業，理想，イデオロギー等が自分にふさわしいかについて，迷い考え試行する時期があったかなかったかである。ちなみに，ここで使われる「危機」という用語は，ある個人の発達における「重大な転機点，分かれめ」を意味するものであり，危険を意味するものではない。積極的な関与の有無とは，自己定義を実現し自己を確認するために，独自の目標や対象への努力の傾注をしているかいないかである。

4つのアイデンティティ・ステイタスは，①アイデンティティ達成，②モラトリアム，③早期完了，④アイデンティティ拡散である。このように危機経験の有無と積極的な関与の有無を組み合わせて分類した4類型は，自己評価の安定度と被影響度，および権威主義的態度に関して有意な差を示した。すなわち，一般に，アイデンティティ達成群と，これに次いで，モラトリアム群は，自己評価が変化を受けやすい情報を与えるという条件下でもその変化が少なく，逆に早期完了群と拡散群は自己評価が変化しやすいこと，また権威主義的態度は早期完了群においてのみ際立っていることが判明した（Marcia, 1967）。アイデンティティという概念は発達途上にある青年の人格の健康や潜在成長力を考えるのに役立つ概念であると考えられている。

表7.1　マーシャのアイデンティティ・ステイタス（Marcia, 1966）

アイデンティティ・ステイタス（identity status）	危機の有無	積極的な関与の有無
アイデンティティ達成（identity achiever）	経験あり	している
モラトリアム（moratorium）	その最中	しようとしている
早期完了（foreclosure）	経験なし	している
アイデンティティ拡散（identity diffusion）	経験なし	していない
	経験あり	していない

7.4節 思春期

思春期（puberty）は，性ホルモンの分泌により，体の変化（第二次性徴）と急激な身長・体重の増加（成長のスパート）がみられ，男の子は男の子らしい，女の子は女の子らしい体つきに変わり，最終的に生殖能力を獲得し，成長が止まり大人になっていく時期である。医学的な意味での子どもから大人への過渡期をいう。

女の子は10歳頃になると乳房が少しふくらみはじめるが，これが思春期の始まりである。陰毛の発育，初経（初潮）と成熟していく。男の子の思春期の始まりは，精巣（睾丸）が4 mLに発育した時点で平均11歳半頃とされ，陰茎の発育，陰毛の発育，声変わりと成熟していく。これらの第二次性徴の始まりと成熟は，女の子ではエストロゲンという女性ホルモンが卵巣から，男の子ではテストステロンという男性ホルモンが精巣から分泌されることによる（母子衛生研究会，2015）。

エストロゲンやテストステロンのような性ホルモンは，脳の組織に影響を与え，それまでの回路の構造を化学的に変えてしまう。脳内では，以下のような変化により脳領域が十分に機能するようになる。

①髄鞘化：神経細胞の髄鞘化により，その脳領域が十分に機能するようになる。大人の神経細胞の軸索は髄鞘という膜で覆われているが，出生時の神経細胞の軸索には髄鞘がない。髄鞘をもつ神経線維は髄鞘のない神経線維に比べて非常に速い速度で情報を伝達できる。ゆえに，髄鞘化は脳の発達にとって重要な意味をもっている。

②新しい脳細胞どうしの連結：脳の神経線維は，刺激に応じて，活発に入力と出力の枝を伸ばし，シナプスという中継基地を作りながら，回路網を張り巡らせていく。

③刈り込みが急速に進む：この時期，新しい回路の形成が行われると同時に，必要のない連結の刈り込みも進む。

こうした脳の再編成は，主に2つの領域，前頭前皮質と大脳辺縁系で行われる。前頭前皮質は自己制御の中心領域で理性的な行動をとるのに機能する。大脳辺縁系は情動が生起するのに重要な役割を果たす領域である。このことが，思春期の子どもに，危険を冒したがる傾向，刺激欲求の高まり，未熟な衝動抑制を引き起こしていると考えられている（Steinberg, 2014）。

思春期は，それまでは重要だった親との関係が徐々に弱まり，友達との関係が重視され，さらに異性に関して興味が高まり，異性との関係が始まる。異性の関心を引くために，おしゃれをしたり目立つ行動をとったりすることがある。逆に，異性を避けるなどの行動をとることもある。親は，子どもたちが，男性と女性の身体や心の違いに目を向け，お互いを対等な人間として尊重できるような**異性関係**を築けるようサポートする必要がある。ホリングワース（Hollingworth, L. S.）は，この時期の親からの独立を求める心性として「**心理的離乳**（psychological weaning）」という概念を提起した（Hollingworth, 1929）。

練習問題

1. 以下の文章の［①］［②］に入る適切な語句の組み合わせを選びなさい。

具体的操作段階での仮説は現実から［①］に導かれた仮説である。個々の事例から仮説を立てることができる段階にとどまっている。しかし，形式的操作段階での思考は，現実に生起しているかどうかとは独立して，事実や出来事を合理的に説明する仮説を立て，それらの仮説に基づいて推論を行う［②］思考である。

	①	②
a	演繹的	帰納推論的
b	帰納的	仮説演繹的
c	帰納的	仮説洞察的
d	演繹的	仮説洞察的
e	洞察的	帰納推論的

2. 以下の文章の［①］～［④］に入る適切な語句の組み合わせを選びなさい。

青年期には，現存のルールや社会について批判的に考察できる思考法，すなわち自己の置かれた立場をいったん離れて「自分が…だったら」とあらゆる他者の視点に立ってモラルジレンマを考える思考法を獲得する。このモラル思考法は，［①］によって［②］のモラル思考法と概念化された。一方，［③］は女性のアイデンティティ形成過程に組み込まれたものとして［④］のモラルを考えた。

	①	②	③	④
a	コールバーグ	慣習水準	マーシャ	配慮と責任
b	コールバーグ	脱慣習水準	ギリガン	慣習水準
c	コールバーグ	脱慣習水準	ギリガン	配慮と責任
d	ピアジェ	慣習水準	ギリガン	慣習水準
e	ピアジェ	脱慣習水準	マーシャ	配慮と責任

3. エリクソンの心理社会的発達理論の特徴に関する記述で，正しいものをすべて選びなさい。

a. 5つの段階を設定している。

b. 社会集団において期待される精神発達という視点を含む。

c. アイデンティティ達成に至る過程を「達成」「モラトリアム」「早期完了」「拡散」の4つの類型に分けて示した。

d. 各発達段階における危機をいかに乗り越えるかに着目する。

〈文献〉

馬場謙一（1976）. 自我同一性の形成と危機. 笠原嘉・清水将之・伊藤克彦（編）, 青年の精神病理1. 弘文堂

母子衛生研究会（企画・発行）（2015）. 子どもの成長・発達：一人ひとりの子どものために成長曲線を描こう 第2版.

Erikson, E. H.（1950）. *Childhood and society*. W. W. Norton.（仁科弥生（訳）（1977, 1980）. 幼児期と社会（1・2）. みすず書房）

Erikson, E. H.（1959）. *Identity and the life cycle*. International Universities Press.（小此木啓吾（訳編）（1973）. 自我同一性：アイデンティティとライフサイクル. 誠信書房）

Gilligan, C.（1982） *In a different voice*. Harvard University Press.（岩男寿美子（監訳）（1986）. もうひとつの声. 川島書店）

Hollingworth, L. S.（1929）. *The psychology of the adolescent*. D Appleton & Company.

Hyde, J. S., & Linn, M. C.（2006）. Gender similarities in mathematics and science. *Science*, *314*（5799）, 599-600.

Inhelder, B., & Piaget, J.（1958）. *The growth of logical thinking from childhood to adolescence*. Basic Books.

Keating, D. P.（1980）. Thinking process in adolescence. In J. Adelson（Ed.）, *Handbook of adolescent psychology*（pp.211-246）. Wiley.

Kohlberg, L.（1984）. *Essays on moral development*. Harper and Row.

Lindberg, S. M., Hyde, J. S., Petersen, J. L., & Linn, M. C.（2010）. New trends in gender and mathematics performance. *Psychological Bulletin*, *136*（6）, 1123-1135.

Lightfoot, C., Cole, M.,& Cole, S. R.（2012）. *The development of children*（7th ed.）. Worth Publishers.

Marcia, J. E.（1966）. Development and validation of ego-identity status. *Journal of Personality and Social Psychology*, *3*（5）, 551-558.

Marcia, J. E.（1967）. Ego identity status: Relationship to change in self-esteem, "gen-

eral maladjustment," and authoritarianism. *Journal of Personality*, *35* (1), 119-133.
水野里恵・山形恭子 (2009). 脱慣習水準のモラル思考法の発達に「教育」が及ぼす影響. 中京大学心理学研究科・心理学部紀要, *9* (1), 1-7.
Peskin, J. (1980). Female performance and Inhelder and Piaget's tests of formal operations. *Genetic Psychology Monographs*, *101* (2), 245-256.
Piaget, J. (1972). Intellectual evolution from adolescence to adulthood. *Human Development*, *15* (1), 1-12.
Rest, J. & Narvaez, D. (1998). *Defining Issues Test-2, Version 3.0*. University of Minnesota.
Rest, J., Narvaez, D., Bebeau, M. J., & Thoma, S. J. (1999). *Postconventional moral thinking*. Lawrence Erlbaum Associates.
坂田健 (1986). 青年期の心理. 教育出版
Scafidi, T., & Bui, K. (2010). Gender similarities in math performance from middle school through high school. *Journal of Instructional Psychology*, *37* (3), 252-255.
Siegler, R. S., & Liebert, R. M. (1975). Acquisition of formal scientific reasoning by 10- and 13-year-olds. *Developmental Psychology*, *11* (3), 401-402.
Steinberg, L. (2014). *Age of opportunity*. Houghton Mifflin Harcourt. (阿部寿美代 (訳) (2015). 15歳はなぜ言うことを聞かないのか?. 日経BP)
Ward, S. L., & Overton, W. F. (1990). Semantic familiarity, relevance, and the development of deductive reasoning. *Developmental Psychology*, *26* (3), 488-493.

第8章 成人期の発達

到達目標

- 成人期の発達についてエリクソンの心理社会的発達理論の観点から説明できる。
- キャリア発達について，ワーク・ライフ・バランスの視点から，理解する。
- 親としての発達に関する先行研究の知見について説明できる。

成人期に入ると，社会に貢献し次世代を育てるといった心の働きが顕著になる。本章では，成人期の人格的発達を中心にみていく。

8.1節 初期成人期の発達

エリクソンの心理社会的発達理論によると，人間は，周囲との関係を通して成長していき，各発達段階における心理社会的危機を乗り越えると，ある「人間の強さ（virtue)」を獲得する。エリクソンは，本能が動物に必要であると同様に，人間には人間的適応にとって必要な「人間の強さ」があるという。そして，それらを各発達段階で学ぶ能力を備えて生まれてくると考えている（Evans, 1967)。反対に，心理社会的危機を乗り越えられないと，心理的な病気のもととなる「中核的病理（maladaptation/malignancy)」が強くなるという経過を辿る。例えば，所属する社会が期待する役割を拒否したり（青年期)，他者を排除したり拒否したりする（成人期）行動が多くなる。そして，そうした行動傾向が精神病理へとつながると考えた(Erikson & Erikson, 1997)。

成人期は，青年期でのアイデンティティの確立をもとに，他者との親しい関係を築く親密性を獲得し，さらには，次なる世代を育てていくことが求められる時期である。初期成人期の親密性には，青年期におけるアイデンティティの探究を目的とした相手との関係性から，仕事や家庭でのパートナーとの間で互いのアイデンティティを融合させ，共有することが必要となる。こうしたパートナーとの関係の相互性（mutuality)，すなわち具体的な生活

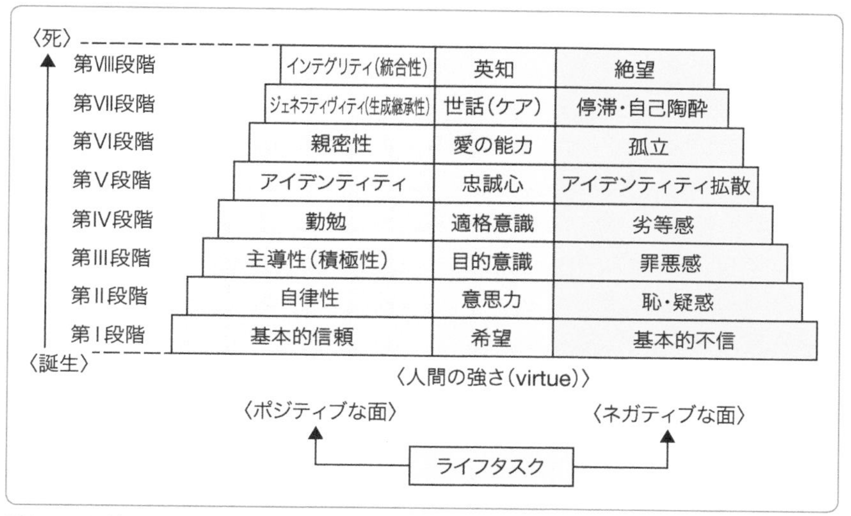

図8.1　発達課題と人間の強さ
（Evans, R. I. 岡堂哲雄・中園正身訳, 1981. エリクソンは語る. p.157. 新曜社より一部改変）

の場において相互に調整をしながら自分たちで新たな生活の場を築いていくことがこの時期の課題であり，その次の発達段階である「生成継承性（世代性）」へとつながっていく。つまり初期成人期の大きな課題として，社会人として職業生活に入ること，および，家庭人として，結婚し親となることが挙げられる。しかし，他者との関わりを避けたりコミュニーションを適切にとれなかったりすれば，この発達段階における心理社会的危機「親密性対孤立（intimacy vs. isolation）」を乗り越えられず，孤独に陥ることになる（Erikson, 1983）。

ここで，エリクソンのいう「人間の強さ（virtue）」としての「徳」の発達について触れておきたい。エリクソンは，自我力の発達が段階的に進むように，世代的にも伝えられていく価値を想定した（**図8.1**）。児童期に発達し徳として残るものは，希望→意思力→目的意識→コンピテンス（適格意識）であり，青年期の徳は忠誠心である。そして，成人期の中核的な徳は，愛→世話（ケア）となっている。なお，これらの徳目は，漸成（ぜんせい）の原理（グランドプランに従って発生する各部分は成長が特に目覚ましくなる特定の時期をもち，機能的統一体を形づくるという考え）に従うため，青年期の「忠誠心」が是認されて初めて，成人期に獲得する「愛」は真に相互補完的なものになると考えられている（岡堂，1981）。

A. キャリアの発達

成人期は，ワークキャリアの形成が始まる時期である。ここで，キャリアとは，人生において個人が自らの決定に基づいて築く，一連の経歴，活動，経験をいうのであるが，キャリアは職業に関することに限定したワークキャリアと広く人生全般に関することまで考慮に入れたライフキャリアに大別できる。ライフキャリアは，生涯発達の視点に立つ包括的な概念である。ゆえに，職業に就くことだけに価値を認めるのではなく，例えば主婦業もキャリアとみなされる。自己実現を目指して自分の人生を主体的に生きることを重視し，職業のみでなく私生活（個人，家庭，地域の生活）も含めて個人をトータルに捉える概念なのである。そして，個人がキャリアを築いていくプロセスは，キャリア発達（career development）と呼ばれている。

i）キャリアとジェンダー（社会的性）

ジェンダー（社会的性）とは，社会的カテゴリーとしての性別である。必ずしも必然性や合理性があるとはいえないが，男女を分けることは広く生活にゆきわたっている。日本は，2020年時点でジェンダー規範が厳しい国といわざるを得ない。それがワークキャリアの発達に影響を及ぼしている。キャリアとジェンダーは表裏一体となっている現状がある。

ii）仕事と家庭：仕事と生活の調和（ワーク・ライフ・バランス）

夫婦間での家事・育児の分担が進まず，負担が妻に集中している。**表8.1**に，6歳未満の子どもがいる夫婦の家事・育児の1日平均時間を示した（総務省統計局，2017）。夫の家事・育児時間は，平日と休日を合わせた1日平均で1時間35分で，妻は夫よりも6時間以上多く費やしている。同じ調査で，夫の家事・育児への満足度を聞いたところ，働く妻，専業主婦ともに5割前後が不満を訴えている。

なぜ，夫の家事・育児の時間は少ないのだろうか。理由の1つに「夫は外で働き，妻は家庭を守るべきだ」という性別役割分業意識がある。12か国の国際比較を行った内閣府の調査（2002）では，日本では，賛成とする割合がフィリピンに次いで高く，欧米諸国，特に北欧諸国と比較すると固定的役割分業意識は強く残っているといえる。もう1つが男性の働き方である。男性の「仕事等時間」は，1980年以降徐々に減少してきているものの，2019年までの期間を通して，30代・40代は8時間20分前後働いている

表8.1　子育て世帯の夫婦が家事・育児にかける平均時間（平日・休日を合わせた1日平均）
（総務省統計局, 2017）
単位は（時間. 分）

	夫			妻			平成28年夫妻差
	平成23年	平成28年	増減	平成23年	平成28年	増減	
無償労働	1.27	1.35	0.08	7.49	8.00	0.11	−6.25
家事	0.18	0.22	0.04	3.47	3.42	−0.05	−3.20
食事の管理	0.05	0.08	0.03	1.59	1.57	−0.02	−1.49
住まいの手入れ・整理	0.07	0.06	−0.01	0.48	0.44	−0.04	−0.38
衣類等の手入れ	0.02	0.04	0.02	0.34	0.41	0.07	−0.37
その他	0.04	0.03	−0.01	0.25	0.21	−0.04	−0.18
育児	0.42	0.45	0.03	3.02	3.21	0.19	−2.36
乳幼児の身体の世話と監督	0.10	0.11	0.01	1.26	1.40	0.14	−1.29
乳幼児と遊ぶ	0.24	0.20	−0.04	0.54	0.57	0.03	−0.37
子供の付き添い等	0.04	0.05	0.01	0.11	0.14	0.03	−0.09
子供の送迎移動	0.04	0.05	0.01	0.25	0.25	0.00	−0.20
その他	0.00	0.04	0.04	0.06	0.06	0.00	−0.02
買い物・サービスの利用	0.18	0.17	−0.01	0.40	0.35	−0.05	−0.18
家事関連に伴う移動	0.09	0.08	−0.01	0.18	0.19	0.01	−0.11
ボランティア活動関連	0.01	0.03	0.02	0.02	0.03	0.01	0.00

（内閣府，2019）。その分，家事や育児をする時間は減ることになる。

ここで，ワーク・ライフ・バランスの希望と現実についてみてみよう。内閣府も，ワーク・ライフ・バランスの重要性について論じる中で，男性が子育てに十分な時間をかけられない（日本人男性の家事・育児時間は非常に短い）という問題について言及している。男性自身も，仕事・家庭・個人生活の両立を希望しているにもかかわらず，実際には仕事を優先しているという

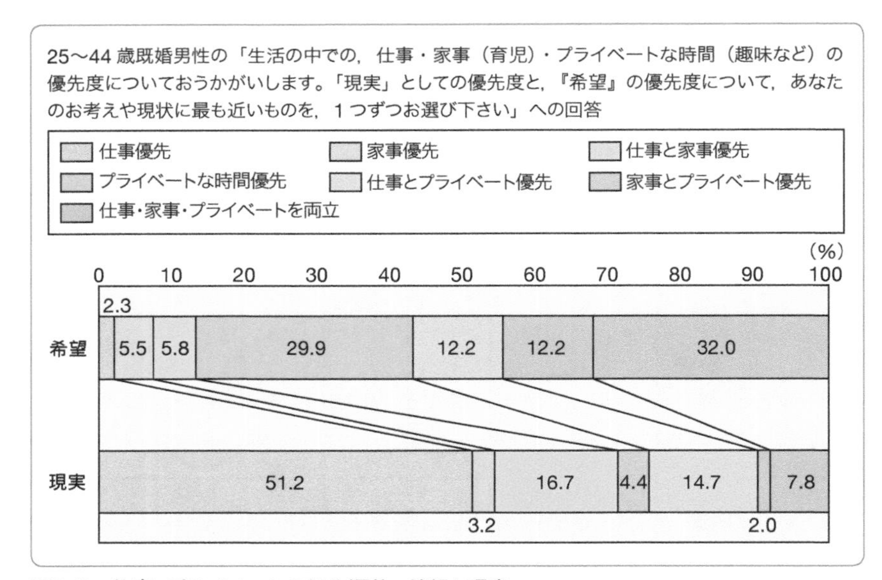

図8.2　仕事・プライベートの優先順位：希望と現実
（少子化と男女共同参画に関する専門調査会，2006）

現状がある。

男女共同参画会議の下に置かれた「少子化と男女共同参画に関する専門調査会」（2004年7月～2007年2月）による「少子化と男女共同参画に関する意識調査」（2006）によると，既婚者の男性において，生活の中で「仕事優先」を希望する人の割合は約2%に過ぎない。一方，「仕事・家事（育児）・プライベートを両立」を希望する人は約32%を占めており，「プライベートな時間優先」（29.9%），「家事とプライベート優先」（12.2%），「家事優先」（5.5%）を合わせると，約8割の男性が家事・プライベートを仕事と同等以上に充実させたいとする希望がある。しかしながら，現実には，5割以上の人が「仕事優先」となっており，希望と現実の間に大きなかい離がみられる（**図8.2**）。

また，内閣府「女性のライフプランニング支援に関する調査」（2007）によると，30～40歳代の女性において，子育てをしながら働く場合に，家族の状況として必要なこととして，「配偶者・パートナーの平日の家事・育児協力」と回答する人の割合が最も多くなっている（**図8.3**）。男性の家事や育児の時間を十分に確保したいという希望を実現することは，子育て女性

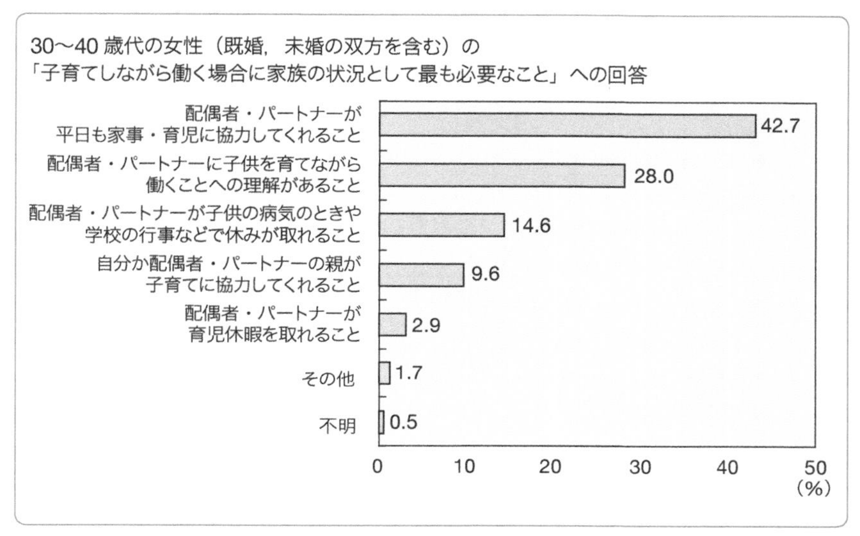

図8.3　家族の状況として最も必要なこと（内閣府, 2007）

の継続就業や育児不安の軽減に資するものと考えられる。

B.「親となる」ことによる人格発達

大人は決して完成態でも発達のゴールでもない。人間は，成人以降も生涯，発達し続ける存在であるとの生涯発達心理学の視点に立って，柏木恵子・若松素子（1994）は，親となり，新しい経験に出会い新しい役割を担うことによりパーソナリティとしての成熟をするのではないかとの視点から実証研究を行った。そして，親としての発達の内容が6次元からなることを明らかにした（**表8.2**）。

親になった人々が自覚するようになったと回答した，「多角的にものを見る」「他者の立場や公共的見地に立って考える」「自己抑制的に行動する」「物事に柔軟に対処する」「人知を超えたものの存在や運命を受け入れる」などは，オールポート（Allport, G. W.）が人格の成熟として挙げているものの主要項目に該当する。成人期に親役割を担うことによって発達がみられることが明らかになったのである（柏木・若松，1994）。

こうした「親となる」ことの変化・発達について，父親・母親とを比較した結果についても報告がある（**図8.4**）。父母いずれでも，「運命・信仰・伝統の受容」「生きがい・存在感」「自己抑制」などでの成長を感じている者が

表8.2　「親となる」ことによる人格発達（柏木・若松, 1994より一部抜粋）

第1因子 柔軟さ	角がとれて丸くなった 考え方が柔軟になった 他人に対して寛大になった 精神的にタフになった
第2因子 自己制御	他人の迷惑にならないように心がけるようになった 自分の欲しいものなどを我慢できるようになった 他人の立場や気持ちを汲み取るようになった
第3因子 視野の広がり	日本や世界の将来について関心が増した 環境問題（大気汚染・食品公害）に関心が増した 児童福祉や教育問題に関心をもつようになった 一人ひとりがかけがえのない存在だと思うようになった
第4因子 運命・信仰・ 伝統の受容	物事を運命だと受け入れるようになった 運の巡り合わせを考えるようになった 常識やしきたりを考えるようになった
第5因子 生きがい・ 存在感	生きている張りが増した 長生きしなければと思うようになった 自分がなくてはならない存在だと思うようになった より計画的になった
第6因子 自己の強さ	多少他の人と摩擦があっても, 自分の主張は, と通すようになった 自分の立場や考えはちゃんと主張しなければと思うようになった 物事に積極的になった

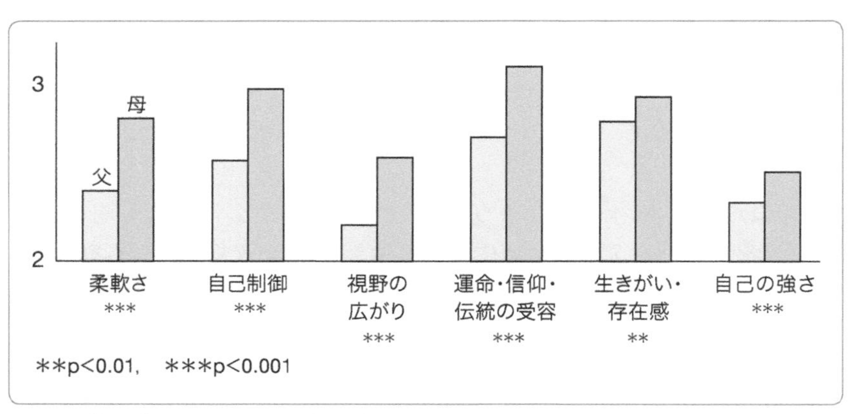

図8.4　「親となる」ことによる人格発達：父親・母親の比較（柏木・若松, 1994）

多いこと，いずれの次元でも父親に比べて母親での変化が有意に大きいことが明らかになった。女性は，家事・育児にかける時間が圧倒的に多いが，同時に，子育てを通した変化を「自分の成長」と感じているようであった。

柏木・若松（1994）は，そうした変化の中でも，「運命・信仰・伝統の受容」に着目し，以下のような考察をしている。

「近代科学の進歩は，乳幼児死亡率を著しく低下させ，他方，妊娠の人工調節は確実なものとなり，その結果として少産少子時代が到来した。これは単なる人口という数の問題にとどまらず，親の子どもに対する感情や人々にとっての子どもの価値を変化させた。今や，子どもは科学技術と人間の意志の統制下にあるものとなり，親たちが子どもを『授かりもの』ではなく，『つくるもの』とみなすのは極めて当然なこととなった（中山，1992）。中山によると，『授かる』は，子どもが欲しいのにできない経験や予期せぬ妊娠に出会ったとき用いられる表現だという。この『授かる』という表現には，生命への畏敬の念や人知を超えたものの意志と力を認める謙虚な態度が含まれている。これが親たちに高いことは，妊娠・出産時には希薄だったこのような態度が，4～5年の子どもとの生活・子育ての経験を通して親たちにもたらされることを示唆している。子どもは親のつくるもの，親のもちものとしての子どもとなりがちな今日，子育てを通して学ぶ親の発達の中で極めて重要と思われる。」

● **父親の家事・育児参加が父親の成長感・育児感に及ぼす影響**

この研究では，育児への参加の度合が極めて低い父親50人（全体の14.7%）および高い父親61人（同15.6%）を選び出し，その父親の人格的変化と育児感について比較している。その結果，以下のような興味深い報告がなされている。家事・育児参加の低い父親群で，子どもを自分の分身と感じる程度が高くなっていた。これについて，柏木・若松（1994）は以下のように考察している。

「もともとこの＜分身感＞は，母親より父親に高いことが注目されていたのであるが，この＜分身感＞が，育児・家事への参加が極めて低い父親では著しく，これに対して，育児・家事に深く関わる父親ではこの感情は薄れ，ほとんど母親のそれと同程度になった。これらのことを考え合わせると，自分自身が直接子育てに関わらないでいる場合，『子どもは分身』『生きた証だ』と，自分が子の親であることを観念的に確認することになるのではなかろうか。これに対して，子育てに直接深く関わるようになると，子育ては楽しいこと，子どもはかわいいもの，といったことばかりではなく，文字通り苦楽を味わう。この経験は，育児や子どもへのより現実的で具体的な感情を抱かせ，父としての子どもとの関係を抽象的・観念的に自己確認することはしなくなるのだと考えられよう。このことは，父親の子どもへの感情が子育てに関わることによって変化し．母親のそれと近いものになってゆくことを示している。」

C. 母親になる過程

フレミング（Fleming, A. S.）らは，子どもが生まれてからしばらくの間，母親はネガティブな自己概念*をもちやすいことを明らかにしている（Fleming et al., 1990）。第一子を出産した女性を対象に自分自身についての言及をポジティブなものとネガティブなものに分類して，その比率を縦断的に比較した結果，自分自身については，16か月になってもポジティブな言及はネガティブな言及の半分にしかならなかったことが示されている（**図8.5**）。

大日向雅美（1988）は，妊娠初期から出産後4か月までの間で，母親がどんなときにわが子をかわいいと思うかを尋ねた結果を報告している（**図**

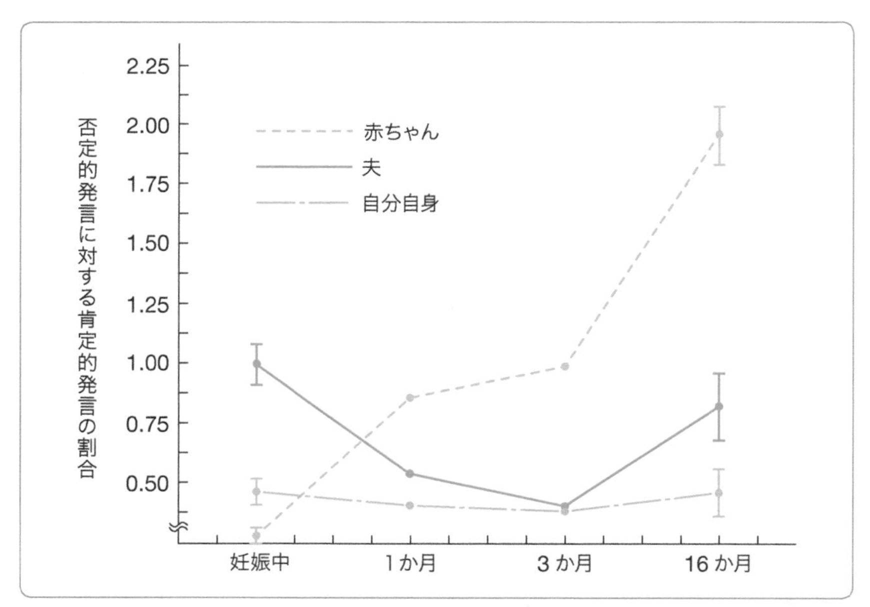

図8.5　母親の，赤ちゃん，夫，自分自身についての発言の時間的変化（Fleming et al., 1990）

---

*自己概念：自分がどのような人間であると認知しているかといった，認知的自己のこと。文章完成法（「○○ちゃんは…」「私は…」の文章を完成させる方法）による発達研究が行われてきている。

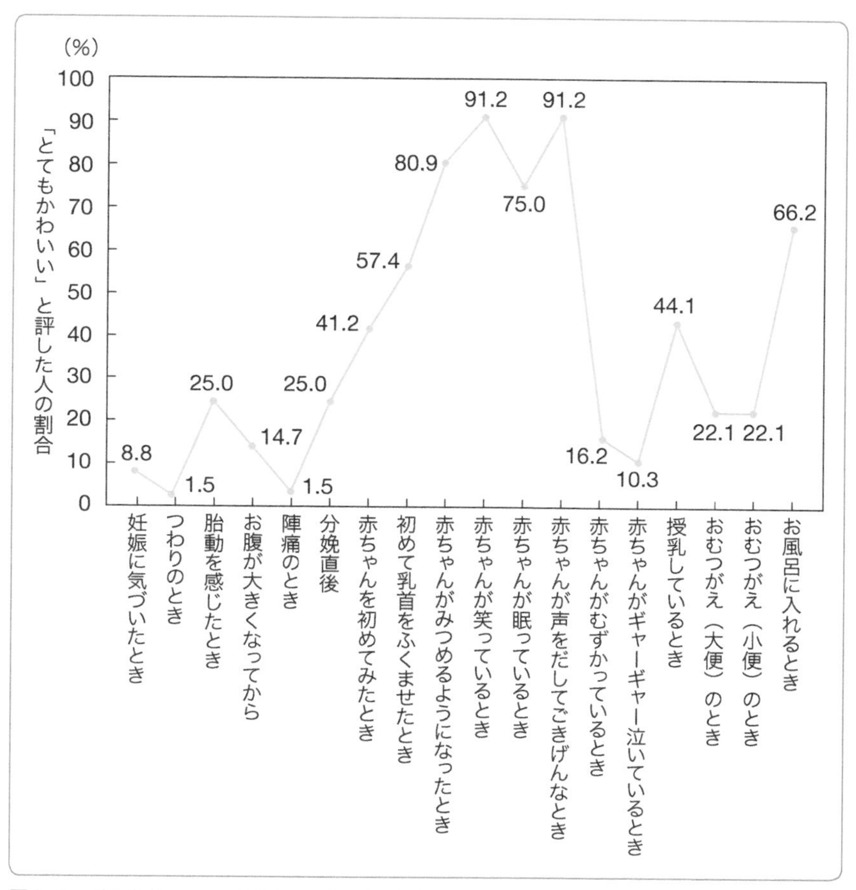

図8.6　どんな場面でわが子を「かわいい」と思ったか
（大日向雅美, 1988. 母性の研究. 川上書店（2016. 新装版 母性の研究. p.91. 日本評論社）より）

8.6）。これによると，母親が自分の子どもを「かわいい」と感じるのは，圧倒的に出産前より後が多い。自分の胎内に赤ちゃんがいると実感するはずの「胎動を感じたとき」や，自分のお腹を痛める体験をした「分娩直後」に，わが子をかわいいと思う母親は25%であった。子どもに対するポジティブな感情は，母親に元来備わっているものでも，母親が一方的に赤ちゃんに対して生じるものではなく，子どもが母親に対して何か行動を向けたときにより強く感じられるようである。母性は，子どもとのやりとりの中で，子どもからの反応によって育まれていくものだと考えられる。

D. 父親になる過程

自分で妊娠・出産を経験しない男性は，どのような心理過程を辿って父親になるのだろうか。結婚はしていないもののパートナーである女性が妊娠中の男性24人を対象に，心理的変化について調査した研究は以下を明らかにしている。女性の妊娠がわかった直後は極度の興奮状態になり，その後，妻がつわりで苦しむ時期には無力感を味わい，出産までに次第に不安が高ままるが，子どもの誕生の瞬間には喜びで気分が高揚する（Robinson & Barret, 1987）。

ラム（Lamb, M. E.）は，1歳の子どもを持つ母親と父親の遊び方について以下のことを明らかにしている（**図8.7**）。母親は「いないいないばあ」などの伝統的遊びや絵本の読み聞かせが多かったのに対し，父親は身体的遊びや子どもが特に喜ぶような独自の遊びをすることが多かった（Lamb, 1977）。子どもは遊びの中でさまざまな刺激を受け，知的好奇心が芽生えていく。父親は，母親の遊びを補完するかたちで子どもとの遊びを展開していると考えられる。

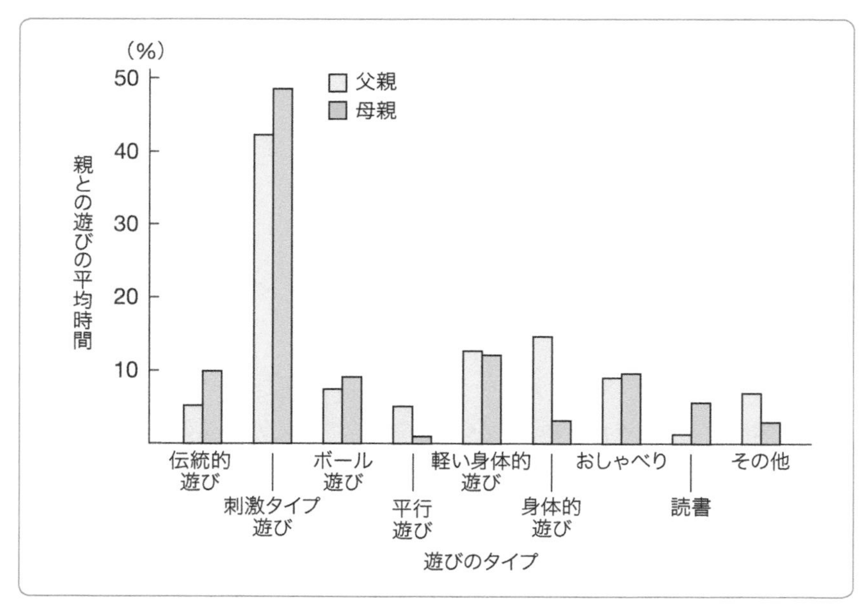

図8.7　父親・母親の幼児（月齢12か月・13か月）との遊び方の比較（Lamb, 1977）

E. 親にとっての子どもの価値

柏木（1998）は，少子化を心の問題として捉える人口心理学を提唱し，その視点から「親にとって子どもを持つことはどういう意味があるのか」について考える書を著している。

世界銀行（1984）が世界24か国の人々を対象に「あなたにとって子どもはどのような満足を与えてくれますか」と質問したデータ（**図8.8**）によると，子どもには「実用的価値」と「精神的価値」があり，国により「子どもの価値」は普遍的ではない。「実用的価値」とは，子どもに家計を支えてもらったり，老後の扶養を期待するなど，子どもに経済的・実用的価値を期待する。一方，「精神的価値」とは，子どもの存在が家族生活にもたらす明るさや子どもを育てる楽しみや生きがいなどの精神的・心理的価値を求めるものである。改めてデータを見ると，子どもに「精神的価値」を求めている国々は，ほとんどすべて先進国といわれる国々になっている。子どもが経済

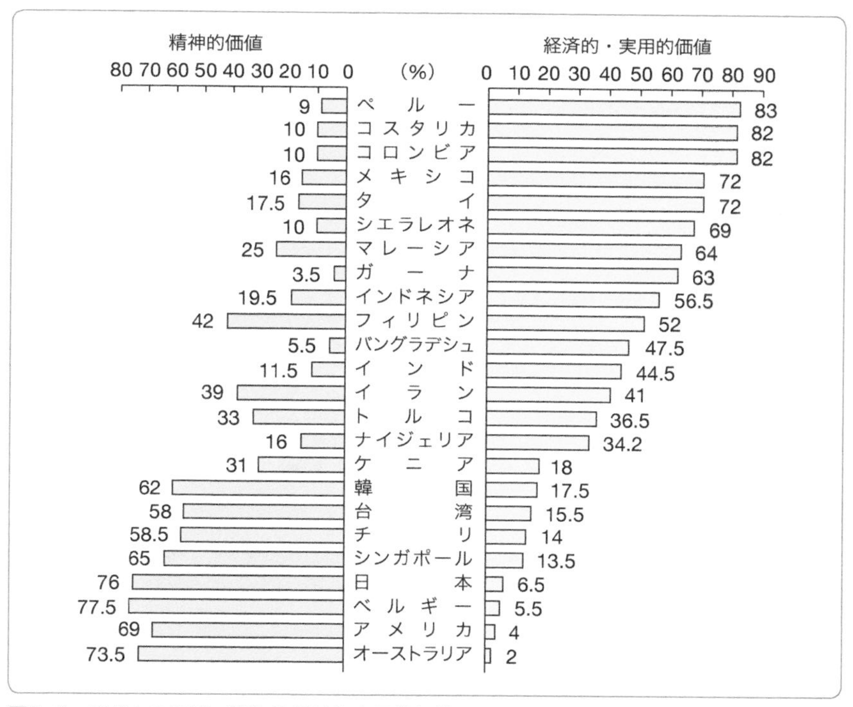

図8.8　子どもの価値：精神的価値と実用的価値（世界銀行, 1984）

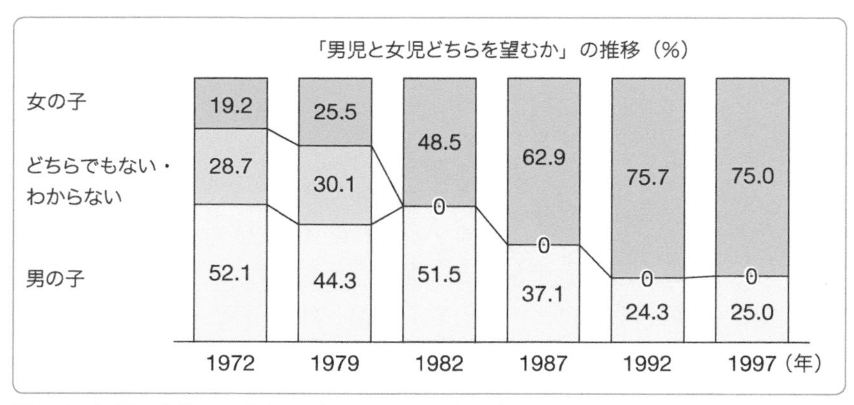

図8.9　初婚の女性への調査：1人しか子どもを持てないとしたら
（国立社会保障・人口問題研究所, 1998）

的メリットにならない（むしろ，経済的にはデメリットになる）国では，子どもの数は必然的に少なくなり，少子化が加速することになる。そして，「少なく産んでよく育てる」戦略をとることになる。

日本では，国立社会保障・人口問題研究所が，1972年から5年ごとに初婚の女性に「もし子どもを1人持つとしたら，男の子と女の子，どちらがいいですか」と尋ねる調査を行っている（**図8.9**）。1972年には男の子との回答が52%だったが，1997年には25%となっている。一方，女の子との回答は大幅に増加し，75%となっている。この変化について，柏木（1998）は，精神的価値として子どもが求められるようになった結果であると考えている。すなわち，かつては，家督相続とか老後の扶養といった経済的な観点から男の子が求められたが，そうしたことを子どもに期待しなくなった結果，幼いうちはかわいらしい洋服を着せたり，バレエなど自分が習いたかった習い事をさせたりすることができ，大きくなってからも話し相手になってくれる女の子を求めるようになったのではないかと推察している。

8.2節　成人期（中年期）の発達

A. 発達課題：生成継承性

エリクソンの発達図式第Ⅶ段階で克服すべき心理社会的危機は「生成継承性対停滞（generativity vs. stagnation）」である（図8.1参照）。generativityとは，エリクソンによる造語であり，「生殖性」「世代性」「世代継承性」などとも訳される。一般的には，子どもを育てたり，職場の後進を育成したりといった，自身が属する共同体において後の世代に貢献することである。これにより，「世話（care）」という人間の強さを獲得する。共同体に貢献することなく，自分のことのみに関心をもつような状態は「停滞」と呼ばれる。ここで，留意しておきたいのは，エリクソンにとって，generativityとは次の世代を確立し導いていくことへの関心そのものを意味していたということである。たとえ子どもをつくらなくとも，地域へのボランティアやものづくりに力を注ぐ人がいる。その関心を自分の血のつながった子孫のためではなく，思想を創造したり，芸術作品の創造に向け，後進の育成に力を注ぐ人もいる。その本質はどちらも同じだというのが，エリクソンの唱えるgenerativityの概念である。生み出し，つくり出すということは，それが何であれ，次の世代をよりよくするために関わることだと考えたのである。

B. 中年期危機

ユング（Jung, C. G.）は，パーソナリティの生涯発達で中年期を重要視した。これは彼自身が彼の中年期において激しい危機を体験したことが基盤となっている。彼は40歳を人生の正午と呼び，そこからは人生の後半期が始まるとした。そして，人生後半に自己を深め，普遍的真理に至る過程を個性化（individuation）と呼んだ。また，この時期に生じる数々の問題は，これまで功を奏した方法では解決できず，人生の午後にいる人間は，若い人（午前にいる人間）が外部に見いだしたものを自己の内部に見いださなければならないと考えた。

レビンソン（Levinson, D. J.）らは，成人男性40名のライフヒストリーをインタビュー調査で行い，人生半ばの転換期（mid-life transition）を経て中年期に移行するものと考えた。40歳くらいになると，身体が衰えに向かうことを自覚するようになると同時に，長年かけて築いてきたものがこの先失われるのではないかという潜在的な恐れが生じる。そして，自分らしさを模索し葛藤を意識するようになる。この転換期では，自己の内なる対立，すなわち，若さと老い，創造と破壊，男らしさと女らしさ，愛着と分離という4つの両極性を解決しなければならない。こうした，人生半ばの転換期，すなわち中年期危機を，40～45歳の80％が体験していると述べている

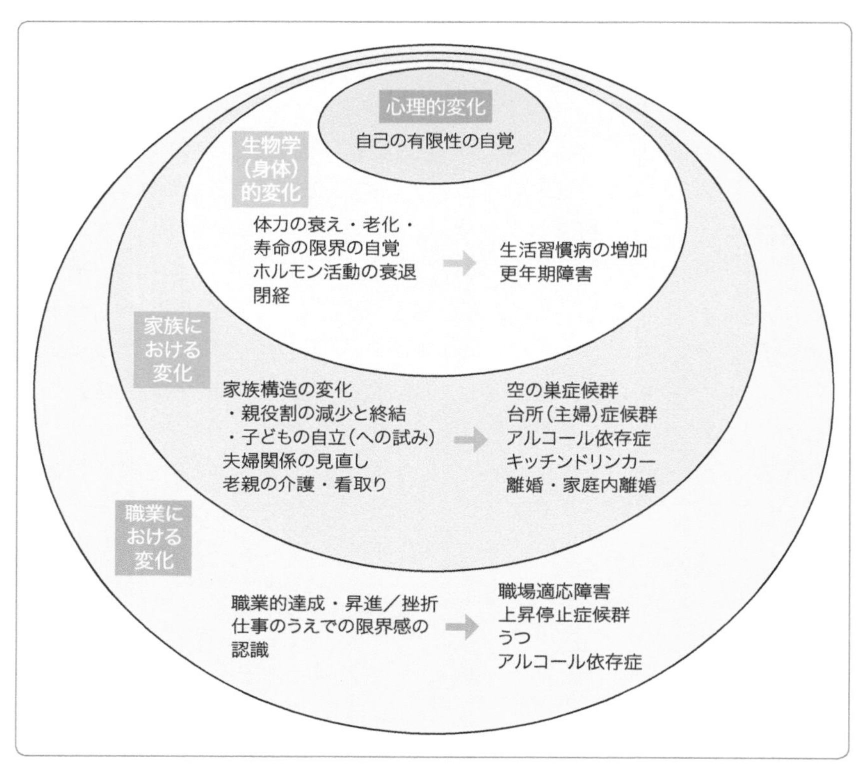

図8.10　中年期危機の構造
（岡本祐子編著, 2002. アイデンティティ生涯発達論の射程. p.155. ミネルヴァ書房より）

（Levinson et al., 1978）。

中年期には，身体的な衰えや体力の限界などを感じるようになり，青年期に一度形成されたアイデンティティは，もう一度問い直されることとなる（岡本，2002）（**図8.10**，**図8.11**）。職場においては責任のある立場となったり，親としては子どもが思春期を迎え，これまでの親子関係を見直さなければならなくなったり，さまざまな心理的危機が存在する。そうした状況の中で，昇進抑うつ，燃え尽き症候群，空の巣症候群といった精神状態に陥る人々がいることが報告されている。管理的地位に就いたことで大局の把握と部下のコントロールが職務となる。周囲の期待が大きくなり，時には嫉妬に由来する心理的圧力などを感じることもある。それに加えて，それまで同僚であった人々との付き合い方に変化が生じて孤独感を感じたり，ある種の自

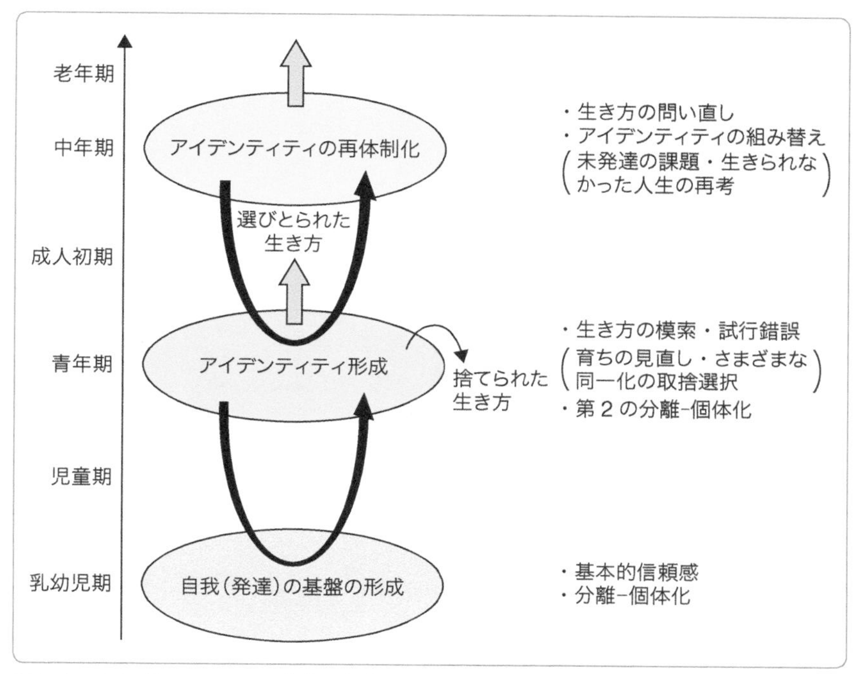

図8.11　アイデンティティの発達・変容のイメージ
(岡本祐子編著, 2002. アイデンティティ生涯発達論の射程. p.271. ミネルヴァ書房より)

己洞察から目標喪失感を抱く場合すらある。具体的な目標を追い職場に一体化していた過去の自分を冷めた目で見る自分を実感することもある。それまで卓越した業績を上げ課題遂行に邁進していた人が，何かのきっかけで突然消耗しつくしたかのように無気力になることがある。自己の限界を悟ったことによる挫折感と無力感に襲われるこの症状は，燃え尽き症候群（バーンアウト）と呼ばれる。女性の場合，それまで何をおいても優先させてきた子どもの世話から解放された途端，無気力になってしまう症状が報告されている。子育てが一段落し，肩の荷が下りると同時に言いようのない寂しさを感じることによる一過性の抑うつ症状である。こちらは，雛鳥が巣立った後の「空の巣」にたとえ，空の巣症候群と呼ばれている。

いずれも，全力で自分のライフキャリアを築いてきた人々が中年期に体験することが多いが，自分のこれからの人生や生活を考え直す良い機会として，時間はかかるかもしれないが，家族や地域とのつながりのあり方を再構築し，趣味や日々の小さな楽しみに目を向ける行動へと展開することが肝要である。

練習問題

1．以下の文章の［　　］に入る，適切なエリクソンの発達課題を選びなさい。

初期成人期の心理社会的危機は，「［　　］」である。具体的な生活の場において仕事や家庭でのパートナーと相互に調整をしながら自分たちで新たな生活の場を築いていくことがこの時期の課題である。

a. 信頼対不信　b. 勤勉（生産性）対劣等感　c. 親密対孤立
d. 自律性対恥・疑惑　e. 生成継承性対停滞

2．以下の文章で正しいものをすべて選びなさい。

a. 大日向（1988）は，女性は生得的に母性を備えていることを主張した。
b. 柏木・若松（1994）は，親となることによって，人格的な成長が起きることを明らかにした。
c. 内閣府によると，男性は仕事優先の生活を希望していることが明らかになっている。
d. ワーク・ライフ・バランスの確立には，女性の性別役割分業意識を変革することが不可欠である。
e. ラム（1977）の研究から，父親も母親も，子どもの遊び方には大差がないことが明らかにされた。
f. 日本社会は，先進国の中で，ジェンダー規範が厳しく，それがキャリア発達に影響している。
g. 日本では，現在も，子どもは実用的価値を求められている。

〈文献〉

Erikson, E. H.（1983）. Reflections. *Adolescent Psychiatry*, *11*, 9-13.
Erikson, E. H., & Erikson, J. M.（1997）. *The life cycle completed*. W W Norton & Co.（村瀬孝雄・近藤邦夫（訳）（2001）. ライフサイクル，その完結　増補版. みすず書房）
Evans, R. I.（1967）. *Dialogue with Erik Erikson*. Harper + Row.（岡堂哲雄・中園正身（訳）（1981）. エリクソンは語る. 新曜社）
Fleming, A. S., Ruble, D. N., Flett, G. L., & Van Wagner, J.（1990）. Adjustment in first-time mothers. *Developmental Psychology, 26*, 137-143.
柏木惠子（2001）. 子どもという価値. 中央公論新社

柏木惠子(編)(1998). 結婚・家族の心理学. ミネルヴァ書房
柏木惠子・若松素子(1994).「親となる」ことによる人格発達. 発達心理学研究, *5*, 72-83.
Lamb, M. E. (1977). The development of mother-infant and father-infant attachment in the second year of life. *Developmental Psychology*, *13*, 637-648.
Levinson, D. J., Darrow, C. N., Klein, E. B., Levinson, M. H., & McKee, B. (1978). *The seasons of a man's life*. Knopf. (南 博(訳)(1980). 人生の四季. 講談社)
内閣府男女共同参画局(2007). 女性のライフプランニング支援に関する調査. https://www.gender.go.jp/research/kenkyu/raifupuran/pdf/raifupuran1902.pdf
岡堂哲雄(1981). 人間のライフサイクルと精神の健康. Evans, R. I. 岡堂哲雄・中園正身(訳). エリクソンは語る(pp. 147-177). 新曜社
岡本祐子(2002). アイデンティティ生涯発達論の射程. ミネルヴァ書房
岡本祐子(2007). アイデンティティ生涯発達論の展開. ミネルヴァ書房
大日向雅美(1988). 母性の研究. 川島書店((2016). 新装版 母性の研究. 日本評論社)
Robinson, B. E., & Barret, R. L. (1987). Self-concept and anxiety of adolescent and adult fathers. *Adolescence*, *22*(87), 611-616.
総務省統計局(2017). 平成28年社会生活基本調査　詳細行動分類による生活時間に関する結果. https://www.stat.go.jp/data/shakai/2016/pdf/gaiyou3.pdf
少子化と男女共同参画に関する専門調査会(2006). 少子化と男女共同参画に関する意識調査. https://www.gender.go.jp/kaigi/senmon/syosika/pdf/g-work.pdf

第9章 老年期の発達

到達目標

- 老年期の知的発達に関する先行研究の知見について説明できる。
- サクセスフルエイジングの概念について理解し，論じることができる。
- 喪失の受容を巡る問題について理解し，論じることができる。

世界保健機関（WHO）の定義では，65歳以上の人のことを「高齢者」としている。この定義に従うと，2020年7月31日現在，日本での高齢者の割合は20%にもなり，世界でも最も高い水準となっている。2019年の日本人の平均寿命が男性で81.41年，女性で87.45年であることを考慮すると，実に多様な年齢層の人々が「高齢者」に含まれていることになる。そこで，65～74歳までを前期高齢者，75～84歳を後期高齢者，85歳以上を超高齢者と呼び，老年期は少なくとも3段階に分けられるとする考えがある（Suzman & Riley, 1985）。また，日本老年学会・日本老年医学会は，2017年に，65～74歳を准高齢者，75～89歳を高齢者，90歳以上を超高齢者と呼ぶことを提言している。

人生の最後の段階，老年期は，エリクソンの発達図式第Ⅷ段階にあたる。乗り越えるべき心理社会的危機は「統合性対絶望（integrity vs. despair）」である。この葛藤の解決は，人間の強さとしての「英知・知恵（wisdom）」の出現をもたらす。エリクソンは，自分自身の人生を振り返り，人生を意味づけ統合するという老年期の発達課題を設定した。彼が，絶望をこの過程に必要な構成要素と考えたのは，人生を回顧すれば多くの失敗に思い当たることを当然と考えたからである。しかし，教養のある人は，それらの失敗に失望はするものの，絶望することはなく，現在の自分自身にとって意味のある出来事として意味づけ統合していくことができる。その作業を行う過程で，英知・知恵を獲得していくのである。多くの高齢者が退職し，老後の生き方を模索する。寿命を前にして，これまでの人生を振り返ることもあるだろう。満足のいく人生だっただろうか？　自分の死後に残るものはあるだろうか？　これらの問いに納得のいく答えを見つけることができれば，英知・知恵を獲得できる。しかし，自分の人生に満足することができず，多くの後悔を抱えたとしたらどうだろう。「こんなはずじゃなかった」「もう一度やり直したい」と思ったとしても，時間は巻き戻せない。迫りくる人生の終わりを前に，絶望的な気分となってしまうかもしれない。

9.1節 老年期の知的発達

A. 知能の発達曲線：流動性知能・結晶性知能

知的発達は生涯にわたる過程であり多方向性をもつ（Baltes, 1987）。キャッテル（Cattell, R. B.）は，知能は，スピアマン（Spearman, C. E.）が主張するような，ほとんどすべての知的作業に共通な知能の一般因子（g）で説明することはできず，結晶性知能（crystallized intelligence）と流動性知能（fluid intelligence）の下位因子から構成されるとする理論を提唱した（Cattell, 1961）。そして，ホーン（Horn, J. L.）との共同研究の中で，それら2つの知能は異なる加齢効果を示すことを明らかにした（Horn & Cattell, 1967）。

結晶性知能は，一般的知識と語彙テストの成績によって代表されるように，過去に習得した知識や経験をもとにして日常生活の状況に対処する能力を反映している。子どもが養育される過程，大人が社会化していく過程で身につけていく能力であり，書き言葉や話し言葉の意味や主要な考えを理解し，それらを必要になったときに使用することを可能にする知能である。

一方，流動性知能は，新しいものを学習したり覚えたりするような情報処理と問題解決に必要とされる基礎的な認知能力である。親が教えたり学校や職場で学ぶことが難しいものであり，知的発達に関連する生理学的要因や神経系の成熟に影響されるかたちで顕現する知能である。ゆえに，年齢の関数として生じる脳の組織や神経細胞の機能の変化に影響されるかたちで，25～30歳以降に発達の方向性を衰退に向けて転換する。それに対して，結晶性知能は増加傾向を持続することが明らかになっている（**図9.1**）。

B. 知的発達における可塑性と多様性

バルテス（1987）は，高齢者でも流動性知能が改善しうること，すなわち可塑性があることを明らかにしている。どのような場合でも，テストで測定された課題成績は，動機や疲労・ストレスなどの要因に影響された誤差を織り込んだものとなっている。また，生涯にわたる個人の経験も成績に影響

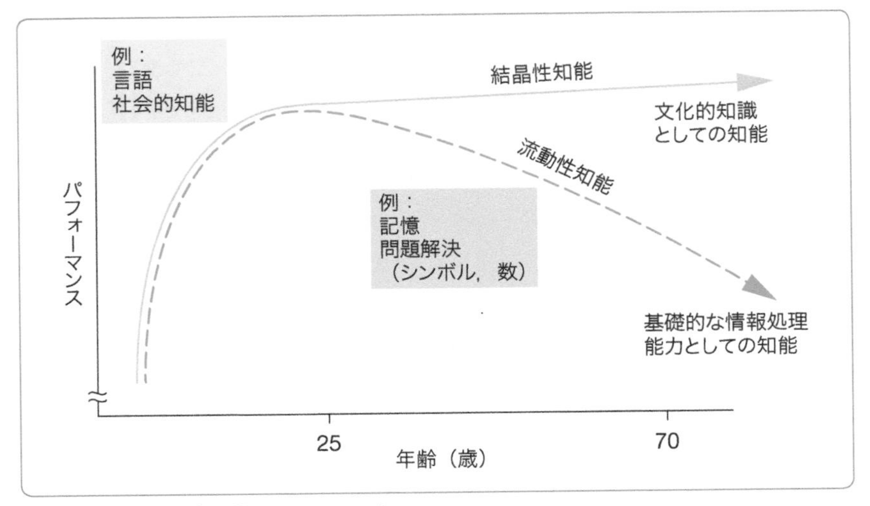

図9.1　知能の発達曲線（Baltes, 1987）

する。知的課題のテスト場面は，高齢者にとって，長年にわたって経験しなくなった状況であり，動機づけも高くない。ゆえに，高齢者は，標準的な知能テストの状況下では，その潜在的能力を発揮できない。しかし，潜在的能力を発揮しうるように設定された状況（最適環境）では事情は異なるだろう。彼はそのように考え，引退前に大学に勤務していた60～80歳までの人々を対象に，テスト場面やテストに慣れる経験をさせた。すると，それらの人々の課題成績に改善効果がみられたことを報告している。加えて，流動性知能を測定するテストのやり方と論理を訓練すると，課題成績が著しく向上したことを明らかにした。

バルテスは，「補償を伴う選択的最適化（selective optimization with compensation）」についても述べている。「補償を伴う選択的最適化」とは，自分のもつ認知的資源を，（時間，空間，行動面の）どこに割り当てるかを選択し，職業上・日常生活上での目標を達成することである。その過程では，補償的な認知的技能，すなわち，これまでの認知的技能を補うかたちで新たな方略を見いだすことが必要になってくる。熟達した年配のタイピストは，一つひとつの文字をタイプするのには熟達した若いタイピストよりも多少時間がかかるが，全体としては効率的に仕事ができる。年配のタイピストは，タイプしながら，これから処理する文字や単語に認知資源を振り向けることにより，結果としてタイピングの反応速度の低下を補っている（Salthouse, 1984)。これは,「補償を伴う選択的最適化」の典型例と考えられる。

C. 老年期における創造性・生産性

年齢と創造性との関係を検討するために,科学者,哲学者,芸術家,実業家,政治家,チェスの選手,および業績が重要で卓越しているといわれている人々が,その業績をいつ生み出したかを調査した結果が報告されている(Simonton, 1991)。ほとんどの科学者は,30代か40代前半に卓越した主要な業績を生み出しており,創造性はキャリア早期に発揮されるということができる。しかしながら,キャリア早期に創造性を発揮した人々の全業績は,彼らの生涯の全般にわたって分散している。少なくとも79歳まで生きた738人についての研究では,歴史家,哲学者,植物学者,発明家に所属する人々は,60代が最も生産的であった。より一般的なカテゴリーでいうと,学者(歴史,哲学,文学)は,70代を含む人生の後半で,より生産的であった。彼らの老年期における学問的・科学的業績の多くは,一生涯にわたる業績を統合したものとなっている。学者の多くは,自分の分野(教育学,数学,心理学)における洞察的な歴史を生み出すのである。

D. 認知症

厚生労働省は,介護を受けたり,寝たきりになったりせず自立した生活を送れる「健康寿命」を算出しており,最新の2016年は男性72.14歳,女性74.79歳である。日本人の平均寿命が男性81.41歳,女性87.45歳であることを考慮すると,支援や介護を必要とするなど,健康上の問題で日常生活に制限のある期間が平均で9~12年もあるということになる。そこで,いかにして自立した生活,生きがいのある生活を送れるか,すなわち,彼らの生活の質(quality of life:QOL)をいかに高めるかの社会的対策が急務となっている。老年期においても,有酸素運動を行うと心肺機能を保ち身体機能の改善を導くことが示唆されている。こうした体力や身体機能の改善を気軽に行える機会を提供することなども,高齢者の日常生活動作(ADL)*能力の維持につながり,生活の質を高めると考えられる。

---

*日常生活動作(ADL):入浴する,家のまわりを歩く,簡単な掃除をする,歯を磨いたり見繕いをするなどの,高齢者が自立した生活を送るうえで最低限必要な行動。

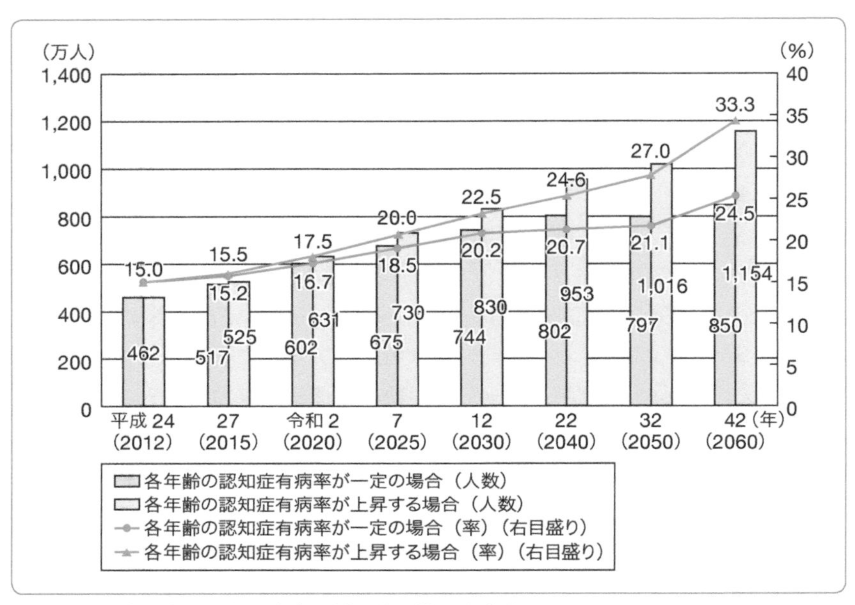

図9.2　65歳以上の認知症患者の推定者と推定有病率
（「日本における認知症の高齢者人口の将来推計に関する研究」（平成26年度厚生労働科学研究費補助金特別研究事業 九州大学二宮教授）より内閣府作成）

老年期には，認知症の有病率が高くなる。厚生労働省は，「認知症とは生後いったん正常に発達した種々の精神機能が慢性的に減退・消失することで，日常生活・社会生活を営めない状態」としている。つまり，認知症は，後天的原因により生じる知能の障害である点で，知的能力障害（精神遅滞）とは異なる。初期症状を捉えることは難しく，物忘れがひどくなったり，日常のありふれたことができなくなったりすることで気づかれることが多い。現時点で，わが国の65歳以上の高齢者における有病率は8～10％程度と推定されている（**図9.2**）。

認知症の初期は「物忘れの段階」で，その時には症状に気づかず，後で振り返ると思い当たることが多い。頭痛，肩こり，めまい，不眠，意欲の減退などがあり，疲れやすく，ぼんやりして，人格が変わったようにみえることもある。うつ病との見分けが難しい場合もある。この段階はゆっくりと進み，物忘れの自覚はあるが，日常生活に支障が出るほどではない。その後，不安が強くなったり，日にちや時間がわからなくなる，時間の見当識障害がみられるようになる。中期には知能の低下がはっきりしてくる。判断力が低下し，着替え，食事，排せつなどに介助が必要になってくる。そして，記憶障害が次第にすべての記憶に及ぶようになり，古い記憶まで障害されるようになる。自分がどこにいるのか，どこへ行こうとしているのかわからない等の場所の見当識障害も出てくる。食事をしたばかりなのに，そのことを忘れるようになるのもこの時期である。末期には混乱状態となり，問題行動が多くなる。その反面，知能と記憶の障害から何をしていいのかわからなくなるので，何もしなくなることもある。失禁がひどくなり，やがて，歩くことも難しくなり，生活のすべての面で介助が必要となる。

現在，認知症全体の70%を占めているのは，アルツハイマー型認知症，レビー小体型認知症，前頭側頭型認知症など，脳の細胞が徐々に崩壊していく神経変性疾患である。

アルツハイマー型認知症（Alzheimer's type dementia：ATD）は，記憶・言語・視空間機能（見たものを正確に判断する能力）・遂行機能（実行機能と同義，予定を立て実行する能力）などの認知機能障害が徐々に進行し，日常生活に支障をきたすようになる。大脳の側頭葉の内部にある海馬が萎縮することにより，近時記憶と呼ばれる数分から数か月といった比較的最近の出来事に関する記憶が障害される。頭頂葉にも萎縮や脳血流の低下が及び，刻々と変化する時間に沿って情報を更新する，時間の見当識の維持が困難になる。

レビー小体型認知症（dementia with Lewy bodies：DLB）では，レビー小体と呼ばれる異常な物質が大脳皮質に広範囲にわたって蓄積し，目に見えたものが何かを判断する最初の処理過程（一次視覚野）の機能低下が生じる。実際には実在しないものが見える幻視が認められ，実際にあるものを異なるものに見誤る錯視，パレイドリア（壁のしみ，木目などが，人の顔や動物に見えるような錯視）が出現する。パーキンソン病と類縁の疾患であることから，身体が硬くなり歩行に支障をきたすなどの運動障害を伴う。

前頭側頭型認知症（frontotemporal dementia：FTD）は，前頭葉，側頭葉，頭頂葉といった脳の前方部に限局した萎縮が現れ，その萎縮した部位と関連した特有の行動障害がみられる。人前で平気であくびやおならをする（脱抑制），毎日同じコースの長い時間の外出を繰り返す（常同行動），自発的に行動しようとせず何事にも無関心となる（無気力），段取りよく行動に移せず変更への対応が困難になる（遂行機能障害）などの症状によって特徴づけられる。

9.2節 サクセスフルエイジング

サクセスフルエイジング（幸福な老い）とは，どのようなことをいうのであろうか。かつては，長寿，健康（障害がないこと），人生への満足度の3つが結びついていると考える老年学研究者は多かった。しかし，医学の進歩につれて，何らかの疾患・障害を抱えながら寿命を全うする超高齢者が増えてきた現状を反映して，必ずしも健康でなくとも，自らの疾患やそれに付随してできなくなったこと（障害）を受容しつつ，日常の生活に満足を感じられることをサクセスフルエイジングと捉えようという考えが一般的となってきた。ロートン（Lawton, M. P.）は，次のような見解を示している。サクセスフルエイジングは，①自分自身に対して基本的な満足感をもっていること，すなわち，生涯を通じて何かを達成してきたという感覚や自分が有用な人物であるという感覚を持っていること，②努力しても動かしがたいような事実は，事実として受容できていること，③自分の居場所があると感じていることの，3つの要素から構成される。そのうえで，これら3因子からなる改訂版PGCモラールスケール（17項目）を公開している（Lawton, 1975）（**表9.1**）。

老年期には身体的な衰えやさまざまな喪失を経験するが，一方で，主観的幸福感は向上していくことが，国内外の調査で明らかになっている。この現象を，エイジングパラドクス（aging paradox）という（佐藤ら，2014）。身体機能が極めて低下しているにもかかわらず，十分にひとり暮らし（独居）を楽しめる高齢者は多い。また，配偶者を亡くし子どもとも別居しているなどの事情で，ひとりで過ごす時間が増えた高齢者は多くいる。しかし，孤独感は高齢者よりも若者のほうが高いことが報告されている。体力の衰えによる活動量の低下を自覚し，自分自身の人生を職業生活や他者との関係にのみ結びつけるのではなく，自分の内なる世界に目を向け，社会参加の水準を落とす社会的離脱を図ることにより老年期に適応している人々がいる。一方，それまで職業生活から得ていたものを引退後も継続しようと活動持続することで主観的幸福感を維持している人々もいる。人は，自分のパーソナリティ特性に合った老年期の過ごし方を選び取ると考えられるが，それがサクセスフルエイジングということであろう。

表9.1　改訂版PGCモラールスケール（Lawton, 1975）

1	人生は年を取るにつれて悪くなる	0．はい／1．いいえ
2	去年と同じように元気である	1．はい／0．いいえ
3	さびしいと感じることがある	0．はい／1．いいえ
4	小さいことを気にするようになった	0．はい／1．いいえ
5	家族や友人との行き来には満足している	1．はい／0．いいえ
6	年を取って前よりも役に立たなくなった	0．はい／1．いいえ
7	気になって眠れないことがある	0．はい／1．いいえ
8	年を取るということは若い時に考えていたよりも良い	1．はい／0．いいえ
9	生きていても仕方ないと思うことがある	0．はい／1．いいえ
10	若い時と同じように幸福である	1．はい／0．いいえ
11	悲しいことがたくさんある	0．はい／1．いいえ
12	心配なことがたくさんある	0．はい／1．いいえ
13	前よりも腹を立てることが増えた	0．はい／1．いいえ
14	生きることは大変厳しい	0．はい／1．いいえ
15	今の生活に満足している	1．はい／0．いいえ
16	物事をいつも深刻に考える	0．はい／1．いいえ
17	心配事があるとオロオロする	0．はい／1．いいえ

9.3節　喪失の受容

老年期には「死」が意識されるようになってくる。人々は，死への準備をどのように行うのであろうか。死にゆくプロセスについて学び，尊厳のある死を迎えるにはどうしたらよいのだろうか。

A. 死にゆく者：キューブラー・ロスの5段階説

キューブラー・ロス（Kübler-Ross, E.）は，200名を超える臨死患者のベッドサイドを訪れ，“On death and dying”（邦題：死ぬ瞬間）という著書の中で，以下の死にゆくプロセスを呈示した（Kübler-Ross, 1969）。

第1段階：否認の段階

ほとんどの患者が，末期疾患であるとの告知を受け入れることができず，「それは真実ではありえない」と否認する。否認は予期しない衝撃的な事実を知らされた時には緩衝装置として働く機能をもっている。耐えきれない現実に対する対処法となっている。

第２段階：怒りの段階

現実を受け入れざるを得ない場合，「どうして自分がこのような目に遭うのか」という怒りの感情がわき上がってくる。この怒りは，家族，医者，看護師などあらゆる人物に向けられる。

第３段階：取り引きの段階

怒りの感情が一段落すると，神などに「良い患者になります」とか「嫌な点滴も我慢します」などと申し出をし，その見返りに願いを叶えてもらうことを思いつく。この取り引きによって，悲しい出来事をもう少し先へ延ばせるかもしれない，よい行動をすれば願いを叶えてもらえるかもしれないと考える。願いとは，延命であり，それが不可能ならせめて痛みと身体的な不快のないことである。

第４投階：抑うつの段階

病状が進行し，衰弱が加わってくると，容姿や体力，経済力，未来の夢，職業など病気によって失わなければならなかったすべてのものが抑うつの原因となる。また，家族や自分の愛するものを残していかなければならない悲しみのために抑うつ状態に陥る。

第５段階：受容の段階

死のプロセスの最終段階では，痛みも感情もほとんどなくなり，平安な休息のための時が訪れる。衰弱しきり，うとうととまどろみ，静かに終焉を迎える。

キューブラー・ロスは，死をタブー視する傾向の強かった時代に，臨死患者が死に臨む態度についての理解を深めることに貢献した。この段階説は，死にゆく人間が彼らなりの希望を抱きつつ，５段階の喪失過程の心理を経験していくものと理解される。しかしながら，すべての人々がこの段階を辿って死に至るとは限らない。キューブラー・ロスも，否認の段階にとどまる患者もいること，告知と同時に怒りを表出し穏やかな受容の段階に至らない人もいることなどを認めている。

B. 残された者：悲嘆のプロセス

老年期には，配偶者・友人といった身近で大切な人を失くすこともある。そのような時，人々はどのようにその喪失を受け入れていくのであろうか。悲嘆のプロセスについてはさまざまな説があるが，ここではサンダース

（Sanders, C. M.）の示した5段階説についてみていく（Sanders, 1989）。

第1段楷：ショック

その死を知らされた直後は一時的に感情鈍麻が起こり，何も感じられなくなる。特にその死が突然に起こったような場合には，その死を現実のものとしてなかなか受け入れることができない。そうした行動は，無意識の防衛機制であると考えられる。

第2段階：喪失の認識・気づき

大切な人がもう戻ってこないと認めざるをえなくなり，悲嘆にくれる。泣きわめくなど最も感情が揺れ動く段階である。この段階で怒りの感情が強くなることもある。医師や看護師などに怒りの矛先が向かうことも，あらゆる対象へと向けられることもある。

第3段階：引きこもり

外界のいっさいの出来事に関心が向かなくなり，引きこもりの状態に陥る。この時，亡くなった人のことを回想し，その死を意味づける作業を行う。その過程で罪悪感に悩むことがある。

第4段階：癒やし

何か新しいことをやってみようという気持ちが芽生え，未来について考え始める。しかし，命日や故人の誕生日などが来ると，故人との記憶が蘇り，気持ちが落ち込む。時には良くなり，時には落ち込むといったことを繰り返しつつも，徐々に回復の方向へと向かっていく。

第5段階：再生

これからの人生は自分のために再び新しく生きようという意欲がわいてくる。新しい目標を設定したり，周囲に関心を向けいろいろなことに取り組んでみようとする。

この5段階の過程には個人差があるが，大きな苦痛を感じるという点では共通しており，その苦痛は経験して乗り越えるしかないと考えられている。

ハヴィガースト（Havighurst, R. J.）が老年期の発達課題の1つとして「配偶者の死への適応」を挙げた（Havighurst, 1948）ように，老年期に経験する配偶者との死別は，多くの高齢者が乗り越えなければならない課題となる。彼らがいかなる心理過程を辿るかについて，抑うつ感と孤独感に焦点を当てて縦断研究を行った河合・佐々木（2009）は，以下の報告を行っている。死別から平均8か月後に抑うつ感が強いままである人は，死別後2年ほどが経過した時点で，死亡，認知症，寝たきり，入院および自宅療養していることが多くなっていた。これは，死別後８か月の時点で抑うつ感が低くなっていた人が死別後２年の時点で重篤な障害がなく健在であるのと対照的であった。また，死後８か月後から２年後にかけて孤独感を強く感じるようになった人や孤独感を強く感じたままであった人は，そうでない人々に比べて，死後13年後の調査時点での幸福感が低かったことが報告されている。周囲の人々は，死別からあまり時間が経過していない時期には遺された人のもとを訪れ，支援的に関わろうとする。抑うつ感の軽減にはこうした周りからのサポートが一定の効果をもつであろう。しかし，亡くなった人の死を充分に自覚した後に強く感じられる孤独感の軽減には，子どもなど家族関係も含めて，どのようなサポートが有効かの研究を積み重ねていく必要があるだろう。

9.4節　ソーシャルコンボイ

多くの人にとって，老年期は，職業的役割からの引退や親としての役割からの解放が期待される時期になる。そうした役割からの解放に伴って，人間関係が大きく変化する時期にもなる。カーン（Kahn, R. L.）とアントヌッチ（Antonucci, T. C.）は，人間が一生を通して経験する，さまざまな人間関係の連続性と変化の過程に注目した。そして，個人が長い人生行路において蓄積しつくり上げてきた人間関係を，役割関係の視点から，三層にわたって周りから支えるコンボイ（convoy：護衛艦隊）になぞらえている（Kahn & Antonucci, 1980）（**図9.3**）。これは，個人を取り巻く人間関係は，①役割に依拠しない，長期にわたって続く安定した関係（内側の円），②役割にいくらか依拠し，長期的には変化しうる関係（中間の円），③直接役割に依拠し役割の変化に影響される関係（外側の円）の三層から形成されると考える。①には個人の家族や親友が，②には近隣・職場の友人が，③には職場の同僚や上司，医者やヘルパーなどの専門職との関係を想定している。ソーシャルコンボイモデルに依拠して，高齢者の対人関係と主観的幸福感との関連を検討した研究では，配偶者や子どもだけを頼りにしているよりも，友人・知人，隣人をもち，いざとなれば公的な福祉サービスをも積極的に活用していこうと，対人関係を広く認知している高齢者のほうが，幸福感が高くなることなどが確かめられている（杉井・本村，1992）。個人が肉体的，精神的，そして社会的にすべてが満たされた状態（ウェルビーイング：

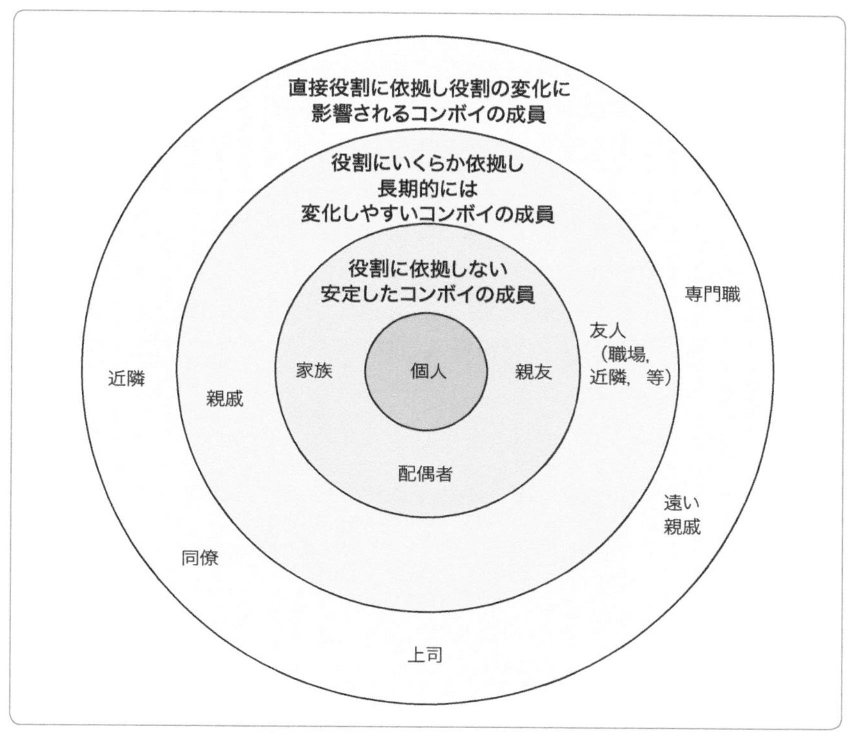

図9.3 ソーシャルコンボイモデル（Kahn & Antonucci, 1980；野口, 1993）

well-being）でいるためには，ソーシャルサポートの多様性が重要であることを示した研究といえよう。

練習問題 

1. 結晶性知能に関する記述で，正しいものをすべて選びなさい。

a. 流動性知能に比べて，加齢による能力低下が起きやすい。
b. 情報の処理や新しい場面への適応に必要となる能力である。
c. 過去の経験を通して培われた知識を応用する能力である。
d. 生理学的要因や神経系の成熟に影響されやすい能力である。
e. 流動性知能に比べて，親や周囲の人々から学ぶことが可能である。

2. 以下の文章で正しいものをすべて選びなさい。

a. 熟達したタイピストの場合，年配であっても若い者であっても，同等の仕事の成果を上げていた。

b. 60歳以降に顕著な業績を上げた歴史家はいないことが研究から明らかになっている。

c. サクセスフルエイジングは，理想的な老年期の過ごし方は人それぞれだという概念である。

d. ソーシャルコンボイの概念を提起したのは，キューブラー・ロスである。

e. 認知症の発症には先天的な神経系の異常が原因となることが明らかになってきた。

〈文献〉

東 洋・柏木惠子・高橋惠子（編・監訳）(1993). 生涯発達の心理学1巻（認知・知能・知恵）. 新曜社

Baltes, P. B. (1987). Theoretical propositions of life-span developmental psychology. *Developmental Psychology*, *23*(5), 611-626.

Cattell, R. B. (1961). Fluid and crystallized intelligence. In J. J. Jenkins, & D. G. Paterson (Eds.), *Studies in individual differences* (pp. 738-746). Appleton-Century-Crofts.

Havighurst, R. J. (1948). *Developmental tasks and education*. University of Chicago Press.

Horn, J. L., & Cattell, R. B. (1967). Age differences in fluid and crystallized intelligence. *Acta Psychologica*, *26*(2), 107-129.

池田学（編）(2012). 認知症　臨床の最前線. 医歯薬出版

池田学（編）(2014). 日常診療に必要な認知症症候学. 新興医学出版社

河合千恵子・佐々木正宏 (2004). 配偶者の死への適応とサクセスフルエイジング. 心理学研究, *75*, 49-58.

Kahn, R. L., & Antonucci, T. C. (1980). Convoys over the life course: Attachment, roles and social support. In P. B. Baltes, & O. G. Brim (Eds.), *Life span development and behavior* (Vol. 3, pp. 253-268). Adacemic Press.

Kübler-Ross, E. (1969). *On death and dying*. Collier Books/Macmillan Publishing Co. (川口正吉（訳）(1971). 死ぬ瞬間―死にゆく人々との対話. 読売新聞社)

Lawton, M. P. (1975). The Philadelphia Geriatric Center Morale Scale: A revision. *Journal of Gerontology*, *30*(1), 85-89.

中里克治 (1997). 老年心理学研究の歴史. 下仲順子（編）, 老年心理学 (pp. 1-8). 培風館

野口裕二 (1993). 老年期の社会関係. 柴田博（編）, 老年学入門 (p. 188). 川島書店

Salthouse, T. A. (1984). Effects of age and skill in typing. *Journal of Experimental Psychology: General*, *113*(3), 345-371.

Sanders, C. M. (1989). *Grief: The mourning after: Dealing with adult bereavement*. John Wiley & Sons.

佐藤眞一・髙山緑・増本康平 (2014). 老いのこころ. 有斐閣

Simonton, D. K. (1991). Career landmarks in science. *Developmental Psychology*, *27*

(1), 119-130.
杉井潤子・本村汎(1992). 老年期におけるソーシャル・サポート・ネットワークの研究. 大阪市立大学生活科学部紀要, *40*, 239-253.
Suzman, R., & Riley, M. W. (1985). Introducing the "oldest old". *Milbank Memorial Fund Quarterly: Health and Society*, *63*, 175-186.

第10章 個人差の発達(1):「気質」の発達

到達目標

- 「気質」概念について理解し，その研究史について説明できる。
- 子どもの気質的個人差研究の始まりとその研究で提起された概念について説明できる。
- 情動反応性・情動制御性における気質的個人差の概念について理解する。

心理学的概念でいう「気質」とは，生理学的・体質的な基盤をもった個人の行動特徴にみられる一貫性であり，後の経験や人間の意思によって変容の可能性はあるが，ある程度の発達的連続性をもつ個人差である。気質研究は，自然科学の発展に伴い，その生理学的基盤についての知見を更新し，気質概念そのものを発展させてきた。

10.1節 人さまざま：気質研究史

「**気質**」に類似した概念は古代ギリシャまで遡ることができる。当時，迷信・呪術の対象となっていた病気の治療に対して，ヒポクラテス（Hippocrates）は，「病気は『気（pneuma）』や4つの『体液（humour）』（血液・黄胆汁・黒胆汁・粘液）の過剰や不足によって引き起こされるのであるからいかなる病気も合理的に治癒されねばならない」とする見解を示した（ヒポクラテス，1985a）。ヒポクラテスは，人体が4つの体液のうちのどれか1つから組成されていると唱える人々に反論し，4体液説を主張したのであるが，この体液の比率が季節によって変わることにも触れている（ヒポクラテス，1985b）。このヒポクラテスが唱えた体液の比率の違いを気質的個人差と結びつけたのは，一般に**ガレノス**（Galenus）である。

ガレノスの**4気質類型**は，「多血質（sanguine：快活で明るく，順応的・妥協的で気が変わりやすい），胆汁質（choleric：気が早くて怒りやすく，積極的で意志が強い），黒胆汁質・憂うつ質（melancholic：慎重で消極的，かつ無口で傷つきやすく悲観的），粘液質（phlegmatic：冷静で勤勉，感情の変化や動揺が少なく，無表情で粘り強い）」とされている。ガレノスは，

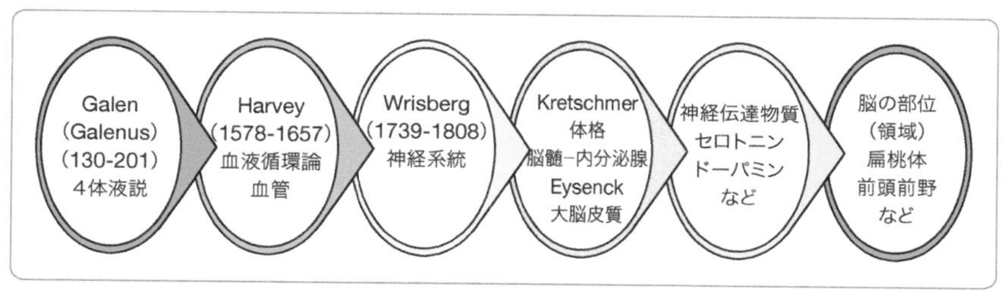

図10.1　気質の生理学的指標の変遷
(水野里恵, 2017. 子どもの気質・パーソナリティの心理学. p.10. 金子書房より)

体質といった生理学的なものと人間行動の個人差とを結びつけた最初の考え方を提示したのである。また,「顕型（phenotype)」と「原型（genotype)」といった発想の萌芽をみることができる。

ガレノスの気質理論は中世においてはその信憑性を疑われることはなかったが, 自然科学の発展に伴い, 気質の差異をどういった生理学的指標と結びつくものとみるかは, その知見を反映したものとなっていった（Roback, 1952)（**図10.1**)。まず, ハーベイ（Harvey, W.）が血液循環論を発見したことにより, 血液の動きが気質的差異をもたらすものとして考えられるようになり, 解剖学者や生理学者たちは, 血圧や血管の太さを調べるようになった。次に, 神経生理学の発展が神経系統の差異に目を向けさせた。リスバーグ（Wrisberg, H. A.）は, 4つの気質を2つのカテゴリーに区分した（多血質・胆汁質が同一カテゴリーに, 憂うつ質・粘液質が同一カテゴリーに属する)。そして, 多血質・胆汁質は大きな脳・太く硬い神経をもつがゆえに, 迅速な知覚と判断の鋭敏さがみられる反面, 苦痛や怒りを感じやすいと考えた。また, 憂うつ質・粘液質は小さい脳・非常に細い神経をもっているので, 感覚・知覚能力において劣っており, 科学的活動には向かないが, 生活上の不自由さや辛苦によく耐えることができると考えた。

その後, ドイツでは, クレッチマー(1955）が, 体格を3つに分類して,「細長型（asthenic)」「肥満型（pyknic)」「闘士型（athletic)」と名づけた。そして, 精神科医としての臨床経験から, 統合失調症が背が高くやせており顔の細い細長型に発症しやすく, 躁うつ病が丸くぽっちゃりした大きな顔の肥満型に発症しやすいことを見いだした。また, 彼は患者の病前性格や家系の研究から, 体格と精神病理との間に見いだされた関係に類似した関係が, 健常人における体格と個人の示す行動特徴との間にもみられるのではないかと考えた。そして，細長型の体格の個人には分裂気質と呼ばれる行動特徴が，肥満型の体格の個人には躁うつ気質と呼ばれる行動特徴が，そして，闘士型の体格の個人には粘着気質と呼ばれる行動特徴が顕著であることを見いだした。

イギリスにおいては，ガレノスの考え方を受け継ぐ気質研究は，ロンドン学派によって，因子分析の手法を使って4つの気質類型を「外向性（extraversion）」と「神経症的傾向（neuroticism）」との次元に結びつけるという発展の途を辿ることになる（Eysenck, 1969b）。そして，この学派の代表的存在であるアイゼンク（Eysenck, H. J.）は，その発展の経緯からして，気質は体質的個人差を含んだものであることを強調した（Eysenck, 1969a）。すなわち，アイゼンクは，やはりガレノスの考え方の流れを受け継いだパブロフ（Pavlov, I. P.）を参考に，大脳皮質の興奮と抑制とのバランスにおける個人差と外向性／内向性における個人差とを結びつけた。そして，外向的な人は興奮ポテンシャルが弱く抑制ポテンシャルが強いのに対し，内向的な人は興奮ポテンシャルが強く抑制ポテンシャルが弱いという仮説を導いた。そして，内向的な神経症患者には行動療法が有効なのに対し，外向的な神経症患者には条件づけはうまくいかず行動形成に失敗するという結果を紹介し，その仮説を裏づけた。

このように，ガレノスの気質理論は自然科学の発展に伴って変容していくが，生理学的指標と人間行動における個人差とを関連づけるという考え方そのものは今日まで受け継がれてきているといってよいだろう。

10.2節 発達初期からの個人差に注目する研究の開始

A. 縦断研究において報告されている子どもの気質的個人差

10.1節では，ガレノスの流れを汲んだ「気質」研究の歴史をみたが，実施された「気質」研究は青年・成人を対象にしたものであり，乳幼児の気質についての研究は見当たらない。むしろ，正確には，乳幼児をあえて成人と区別して研究対象とすることがなかったというべきかもしれない。このような流れの中にあって，1920年代末から，本来の研究目的は個人差研究ではなかった研究報告の中に，乳児の個人差を記述した記録がみられるようになる。15人の3か月齢児を対象に，12か月齢に達するまで行われた微笑と笑いの発達に関する縦断研究では，乳児は，泣きやぐずりと微笑や笑いとが同じくらいみられる子ども，泣きやぐずりよりも微笑や笑いのほうが多い子ども，泣きやぐずりが多く微笑や笑いが少ない子どもの3つのグループに分類できた。そして，この個人差は観察状況を変えても一貫してみられた（Washbarn, 1929）。また，一卵性双生児についての階段上りと積み木の操作の訓練についての研究結果から，乳児の行動を決定するのは成熟要因であることを結論づけた論文においても，2人の行動特徴の違いについて記述されている箇所がある（Gesell & Thompson, 1929）。その箇所には，「T児はより活動的で自発的であり反応が速いのに対し，C児はより内向的で臆病である。T児にとって，訓練を受けるという体験は確かに彼女の社交的な行動にプラスの影響を及ぼしているようであるが，C児にとってはT児と分離させられるということはなかなか大変なことらしい」との記述がある。

次に，シャーリー（Shirley, M. M.）が，1927年にミネソタ大学の児童福祉研究所（Institute of Child Welfare）で開始した乳児の縦断研究の報告がある。この縦断研究では，妊娠中に母親が縦断研究に参加することに同意した24人の乳児（当初は25人であったが，うち1人は母親が研究に対する興味を失い協力を得られなくなった）が，誕生後から生後2年間にわたって集中的に観察・検査の対象となった。研究の目的は，乳児の運動発達や認知発達に関する詳しいデータの集積であったが，同時に，発達初期から観察された個々の乳児の20のパーソナリティ特性とみられる行動について詳細な記述がされた。どの乳児にもすべてのパーソナリティ特性において発達がみられると同時に，顕著な個人差が確認され，どの特性に連続性がみられどの特性に変化がみられるかは個人個人によって異なっていた。誕生時には既にパーソナリティの核ともいうべきものが乳児にみられ，それが持続し成長することにより，その乳児がどの特性をその他の特性に比べて優位に発達させるかをある程度決定しているようであった（Shirley, 1933）。

オールポートは，パーソナリティ研究の著書の中で，1人の男児を生後9年間にわたって追跡した記録を紹介している。この男児の両親は心理学的教養をもっており，男児誕生から数か月の間，毎日日記をつけて観察した。両親による追跡記録は生後数年間続けられ，4歳以降は数人の教師が独立して記録をとった。その結果，4か月に達したときにパーソナリティに関連した記述（外向性［extroversion］，短気［temper］，いたずら好き［mischievousness］）がみられ，それが後の彼のパーソナリティ（顕著に男性的な興味をもった，興奮しやすい，想像力の豊かな子ども）を予測したことが明らかになった。このことから，オールポートは，生後4か月の時点で特色ある特性を示す漠然としたさまざまな徴候が明らかになること，このパーソナリティとも呼べるものが発達的に一貫性をもつことを仮説として提出した（Allport, 1937）。

B. 子どもの気質的個人差に関する記述的縦断研究

発達初期から観察される子どもの行動特徴における個人差そのものを対象にした初めての研究は，1960年代に行われたニューヨーク縦断研究（Ney York longitudinal study：NYLS）である（Thomas et al., 1963）。

i）データ収集法

子どもの家族は，中流～上流の経済的地位にあり，カトリックあるいはプロテスタントのユダヤ系家庭がその大半であり，ほとんどすべての両親がアメリカ合衆国で生まれ，すべてがニューヨーク地区に住んでいた。親へのコンタクトが，子どもが生まれる前あるいは誕生後1週間以内に行われた。親への最初の面接調査は，14％の子どもを除いて，誕生後4か月以内に行われた。最初の面接調査の子どもの月齢の平均は3.3か月齢であり，半数は2.5か月齢以下であった。その後，最初の1年間は3か月，次の1年間は6か月の間隔で実施された。面接調査は構造化された形式に沿って行われた。質問は，子どもが日常生活の特定の場面でどのように行動するかに焦点が当てられた。睡眠時，授乳時，オムツが濡れたとき，沐浴（もくよく）時，爪を切るとき，髪をとかすとき，顔や髪などを洗うとき，医者と面したとき，着替えのときの，刺激に対する敏感性，活動性，人に対する反応，病気のときの反応，泣きなどについて詳細に尋ねた。応答は録音され，すぐに文字起こしされた。

ii）発達初期の子どもの行動特徴における個人差：子どもの気質

1か月齢からデータが得られている130人の子どものうち最初の報告は80人（男児41人，女児39人）の子どもの生後2年間の縦断資料の分析に基づいてなされた（Thomas et al., 1963）。それによると，乳児期初期における子どもの行動反応のパターンにはっきりとした個人差がみられること，乳児期初期にみられた個人差は生後2年間ある程度の安定性を保つことが明らかになった。それら発達初期から安定してみられる子どもの個人差は，以下の9つの気質次元として提案されている。

①活動性：沐浴・食事・遊びなどをするときにどのくらい身体を動かすのか，這ったり歩いたりをどの程度の頻度で行うのかといった，日常の活

動性におけるレベル

②周期性：睡眠・食事・排泄などの生理リズムにおける規則性

③接近と回避：初めての人物・新しい玩具などの新奇な刺激に対して，接近する傾向にあるのか回避する傾向にあるのかの反応性

④順応性：新しい環境や環境の変化に対する適応性

⑤反応強度：感情表出や反応行動をどのくらいの強さで表すかといった反応性の強さ

⑥気分の質：楽しそうにしたり喜んだりすることが多いか，あるいは泣いたり機嫌が悪いことが多いかといった普段の機嫌

⑦気の紛らわせやすさ：現在していることから注意をそらせたり他のことに関心を向けさせたりすることの容易さ

⑧注意の幅と持続性：1つの活動にどのくらい注意を集中していられるかの長さと，その活動をどのくらい継続して行えるか

⑨反応の閾値：感覚刺激に対する閾値や，環境の変化などに対する感受性

iii）「扱いにくい子ども」といった概念

NYLSを進める過程で，トーマス（Thomas, A.）とチェス（Chess, S.）は，子どもの行動障害に寄与すると考えられる要因を検討し，9つの気質次元のうち5つの気質次元（周期性・接近と回避・順応性・反応強度・気分の質）の評定をもとに判断される「扱いやすい子ども（easy child）」および「扱いにくい子ども（difficult child）」といった概念を提案した（**表10.1**）。ある行動特徴をもった1群の子どもたちは，特に問題行動を呈しているというわけではなかったが，母親・インタビュアー・研究チームのメンバーによって「扱いにくい子ども（difficult children）」や「母親泣かせ（mother killers）」と呼ばれ，彼らの行動特徴を分析してみると，気質のいくつかの側面において多くの乳児たちと際立って異なっていた（Thomas et al., 1968）。この1群の子どもたちは，日常リズムが不規則であり，新しい刺激に対して引っ込み思案で，環境の変化への順応性に欠け，機嫌がすぐに悪くなる傾向にあり，癇（かん）の強い反応をする乳児たちであった。そして，

表10.1　気質診断類型（Thomas et al., 1968）

気質診断類型	周期性	接近と回避	順応性	反応強度	気分の質
扱いやすい子ども	規則的	積極的	順応的	穏やか	良い
扱いにくい子ども	不規則	消極的	非順応的	強い	悪い

後になって実際に問題行動を呈した子どもたちの中に，これら1群の乳児たちがかなりの割合で含まれていたことが明らかになったのである。

さて，これらの子どもを持った親は，子どもへの接し方や養育行動において，その他の子どもを持った親と何ら変わっている点はなかった。また，子どもの誕生後しばらくの間，その子どもに対する世話の仕方は，その子どものきょうだいに対するものと比較しても何ら異なった点は見いだされなかった。ところが，子どもが大きくなるにしたがって，これらの子どもの親の態度が子どもの健全な発達にはそぐわないものになっていくということが往々にしてみられるようになった。こうした親の態度の変化は，子どもに接し世話をするときに起きてくる問題に対処しているようにみえた。当時多くの親たちは，愛情深く受容的な親は幸せで満足した子どもを持つという，精神力動理論に子どもの問題行動の説明を求めていた。ゆえに，自分の拒否的態度が扱いにくい子どもをつくり出しているのだと無意識のうちに考えていると思われた（Thomas et al., 1968）。結果として，それらの親は，女性としてまた親としての自分の適切性に確信をもてなくなり，罪の意識や無力感を感じるようになっていた。そこで，例えば大きな声でよく泣く乳児を持ったある母親は，自ら感じる罪悪感を償うかのように，夜中に子どもを歩かせておいたり，子どものそばで自分の時間の大半を過ごしたり，子どもの欲求にすぐに応えたりするようになっていった。だが，こうした対処の仕方に問題があることはしばらくすると明らかになった。母親が子どもからの要求に応じていられるうちはよいが，彼女が応じきれなくなるとたちまち子どもの問題行動が表面化したのである。そして，それまでの彼女の対処の仕方が子どもの健全な発達をもたらすものでないことが露呈することになった。このように，「扱いにくい子ども」という概念は，パーソナリティの発達を考えるときや社会化のエージェントである大人に影響を与えるという視点から留意すべき個人差として注目されるようになった。

iv）「適合のよさ」といった概念

もちろん，扱いにくい子どもを持ったすべての親が，不適切な養育態度を示すようになるわけではない。ある家庭では，頻繁にぐずる子どもに疲れてしまった母親は友達の家へ遊びに行き，その間，父親が子どもの泣き叫ぶ声を聞きながら世話をしていた。また，ある両親は，子どもの癇癪が予想されると交代で子どもを外へ連れ出していた。こうした効果的な養育行動をしている親であっても，子どもの問題行動はすべて子ども自身の問題であって自分のせいではないと自分自身に納得させようとして疑問をもつこともあったし，疲労困憊していったいいつまでこのような状態が続くのだろうかと不安になることもあった。だが，時が経つにつれ，そのように確固としてとり続けてきた養育行動が報われることが明らかになったのである。子どもは，ゆっくりとではあっても家族の生活リズムに順応するようになっていった。

これは，同じ気質をもった子ども（この事例では「扱いにくい子ども」）であっても，その子どもを取り巻く環境の違いにより，違った発達の途を辿る実例であり，気質と環境の「適合のよさ（goodness of fit）」という概念で説明がなされている（Thomas et al., 1968）。

C. 気質研究の展開

気質概念が提起されその測定法が開発されると，母親の精神的健康や養育行動と子どもの気質的個人差との関連が実証的に検討されるようになった。そして，気質的個人差に焦点を当てた臨床的介入研究も実施されている。

i）子どもの気質が親の精神的健康・養育行動に与える影響

4か月齢の自分の子どもを気質的に扱いにくいと報告した母親は，その子どもが14か月齢になった時点で抑うつ的になっていた（Wokind & De Salis, 1982）。乳児を持つ母親の自己効力感には，母親が認識する子どもの気質的扱いにくさとブラゼルトン新生児行動評価（neonatal behavioral assessment scale：NBAS）によって測定された気質的行動特徴の双方が影響を与えていた（McGrath et al., 1993）。母親が子どもを気質的に扱いにくい子どもだと認識していると親としての効力感を感じることは少なかった（Gross et al., 1994）。また，母親の養育行動と子どもの気質との関連をみた研究は以下の結果を報告している。子どもの気質的扱いにくさは6か月～24か月齢で比較的安定してみられ，24か月齢の時に家庭での母子観察をしてみると，その母親は，他の子どもを持つ母親に比べて，子どもの行為を禁止したり注意したりすることが多く，同じ注意を何度もしたり子どもを直接押さえつけたり物を取り上げたりと，強い方略をとっていた（Lee & Bates, 1985）。2歳6か月の子どもと母親が協同して問題を解く実験状況を設定した場合，気質的に扱いにくい子どもの母親は，より子どもを援助しようとすることが多く，子どものすることを認めない傾向にあった（Gauvain & Fagot, 1995）。

ii）子どもの気質に関する臨床的介入研究

子どもの気質的個人差に対する情報や知識を与え，気質的に扱いにくい子どもを持った母親をサポートする介入研究がなされるようになった（Cameron et al., 1994）。それによると，乳児期に気質的に扱いにくい子どもを持った母親であっても，乳児の気質的行動特徴についての情報とそれに対する知識を与えた場合には，後にそうした子どもが起こしやすい問題行動を理解し適切に対処できるようになった。また，コミュニティが，実際に気質的に扱いにくい子どもを育てた経験のある母親を気質専門家として雇い，気質的に扱いにくい子どもを持つ母親に介入する方法が有効であることも報告されている（Smith, 1994）。

相互規定的作用モデル（transactional model）（Sameroff & Fiese, 1990）によると，子どもの問題行動への介入法においては，再定義（redefinition）の段階がある。すなわち，子どもに問題があることがわかっていてもそれが治療できない場合あるいは変容させる必要がない場合には，親がその子どもの問題に合わせて発達課題を設定しなおして対処するよう導く，支援的介入段階である（図11.3参照）。気質的扱いにくさは，それ自体が問題なのではなく，その子どもを取り巻く環境の中で初めて問題として意識されるものである（Thomas et al., 1968）。例えば，育児に携わる母親が世間で標準とされている発達課題に固執し，それを自分の気質的に扱いにくい子どもに適用しようとすると，母子双方にとって不都合が生じることになるだろう。そうした場合には，子どもの気質的扱いにくさをその子どもの個性として受け入れたうえで，母親がその子どもに合った発達課題を設定できるよう支援する必要があるだろう。

10.3節　情動反応性・情動制御性における気質的個人差

2000年代になると，体質的個人差の生理基盤や遺伝子発現におけるジェネティクス・エピジェネティクス現象について多くの知見が蓄積されるようになり，気質の発達過程についての研究も進むようになった。発達行動遺伝学は，遺伝的多型に関連したヒトの特性や疾患の発達過程（ジェネティクス）について多くの実証データを提供するようになった。また，非侵襲的脳機能画像研究の発展により，体質的個人差を脳機能における個人差と結びつけて考察することが可能となった。このような隣接領域の研究の進展を受けて，気質研究もそれらの知見を取り入れた展開をみせるに至っている。その結果，気質が遺伝的な基盤をもつという事実から，その連続性・安定性が直接引き出されるものではないこと，経験の影響がほとんどないと考えることの非合理性について理解が進むことになった。遺伝子の発現に伴って気質的個人差と関与する神経生物学的機構が変容する。そして，そのことが気質の安定性にも影響を及ぼす可能性があることについての理解が進んだ。さらには，発達初期の環境が遺伝子発現の過程で影響を及ぼす（エピジェネティクス）ので，同じ遺伝子配列であっても異なる気質特性へと発達することが理解されるようになってきたのである。

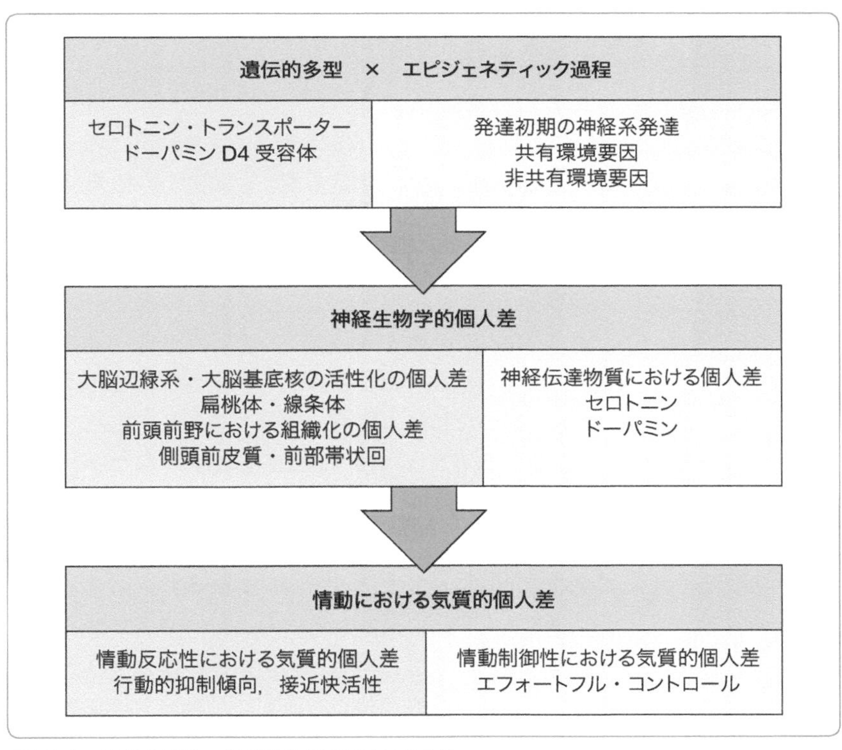

図10.2　情動反応性・情動制御性における気質
（水野里恵, 2017. 子どもの気質・パーソナリティの心理学. p.11. 金子書房より）

本書では，依拠した文献においてemotionが使用されている場合には「情動」，affectが使用されている場合には「情緒」とした。よって公認心理師国家試験出題基準「ブループリント」における「感情制御」は，本書では「情動制御」としている。

本節においては，そうした隣接領域の知見から生理学的基盤が解明されつつある3つの気質特性について整理する。それらは情動に関連した個人差であり，情動反応性における気質的個人差（行動的抑制傾向，接近快活性）と情動制御性における気質的個人差（エフォートフル・コントロール）である（**図10.2**）。それら3つの気質特性は，現在までのところ，隣接領域の知見の蓄積とともにその生理学的基盤が明らかになってきており，今後の研究の展開が期待できる。同時に，その発達研究の進展が，翻って隣接領域の研究を進展させる可能性をもっている。また，臨床実践への応用の視点からも重要な気質特性と考えられる。

A. 行動的抑制傾向

i）恐れの情動反応性における個人差

ある子どもは初めて出会った人にでも人なつこく，初めて行った場所でもすぐに馴染んでしまうのに対して，ある子どもはそのような状況で恥ずかしがったり臆病になったりする。恐れを示す子どもさえいる。こうした「新奇な人物・事物・状況に対して臆するなど行動が抑制しやすい傾向の個人差」は，89人の白人の子どもたちとその親を出生時から成人期初期まで縦断的に調査したフェルス研究所（Fels Research Institute）のデータの分析において，3歳から児童期・青年期を通して一貫して見いだされた唯一の行動特徴であった。当時，受動性（passivity）という用語で呼ばれたこの個人差は，それが完全に発達初期の学習によるものなのか，それとも部分的に体質的な要因の間接的な産物であるかは疑問とされたが，その後の子どもの発達に顕著な影響を与えていることだけは確かであった（Kagan & Moss, 1962）。そして，その後の3つのコホート研究の結果，初めて会った人物や見慣れぬ状況に対して物怖じする特性である「行動的抑制傾向」の気質特性が提案された。それは生理学的指標との対応をもつものであり，文化的要請の圧力や社会化の過程で変容されはするものの，発達初期から安定してみられる気質的個人差であるとされた。その後の追跡研究において，行動的抑制傾向は発達初期から少なくとも青年期までは連続性がみられ，楽天的か悲観的かにおける個人差のパーソナリティへと発達する可能性のあることが示されている（Kagan et al., 2007）。

ii）行動的抑制傾向の生理学的基盤

行動的抑制傾向は，扁桃体の機能差と結びついた気質的個人差である。扁桃体の基本的な機能は，いかなるものであれ予期していなかった出来事に反応することである。特にそれが見慣れぬものであった場合には，快なものであろうと不快なものであろうと反応するのである。新奇な状況において恐れを感じやすい子どもは，扁桃体が強く反応し，行動が抑制しやすいと考えられている（Kagan et al., 1987）。ゆえに，行動的抑制傾向が高い子どもは，ストレスフルな出来事に対して交感神経が興奮しやすく，コルチゾールやノルエピネフリンの分泌が多くなり，瞳孔が拡張しやすい。また，彼らが21歳になった時には，以下の報告がなされている。発達初期（1歳代）に行動的抑制傾向が高かった青年13人は，抑制傾向が低かった青年9人と比較して，見慣れない顔が提示された場合にのみ扁桃体の活動が有意に高かったのである（見慣れた顔が提示された場合には扁桃体の活動レベルに差は見られなかった）（Schwartz et al., 2003）。

行動的抑制傾向に関わる扁桃体の活性化とセロトニン・トランスポーター遺伝的多型の短いタイプが関連しているとの報告がある（Hariri et al., 2002）。セロトニン・トランスポーターは脳内のセロトニンのレベルを適正に保つ働きをしており，余剰のセロトニンを運搬し再利用に回す役割を担う。短いタイプの遺伝子型の人はこの遺伝子の発現量が弱く，扁桃体の活動が増強しやすくなるため，恐れや不安を感じやすいと考えられた。その後，この遺伝的多型については，環境との交互作用も明らかになっており，さらなる検討が続けられている。

iii）行動的抑制傾向の高い子ども：発達臨床的な視点から

恐れは，ともすると，不適切な情動と考えられがちだが，発達過程で重要な抑制の役割を担うことが明らかになってきている。例えば，恐れやすい子どもが不適切な行為をしている時，周囲の大人は優しく諭すだけで効果を上げることが多い。なぜなら，彼らは，強く叱られなくても，自分の不適切な行為を指摘されるだけで居心地の悪さや罪悪感を抱く傾向にあるからである。おそらく，行動的抑制傾向が高い子どもは自分の経験についての「情緒的地図（affective maps）」を発達させやすい。情緒的地図には，自分がいかなることをして周囲から非難されたのか，その結果どのような気まずい思いをしたのか，そして最終的にどの程度不愉快な罰を受けたのかといった情報が顕著に明確に描かれている。それゆえに，彼らは，罪や抑制といった良心に関連したメカニズムを急速に発達させると考えられている（Derryberry & Reed, 1994）。

事実，幼児期の子どもに限ってみた場合，恐れやすい子どもの良心の発達の速度は，恐れにくい子どものそれに比較して有意に速いことが報告されている（Kochanska, 1997）。恐れやすいという特性は，攻撃性を抑え，多動や非行といった子どもの問題行動に対する防御因子として作用するとも考えられている。このように，行動的抑制傾向における気質的個人差によって引き起こされる形式の抑制コントロールは，扁桃体の活性化の個人差によって引き起こされる反応プロセスであるにせよ，子どもが教育の場でルールに従えるような資質を育む1つの要因になると考えられている。

しかしながら，一方で，行動的抑制傾向の高さは子どもを新奇な場面や事柄に挑戦することから遠ざけ，新たな人間関係の構築といった観点からは不利に働くこともある。その場合には，周りの大人の適切なサポートが望まれる。

B. 接近快活性

i）ポジティブ情動の反応性における個人差

行動的抑制傾向にある子どもとは対照的に，初めて会う人物・見慣れない状況や出来事に対して喜んで接近しようとする子どもたちがいる。この行動特性には児童期にかけて安定性がみられ，高い社会的コンピテンスへと発達する特性である一方で，他者への攻撃行動・非行などの外在化問題行動へと結びつく特性であることが明らかになりつつある（Degnan et al., 2011）。

接近快活性（exuberance）は，新奇な刺激に対して積極的・活動的に反応する気質特性であり，行動活性化システム（behavioral activation system）（Gray, 1971, 1982）が優勢となることによって顕現する，新奇なものへの接近行動や衝動的行動における個人差と考えられている。この気質特性は，行動的抑制傾向の反対の極といった位置づけではなく（行動的抑制傾向とは直交する気質特性であり），ポジティブな情動と接近行動に特徴づけられるものである（行動的抑制傾向はネガティブな情動と回避・抑制行動に特徴づけられる）。なお，グレイ（Gray, J. A.）による行動抑制システム（behavioral inhibition system）は，行動活性化システムと直交する気質特性であり，本節で扱ってきた行動的抑制傾向に対応する気質概念と考えてよいであろう（White et al., 2012）。

ii）接近快活性の生理学的基盤

接近快活性は，線条体の機能差と関係する個人差である。線条体は，側坐核・尾状核・被殻の3領域からなる報酬への感受性に関わる大脳基底核の一部である。腹側被蓋野からのドーパミン神経系は側坐核への投射経路を通じて情動的な行動選択に対して報酬回路としての役割を果たすと考えられており，選択された行動が生体にとって有利であった場合には腹側被蓋野からのドーパミン神経系が興奮信号を送り，その行動をプラス評価して学習・記憶が行われる。すなわち，線条体は，刺激駆動的・慣習的な行動が生起するのに関与し，接近行動・探索行動の生起において重要な役割を担っている。新奇な刺激を求めて積極的に行動する子どもは，線条体の活性化が高いと推測されている。そして，成人を対象にした非侵襲的脳機能画像研究は，リスクを伴った行動における個人差と線条体の活性化における個人差に対応がみられることを報告している（Wittmann et al., 2008）。

また，環境との相互作用の中でドーパミン第4受容体（DRD4）における遺伝的多型が接近快活性における個人差を発現させるようである。この遺伝的多型において7回の繰り返しをもつ子ども*にとっては，親の養育行動の質が低いと子どもがリスク行動をとる傾向が大きくなるが，7回の繰り返しをもたない子どもの場合は，親の養育行動と子どものリスク行動との間に関連はみられなかったことが報告されている（Sheese et al., 2007）。

iii）接近快活性の高い子ども：発達臨床的な視点から

接近快活性の高い子どもは，好奇心の向くままにその行動半径を広げていくことを得意とし，日常生活で出会う初体験に積極的に取り組むだろう。また，社交的で少々の冒険はいとわない。しかしながら，彼らは，自らの目的が妨害されると激しい欲求不満に陥り，攻撃性をあらわにすることがある。事実，接近快活性の高い乳幼児の親は，そうでない子どもを持つ親と比較すると，自分の子どもが怒りの感情を多く示すことや，子どもの外在化問題行動を多く報告している（Putnam & Stifter, 2005）。

こうした子どもの向こう見ずな行動や時折示す攻撃性は，時として養育者に負担を感じさせることもあるが，彼らとの日頃の良好な関係性は，子どもの不適切な行為を指摘するときに，大きな効果を発揮する。接近快活性の高い子どもには，行動的抑制傾向の高い子どもには有効な優しく諭すなどの寛容にしつける方略は有効に働かないことがある。それは，彼らに良心の痛み

---

*ドーパミン第4受容体の遺伝子には，特定の48塩基からなる繰り返し配列があり，繰り返し回数に個人差（多型）がみられる。これまでの研究では，この繰り返し数が長い（7回以上）場合，リスク行動をとりやすいとの報告が多かった。

を感じさせるに至らないかもしれないからである。ゆえに，周囲の大人は厳しく子どもを指導せざるを得ない場合も出てくる。そして，このような場合にこそ，彼らとの日頃の良好な関係性が決定的に重要になるのである。

C. エフォートフル・コントロール

i）情動制御性における個人差

乳児は，情動反応性において個人差を示すと同時に，反応のレベルや反応様式を制御する機構においても個人差をあらわす。反応レベルを増強したり減少させたり，あるいは反応様式を維持したり再構成したりするのに寄与する機能は，自己制御機能における気質的個人差と考えられている（Rothbart & Derryberry, 1981）。具体的には，刺激に接近する行動，刺激を回避する行動，刺激に注意を向ける行動，自己刺激行動，自己鎮静行動を通して，自己制御機能における個人差は議論される。

乳児は，新奇な刺激であれ見慣れた刺激であれ，その刺激に身体を傾けたり，手を伸ばしたり，それをつかんだり操作することによって，刺激に対する情動反応を増強することができる。反対に，乳児は，目にした刺激から身体を背けたり遠ざかることによって，情動反応が活性化するのを抑制することができる。このような接近行動や回避行動を効率的にとる子どももいれば，それがうまくできない子どももいる。さらに，乳児は，反応刺激の源に注意を向けることによって情動反応を開始することができるし，その源に意図的に注目することによって情動反応性を高め，注意を払い続けることによって情動反応を維持することができる。そして，一時的に注意をそらせば情動反応は減少するし，注意を別のものに向ければ情動反応は終わる。このように，注意機構は乳児にとって自己制御の主要な方略を提供している。しかし，これらの行為をどの程度有効に使用するかにおいては著しい個人差がみられる。ある乳児は，これらの方略を何ら使用せず，非常にストレスフルな状態に陥る。一方，別の乳児は，これらの方略を効果的かつ効率的に使用して，覚醒レベルの調節を行うし，それほどストレスフルな状態に陥ったりもしない。こうした自己制御機能における個人差がエフォートフル・コントロールとして概念化された気質次元である（Rothbart & Rueda, 2005）。

ii）エフォートフル・コントロールの生理学的基盤

エフォートフル・コントロールは，注意の焦点化・注意の転換といった実行注意システムと抑制コントロールシステムに支えられている。そして，実行注意システムは前部帯状回を，抑制コントロールシステムは前頭前野をその生理学的基盤としている。

前部帯状回は，本能的なプロセス・運動・注意・情動を統合し変容させて，より高次の制御プロセスを柔軟に駆動させるのに寄与している（Posner et al., 2007）。ストループ課題*などの同時発生する刺激間の葛藤を解決するときには，前部帯状回と前頭前野が同時に活性化することが多いが，前部帯状回は，外部環境と自分自身の行動における葛藤の検出とモニタリングに独自なパターンを示すことが明らかになっている。葛藤が検出されると，前部帯状回は，より高次の認知的プロセスに関わる前頭前野領域に信号を送る。そして，前頭前野が，思考・動作・情動を制御し葛藤を解決するために活性化するのである。気質的な情動制御においても前部帯状回と前頭前野が機能していることが明らかになっている。前部帯状回は，直面している状況でどのような情動が生起し，どのような制御が必要とされているのかについてモニタリングし，前頭前野は生起した情動を制御すると考えられている。

iii）エフォートフル・コントロールの低い子ども：発達臨床的な視点から

エフォートフル・コントロールの低い子どもは，ネガティブな情動であれ，ポジティブな情動であれ，自分の情動を制御することが困難である。そして，柔軟に思考を転換していくことが容易ではない。それゆえに，自分の感じるままに行動できない場面や，状況の変化に応じて行動を柔軟に変更していくことが求められる場面ではかなりの負担を強いられることがある。

周囲の大人は，彼らの思い・ペースを尊重して寄り添い，大いに褒め励ますことが有益である。子どもがやる気を失いそうなときは，少し頑張ればうまくできそうな課題を与えるなどの工夫も必要になるだろう。1つのことをやり遂げたとき，私たちは達成感に満たされる。途中で諦めずにそのことに取り組んできた自分の姿勢を誇らしく思い，そうした姿勢で取り組めば今後もきっとうまくいくと勇気が湧いてくる。大人は，子どもたちがこうした達成感を味わうことができるような環境を用意することが必要であろう。

iv）発達するエフォートフル・コントロールの生理学的基盤

乳幼児期から青年期にかけて，エフォートフル・コントロールの生理学的基盤である脳の前部帯状回と前頭前野は急速に発達する。

---

*ストループ課題：文字とは異なったインクの色で書かれたインクの色の回答が求められる（「赤」という文字が黄色のインクで書かれており，「黄色」と回答することが求められる）課題のこと。

ヒトの脳は生涯を通して変化するが，その変化は，シナプスの形成，多くの軸索のミエリン形成，樹状突起の枝分かれによるものである。シナプスの形成は大脳皮質のいたるところで起きるが，その発達時期には部位によって違いがある。前頭前野でシナプス密度が最大になるのは2歳で，その後選択的除去の過程に入り不適切なものは除去され，思春期になる頃に成人のレベルの密度に達する（Pinel, 1990）。また，ミエリン形成は軸索の伝導速度を増すので，脳の種々の部位における機能的発達とほぼ相関するが，前頭前野のミエリン形成は思春期まで続く。すなわち，前頭前野は脳の領域の中で最も発達に時間のかかる部位なのである。

子どもは，この領域の組織化と並行して，この領域が関与する実行機能（executive function）を発達させていく。実行機能とは，情報処理の管理や制御を行って，目標志向的な思考・行動を可能にするシステムのことを指すのであるが，それは主に，抑制（inhibition）・シフティング（shifting）・更新（updating）といった3つの要素から構成されている（Miyake et al., 2000）。前述したストループ課題は，抑制機能を測定する代表的な課題であるし，色・形・数の3つの分類カテゴリーでカードを分類することが求められるウィスコンシンカード分類課題は，シフティング機能・更新機能を測定する課題となっている。

不快な刺激から目をそらして感情の高ぶりを抑えるために指しゃぶりをしていた子どもは，成長するとともに，自分の行為そのものを抑制することができるようになっていく。しかしながら，成人期に比較するといまだ可塑的な前頭前野のために，スリルを求めて危険な行動に走ったりする若者もいる。乳幼児が示す癇癪や青年のリスク行動は，こうした前頭前野の発達過程を考慮に入れて考える必要がある。

また，発達支援的な観点からは，集中力が要求されるような遊びやゲームを通して，あるいは記憶力が要求されるような童謡の暗唱などを通して，この脳領域の神経ネットワークの発達が促進されるとの報告には留意しておく必要があるだろう。

D. 気質的個人差の発達過程

接近快活性における個人差は誕生後まもなく，行動的抑制傾向における個人差は8か月齢頃に明確に観察されるようになり（Putnam & Stifter, 2005），エフォートフル・コントロールは，前頭前野の発達とともに多くの子どもが発達させる。情動反応性における2つの気質特性の生理学的基盤である脳の各領域（扁桃体・線条体）と，情動制御性における気質特性の生理学的基盤である前部帯状回・前頭前野の神経回路は，年齢とともにその緊密性において違いがみられる。年齢の低いうちは情動反応性が優位に働くが，前頭前野の成熟とともに，どの子どもも情動制御性を発達させる。

しかしながら，同年齢であっても幅広い個人差が観察される。これら情動反応性・情動制御性における気質的個人差は，その組み合わせによって個人の行動を特徴づける。例えば，接近快活性が高くエフォートフル・コントロールも高い子どもと，接近快活性が高くエフォートフル・コントロールは低い子どもでは，提示された新奇刺激に対して同じように誘惑を感じるだろうが，結果としての行動は異なるだろう。エフォートフル・コントロールも高い子どもは，必要な場合には，生起しがちな行動を抑制すると考えられるからである。行動的抑制傾向が高くエフォートフル・コントロールも高い子どもと，行動的抑制傾向が高くエフォートフル・コントロールは低い子どもの場合も同様である。エフォートフル・コントロールも高い子どもは，必要な場合には，引っ込み思案になりがちな行動を抑制して積極的に振る舞う。

練習問題 

1. 以下の文章の ① 〜 ③ に入る適切な語句の組み合わせを選びなさい。

心理学的概念でいう「気質」とは， ① な基盤をもった個人の行動特徴にみられる一貫性であり，後の経験や人間の意思によって変容の可能性はあるが，ある程度の発達的連続性をもつ個人差である。「気質」に類似した概念は古代ギリシャまで遡ることができる。当時，迷信・呪術の対象となっていた病気の治療に対して，ヒポクラテスは，「病気は『気』や4つの『 ② 』の過剰や不足によって引き起こされるのであるからいかなる病気も合理的に治癒されねばならない」とする見解を示した。このヒポクラテスが唱えた ② の比率の違いを気質的個人差と結びつけたのは ③ である。彼の4気質類型は， ① なものと人間行動の個人差とを結びつけた最初の考え方を提示したものである。

	①	②	③
a	生理学的・体質的	体液	クレッチマー
b	倫理学的・道徳的	血液	ガレノス
c	生理学的・体質的	胆汁	ガレノス
d	倫理学的・道徳的	体液	クレッチマー
e	生理学的・体質的	体液	ガレノス

2. トーマス・チェスの「扱いにくい子ども（difficult children）」に含まれる気質次元をすべて選びなさい。

a. 活動性　b. 周期性　c. 接近と回避　d. 順応性　e. 反応強度
f. 気分の質　g. 気の紛らわせやすさ　h. 注意の幅と持続性
i. 反応閾値

3. 以下の文章の［①］［②］に入る適切な語句の組み合わせを選びなさい。

情動反応性における個人差として［①］の機能差と関連する新奇なものに恐れを感じやすい行動的抑制傾向，情動制御性における個人差として［②］の機能差と関連するエフォートフル・コントロールの気質概念が提起されるに至っている。

	①	②
a	扁桃体	前頭前野
b	線条体	前頭前野
c	前頭前野	扁桃体
d	線条体	扁桃体
e	扁桃体	線条体

〈文献〉

Allport, G. W. (1937). *Personality: A psychological interpretations*. Henry Holt and Company.
Cameron, J. R., Rice, D., Hansen, R., & Rosen, D. (1994). Developing temperament guidance programs within pediatric practice. In W. B. Carey., & S. C. McDevitt (Eds.), *Prevention and early intervention* (pp. 226-234). Brunner/Mazel.
Degnan, K. A., Hane, A. A., Henderson, H. A., Moas, O. L., Reeb-Sutherland, B. C., & Fox, N. A. (2011). Longitudinal stability of temperamental exuberance and social-emotional outcomes in early childhood. *Developmental Psychology*, *47* (3), 765-780.
Derryberry, D., & Reed, M. A. (1994). Temperament and the self-organization of per-

sonality. *Development and Psychopathology*, *6*(4), 653-676.
Eysenck, H. J.(1969a). The biological basis of personality. In H. J. Eysenck, & S. B. G. Eysenck(Eds.), *Personality structure and measurement*(pp. 49-62). Routledge & Kegan Paul.
Eysenck, H. J.(1969b). Factor-analytic studies of personality. In H. J. Eysenck, & S. B. G. Eysenck(Eds.), *Personality structure and measurement*(pp. 28-48). Routledge & Kegan Paul.
Gauvain, M., & Fagot, B.(1995). Child temperament as a mediator of mother-toddler problem solving. *Social Development*, *4*(3), 257-276.
Gesell, A., & Thompson, H.(1929). Learning and growth in identical infant twins. *Genetic Psychology Monographs*, *4*(1), 1-120.
Gray, J. A.(1971). *The psychology of fear and stress*. Mcgraw-Hill Book Company.
Gray, J. A.(1982). *The neuropsychology of anxiety*. Clarendon Press/Oxford University Press.
Gross, D., Conrad, B., Fogg, L., & Wothke, W.(1994). A longitudinal model of maternal self-efficacy, depression, and difficult temperament during toddlerhood. *Research in Nursing and Health*, *17*(3), 207-215.
Hariri, A. R., Mattay, V. S., Tessitore, A., Kolachana, B., Fera, F., Goldman, D., ... Weinberger, D. R.(2002). Serotonin transporter genetic variation and the response of the human amygdala. *Science*, *297*(5580), 400-403.
ヒポクラテス. 大槻マミ太郎(訳)(1985a). 人間の自然性について. 大槻真一郎(編), ヒポクラテス全集第1巻(pp. 955-972). エンタプライズ
ヒポクラテス. 石渡隆司(訳)(1985b). 神聖病について. 大槻真一郎(編), ヒポクラテス全集第2巻(pp. 111-132). エンタプライズ
Kagan, J., & Moss, H. A.(1962). *Birth to maturity*. John Wiley & Sons Inc.
Kagan, J., Reznick, J. S., & Snidman, N.(1987). The physiology and psychology of behavioral inhibition in children. *Child Development*, *58*(6), 1459-1473.
Kagan, J., Snidman, N., Kahn, V., & Towsley, S.(2007). The preservation of two infant temperaments into adolescence. *Monographs of the Society for Research in Child Development*, *72*(2).
Kochanska, G.(1997). Multiple pathways to conscience for children with different temperaments: From toddlerhood to age 5. *Developmental Psychology*, *33*(2), 228-240.
Kretschmer, E.(1955). *Korperbau und charakter*(21/22 ed.). Springer-Verlag.(相場均(訳)(1960). 体格と性格. 文光堂)
Lee, C. L., & Bates, J. E.(1985). Mother-child interaction at age two years and perceived difficult temperament. *Child Development*, *56*(5), 1314-1325.
McGrath, M., Zachariah Boukydis, C. F., & Lester, B. M.(1993). Determinants of maternal self-esteem in the neonatal period. *Infant Mental Health Journal*, *14*(1), 35-48.
Miyake, A., Friedman, N. P., Emerson, M. J., Witzki, A. H., & Howerter, A.(2000). The unity and diversity of executive functions and their contributions to complex "frontal lobe" tasks. *Cognitive Psychology*, *41*(1), 49-100.
水野里恵(2017). 子どもの気質・パーソナリティの発達心理学. 金子書房
Pinel, J. P. J.(1990). *Biopsychology*. Allyn & Bacon.(佐藤敬・若林孝一・泉井亮・飛島井望(訳)(2005). ピネル バイオサイコロジー. 西村書店)
Posner, M. I., Rothbart, M. K., Sheese, B. E., & Tang, Y.(2007). The anterior cingulate gyrus and the mechanism of self-regulation. *Cognitive, Affective and Behavioral*

Neuroscience, *7*(4), 391-395.
Putnam, S. P., & Stifter, C. A. (2005). Behavioral approach-inhibition in toddlers. *Child Development*, *76*(1), 212-226.
Roback, A. A. (1952). *The psychology of character*(3rd ed.). Routledge & Kegan Paul.
Rothbart, M. K., & Derryberry, D. (1981). Development of individual differences in temperament. In M. E. Lamb, & A. L. Brown (Eds.), *Advances in developmental psychology*(pp. 37-86). Lawrence Erlbaum.
Rothbart, M. K., & Rueda, M. R. (2005). The Development of Effortful Control. In U. Mayr, E. Awh, & S. W. Keele (Eds.), *Developing individuality in the human brain* (pp. 167-188). American Psychological Association.
Sameroff, A. J., & Fiese, B. H. (1990). Transactional regulation and early intervention. In S. J. Meisels, & J. P. Shonkoff (Eds.), *Handbook of early childhood intervention* (pp. 119-149). Cambridge University Press.
Schwartz, C. E., Wright, C. I., Shin, L. M., Kagan, J., & Rauch, S. L. (2003). Inhibited and uninhibited infants "grown up". *Science*, *300*(5627), 1952-1953.
Sheese, B. E., Voelker, P. M., Rothbart, M. K., & Posner, M. I. (2007). Parenting quality interacts with genetic variation in dopamine receptor D4 to influence temperament in early childhood. *Development and Psychopathology*, *19*(4), 1039-1046.
Shirley, M. M. (1933). *The first two years: A study of 25 babies. Volume 3, Personality manifestations*. University of Minnesota.
Smith, B. (1994). The Temperament Program. In W. B. Carey., & S. C. McDevitt (Eds.), *Prevention and early intervention* (pp. 257-266). Brunner/Mazel.
Thomas, A., Chess, S., & Birch, H. G. (1968). *Temperament and behavior disorders in children*. Oxford University Press.
Thomas, A., Chess, S., Birch, H. G., Hertzig, M. E., & Korn, S. J. (1963). *Behavioral individuality in early childhood*. New York University Press.
Washbarn, R. W. (1929). A study of the smiling and laughing of infants in the first year of life. *Genetic psychology monographs*, *6*(5 & 6), 397-535.
White, L. K., Lamm, C., Helfinstein, S. M., & Fox, N. A. (2012). Neurobiology and neurochemistry of temperament in children. In M. Zentner, & R. L. Shiner (Eds.), *Handbook of temperament* (pp. 347-367). Guilford Press.
Wittmann, B. C., Daw, N. D., Seymour, B., & Dolan, R. J. (2008). Striatal activity underlies novelty-based choice in humans. *Neuron*, *58*(6), 967-973.
Wokind, S. N., & De Salis, W. (1982). Infant temperament, maternal mental state and child behaviour problems. In R. Porter, & G. M. Collins (Eds.), *Temperamental differences in infants and young children* (pp. 221-239). Pitman.

第11章 個人差の発達(2):発達初期の脆弱性

到達目標

- 低出生体重児の発達を巡る問題について説明できる。
- 問題を抱えた乳幼児期の母子介入法について理解する。
- 非定型発達児の診断と支援についての基本的な考え方を説明できる。

小さく生まれたり，神経学的発達において遅れや偏りをもって出発する子どもたちがいる。本章では，そうした子どもたちの発達と支援のあり方について考えていく。

11.1節 未熟児：早期産(早産)児と低出生体重児

「未熟児」は「身体の機能が未熟な（成熟していない）状態で生まれた児」のことを指して用いられる用語である。かつては,小さく生まれた（2,500 g以下）児のことを「未熟児」と呼んでいた時期があった。しかし，小さく生まれた児であっても身体の機能に問題がなかったり，反対に2,500 gを超える赤ちゃんでも身体の機能が未熟であったりすることがあるため，出生体重だけではなく，在胎週数や妊娠期間に対する発育状況（体重）によって分類されるようになった（**表11.1**）。それによると，早期産（早産）児は，在胎週数37週未満で生まれた新生児のことをいう。

さて，2015年に，低出生体重（2,500 g未満）で生まれた新生児の数は,世界で出生数全体のおよそ7人に1人にあたる2,000万人以上にのぼることが明らかになった（ユニセフ，2019)。2015年の低出生体重児の出生率が推計で最も低い国の1つはスウェーデンで2.4%であり，米国（8%)，英国(7%)，オーストラリア（6.5%)，ニュージーランド（5.7%）を含むいくつかの先進国では7%前後となっている。日本は9.5%(2015年）で，2000年の8.6%から増加している。日本での低出生体重児の増加は，不妊治療による双子や3つ子の赤ちゃんが増えたことや，新生児医療の進歩により，超低出生体重児の赤ちゃんも救出できるようになったことが大きな要因として挙げられている。それに加えて，女性の強いやせ願望によるやせ体形

表11.1　出生児の分類

在胎週数による分類	37週未満	早期産（早産）児
	37〜41週	正期産児
	42週以後	過期産児
出生体重による分類	2,500 g未満	低出生体重児
	1,500 g未満	極低出生体重児
	1,000 g未満	超低出生体重児
SFD児（small-for-dates infant） SGA児（small-for-gestational-age infant）	在胎期間の割に体重の軽い児*	

基準には，週別出生体重基準曲線（船川・仁志田）を使用する

の妊婦が増えていること，あるいは妊娠中の体重増加量が少ないことなども原因とみられるようになっている。

A. 母と子のきずな

1960年頃，未熟児の集中治療室で働いていたスタッフが，無事退院した乳児の中に，後日親による虐待を受けて救急処置室に送り込まれる子どもがいることに気づいた。よく調べると，虐待を受けたり，器質的原因がないのにうまく育たない子どもは，未熟児であったか，あるいは他の原因で新生児期に入院していた子どもに起こりやすいことが明らかになってきたのである。そこで，クリーブランドの小児科医クラウス（Klaus, M. H.）とケネル（Kennell, J. H.）は，母子のふれあいを分娩直後からもたせたグループとそうでないグループとの比較を行って，“Maternal-infant bonding”（邦題：母と子のきずな）としてまとめた。

刊行の1976年当時，誕生と死に関わる諸手続きが病院によって決定されることが日常化していった。それまで家庭で出産が行われた時代は，ドゥーラ（doula）と呼ばれる陣痛・分娩時に妊婦に付き添って介助する人（医師・助産師・看護師ではない者）や，妊婦の近親者や親しい人が，出産過程に付き添い，身体をさすったり安心させる言葉をかけることが多かった。そ

＊在胎週数に相当する標準身長・体重に比較して，小さく生まれた新生児（身長・体重ともに在胎期間別出生時体格標準値における10パーセンタイル未満の児）をsmall-for-dates（SFD）児，small-for-gestational-age（SGA）児と呼ぶ。彼らの約90％は2〜3歳までに身長が標準範囲に追いつくといわれているが，約10％は成長が追いつかず，成長障害（FTT）と診断されることがある。

こで，彼らは，近代病院で，ドゥーラをつけた群と対照群の比較を行ったのである。すると，ドゥーラをつけた群では，分娩上の問題が少ない，陣痛の時間が短い，母親の乳児への接触が多い，生後6か月以内に乳児が入院する率が低いといった特徴がみられた。ここから，ドゥーラの存在が妊婦の不安を抑え，生理学的に好都合な結果を生んだのではないかと考察された。

クラウスらの主張（仮説）は，以下のとおりである。母体のホルモン分泌の変化に注目すると，分娩後の限られた期間のうちに，わが子への愛着の形成にとって重要な敏感期がある。この期間に母子の接触の機会が制限されると，それが母子のきずなの形成に影響する。

B. 新生児集中治療室の子どもと親

小さく生まれた赤ちゃんは，新生児集中治療室（neonatal intensive care unit：NICU）へ入院することになる。そこでは，成熟児の家族とは違ったアプローチ方法が必要になってくる。NICUにいる親子の特徴をまとめると以下の4点になる。

①両親は40週の妊娠期間を完了しないうちに子どもを持つことになり，親としての精神的・感情的な成長が不十分な状態である。

②子どもは小さく未熟で，体つきもかわいらしくなく病的である。成熟児が，ベビーシェマに適ったかわいらしい体型をしていることとは対照的である（図2.6参照）。

③両親は，成熟児の親がもつような，出産後の高揚感を経験していない。

④子どもは，成熟児の示す愛らしい興味を引くような行動をしない。目ははっきり覚めていないことも多々あり，乳房に吸いつきもせず，あまりにも弱々しいため，親は気軽に抱き上げることができない。

11.2節 発達の相互規定的作用モデル

相互規定的作用モデル（transactional model）（Sameroff & Fiese, 1990）は，子どもと環境の効果に同じ比重を置いて，発達上の問題を考えるものである。具体的な子どもの行動（phenotype）は，環境の要因（environtype）と生物学的要因（biological genotype）が時間の流れの中で相乗作用的に関与して表出されていると考える（**図11.1**）。例えば，現在（t3）において，母子の愛着の問題が顕著になっているとしよう。愛着

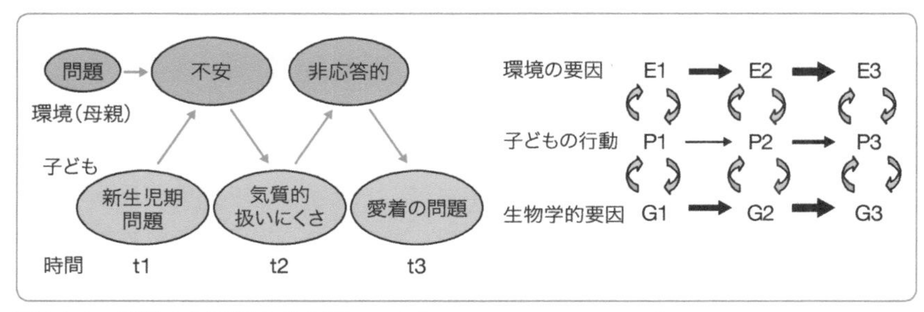

図11.1　発達の相互規定的作用モデル（Sameroff & Fiese, 1990）

形成がうまくいっていないのは，母親が情緒応答的ではない（非応答的である）からで，母親に対応を変えるよう促せばいいのだろうか？　このように，もしこの家族に介入プログラムを計画するとしたら，それはどこへ向けられるべきか，といった問題を考える際に念頭に置くべきモデルである。因果の鎖は時を通じて拡張されているばかりでなく，解釈の枠組みにも埋め込まれている。母親の不安は，問題のある誕生をどのように解釈するかに基礎を置くし，彼女の拒否は，子どもの気質的扱いにくさをどのように解釈するのかにもよるのである。

このモデルにおいては，環境の要因は家族や文化が行う社会化のパターンを通して機能することを念頭に置き，その下位システムとして，ブロンフェンブレンナー（Bronfenbrenner, U.）の生態学的システムを考える（**図11.2**）。そこでは，私たちの生活世界をマイクロシステム，メゾシステム，エクソシステム，マクロシステムという4つの同心円で説明がなされる。マイクロシステムとは，発達しつつある個人が経験する活動，役割，対人関係のパターンのことをいい，家庭・幼稚園などの直近の生活場面で子どもがどのように活動しているのか，どのような相互作用を行っているのかが観察される。メゾシステムとは，発達しつつある個人が積極的に参加している2つ以上の行動場面の相互関係のことをいい，家庭・幼稚園など複数の生活場面の相互作用が想定されている。例えば，子どもが年下のきょうだいに急に意地悪をするようになったなど親にとって気になる行動をした場合，家庭（マイクロシステム）内での子どもの行動を観察するだけでは解決の糸口はつかめない。幼稚園での環境の変化（新しい友達との関係など）が，家庭での子どもの行動に影響している場合がある。エクソシステムは，発達しつつある個人を積極的な参加者として含めていないが，発達しつつある個人を含む場

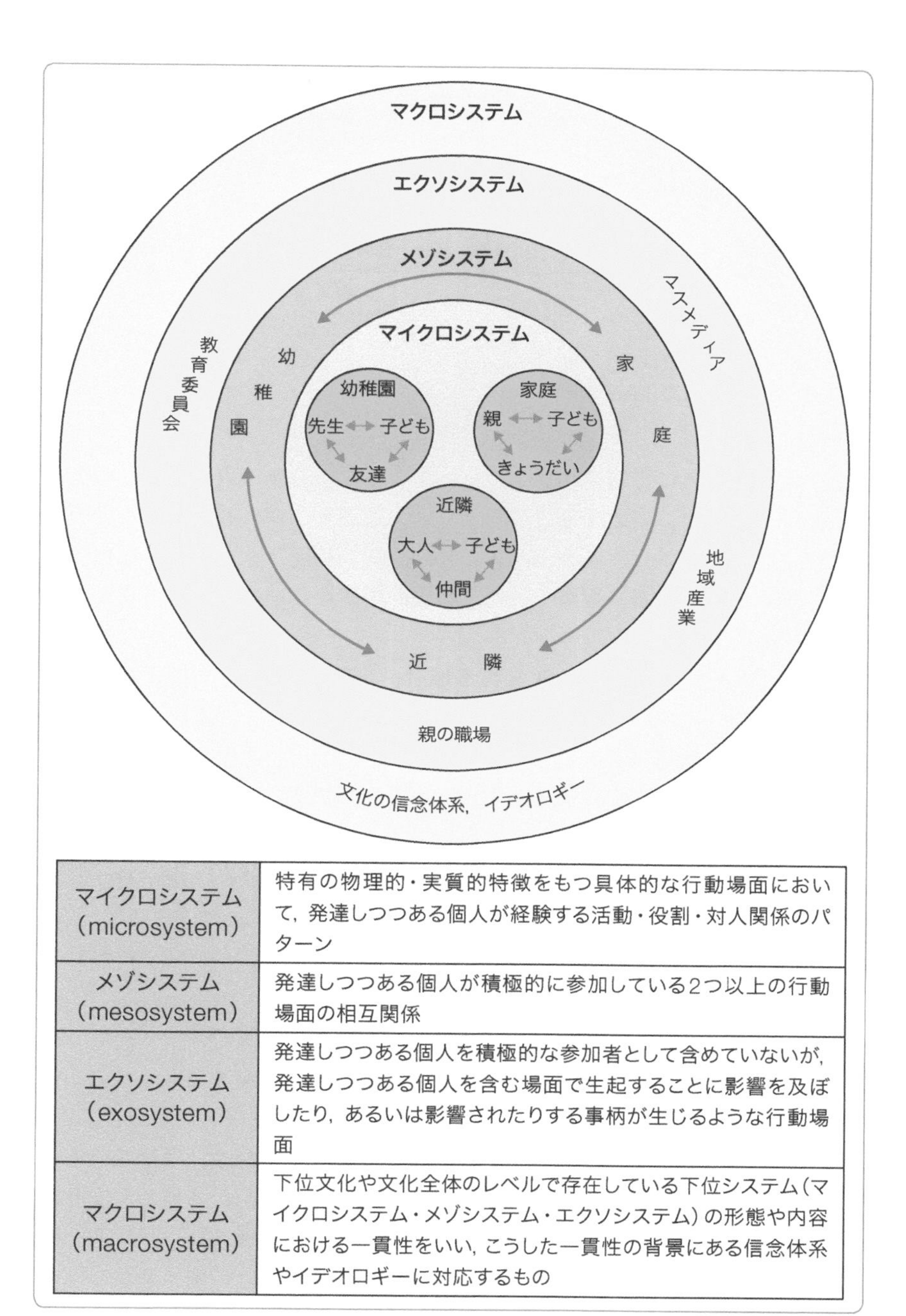

マイクロシステム（microsystem）	特有の物理的・実質的特徴をもつ具体的な行動場面において，発達しつつある個人が経験する活動・役割・対人関係のパターン
メゾシステム（mesosystem）	発達しつつある個人が積極的に参加している2つ以上の行動場面の相互関係
エクソシステム（exosystem）	発達しつつある個人を積極的な参加者として含めていないが，発達しつつある個人を含む場面で生起することに影響を及ぼしたり，あるいは影響されたりする事柄が生じるような行動場面
マクロシステム（macrosystem）	下位文化や文化全体のレベルで存在している下位システム（マイクロシステム・メゾシステム・エクソシステム）の形態や内容における一貫性をいい，こうした一貫性の背景にある信念体系やイデオロギーに対応するもの

図11.2　ブロンフェンブレンナーの生態学的システム
（Bronfenbrenner, 1979 ; Cole & Cole, 1989）

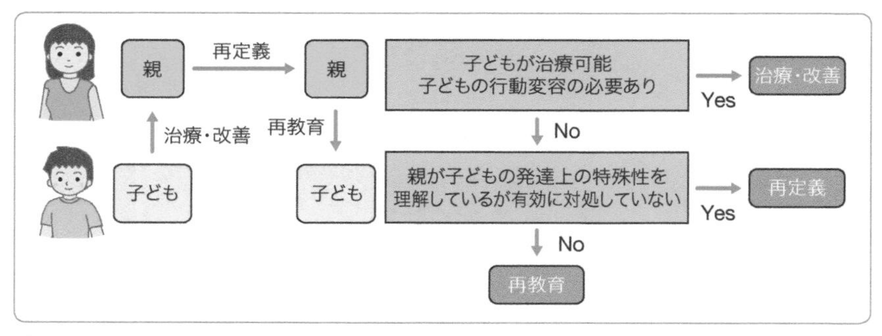

図11.3　3つの支援的介入（Sameroff et al., 2004）

面で生起することに影響を及ぼしたり，影響されたりする事柄が生じるような行動場面をいい，親の職場での人間関係や友達関係がこれにあたる。そして，マクロシステムは，上記の3つのシステムの基盤となっている文化に特有の子ども観や育児観，習慣や法律，歴史的事情などを指している（Bronfenbrenner, 1979）。

子どもに発達上の問題がみられる場合，問題解決のために3つの調整（regulation）が考えられる（Sameroff et al., 2004）。1つ目は，現在観察されている親子関係の調整（micro-regulation），例えば，親の子どもへの言葉かけを観察し，その適切なところを指摘するなどの介入を行う調整である。次に，そのような言葉かけを普段の生活の中でも行うよう親に対して助言するといった，日常生活のレベルで行われる調整（mini-regulation）がある。そして，子どもへの言葉かけは褒めることを中心にしようと教育文化的キャンペーンを行うなど，文化的発達課題のレベルで行われる調整（macro-regulation）がある。

支援的介入の観点からは，以下の3つの段階での介入ができる（**図11.3**）。子どもに発達上の問題がみられるといっても，その原因が子どもの病気や先天性異常などに端を発している場合には，治療・改善が可能な場合がある。例えば，口唇口蓋裂（こうしんこうがいれつ）により摂食や言語に関して生じる問題は，医学的治療を行うことにより，子どもの行動も改善するし，子どもに関わる親の不安や養育行動上の問題も解決可能である（治療・改善［remediate］）。一方，子どもに問題があることがわかっていてもそれが治療できない場合あるいは変容させる必要がない場合には，親がその子どもの問題に合わせて発達課題を設定しなおして対処するよう導くことが重要である（再定義［redefine］）。

最後に，親が子どもの発達上の特殊性について理解しているが，有効な対処法についての情報をもち合わせていない場合である。この場合は，例えば，発達障害の子どもへの対処法を学ぶペアレント・プログラムなどの活用が考えられる（再教育［reeducate］）。

11.3節　乳幼児の問題行動への母子関係介入

母親が育児上の困難や子どもへの接し方に関する問題を訴えて支援を求めてくる場合に考慮すべきことがある。さまざまな支援法が開発されてきているが，スターン（Stern, D. N.）は，それらの支援法に共通して留意すべき点を基本的モデル（the basic model）として呈示している。そして，現在行われている主要な支援法の概略を報告している。以下に，みていこう（Stern-Bruschweiler & Stern, 1989）。

A. 基本的モデル

母子の関係性をみるには，以下の4つの要素で考える必要がある（**図11.4**）。

①実際の子どもの行動（Bi）
②実際の母親の行動（Bm）
③相互作用についての母親の表象（Rm）
④相互作用についての子どもの表象（Ri）

ここで，③は，母親としての自分自身の表象を意味する。一人の人間として，妻として，母親としての自分自身を母親がどのように捉えているかである。この母親の表象は，相互作用そのものに何らかの影響を与えているだろう。母親の表象は，子どもをどのように認識するかにも影響するのである。

これら4つの要素はいずれも変容の可能性がある。臨床的観点からみれば，セラピストは理論的にはシステム全体を変容可能である。しかし具体的な臨

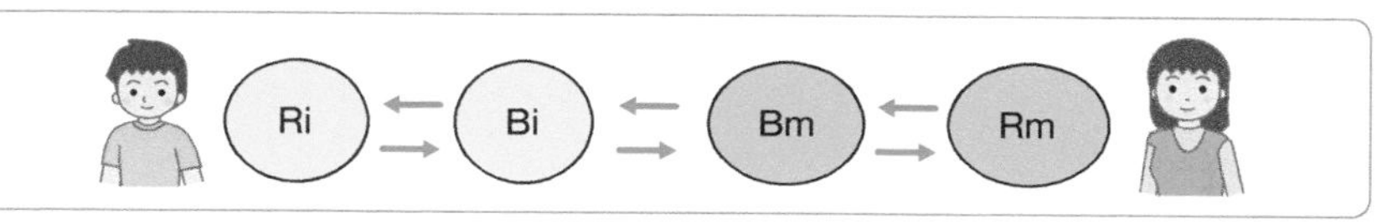

図11.4　基本的モデル（Stern-Bruschweiler & Stern, 1989）

床的介入では，時間的な制約やセラピスト自身がもつ臨床技法の制約などがあり，この4つの要素の内のいずれかへ集中的に働きかけることになる。

現存する臨床的介入法は，基本的モデルを応用してまとめることができる。その際に，以下の3点において違いがみられることに留意すべきである。

①セラピストは，4つの要素のうちのどこから臨床的情報をとっているのか，すなわち，臨床的情報源（source）である。

②4つの要素のうち，どれが治療行為の焦点になるのか，すなわち，臨床行為の焦点（act）である。

③臨床行為において，どのような様相（modality）が使用されるのかである。「解釈」「モデリング」「強化」「教育」「サポート」「アドバイス」などのいずれが用いられるかは支援法によって異なっている。

B. 精神分析学的アプローチ（図11.5）

この介入法の特徴は，情報は専ら母親から得ることにある。母親が何を問題だと考えているのか，どのようにそれを報告するのか，どのように解釈しているのかについて聞き取り，実際の母子の相互作用と比較する。こうすることにより，セラピストは，母親の表象がどのようなものであるかについての自分なりの考えを構築する。母親がなぜそのような解釈をするのかについて理解するため，成育史や現在の環境に注目する。そして，治療行為は専ら母親の表象に向けられる。実際の相互作用への直接的な働きかけは行われない。すなわち，相談者である母親に対して，忠告・教育的資料などは提供されない。母親の表象を変容させるために，セラピストは，現在の母子相互作用の中で再活性化・行われている「母親の過去の葛藤」を同定したり，注視したりする。この療法では，母親の表象が変容されない限り，意味のある有効な療法的変化が達成されたとは考えないのである。

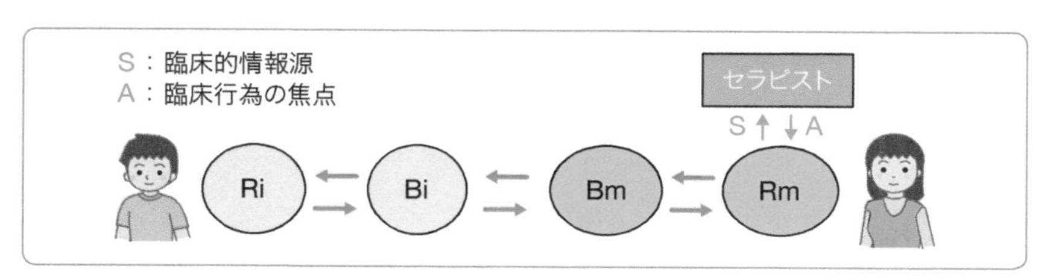

図11.5　精神分析学的アプローチ（Stern-Bruschweiler & Stern, 1989）

C. 行動小児医科学的アプローチ（図11.6）

この介入法では，子どもの疾患の歴史と子どもの行動についての情報が必要になるが，情報源は主に母親になる。可能ならば，母子相互作用あるいはセラピストと子どもの相互作用の観察を行い，母親情報を確かめることが推奨される。そのことにより，子どもに何ができ何ができないかを確認する。

この介入法の目的は，母親の行動をより現実の子どもの能力に近づけるところにある。母親に，教育的情報・アドバイスを与えること，現在の行動の良いところを伸ばすよう働きかけること，セラピストの行動のモデリングを促すことがなされる。そのことにより，母親はセラピストと同じような行動をするようになる。ブラゼルトン新生児行動評価（NBAS）を利用して行う。治療の焦点は，子どもに応答する母親の行動と，母親が保持している子どもの表象である。母親が保持する子どもの表象は，NBASを母親の面前で行うことにより，実際に子どもができること・できないことを母親に確認する機会を与え，変容すると考えられる。母親の子どもへの期待が変容され，母親の帰属の仕方が変容されるのである。例えば，未熟な状態で出生している自分の子どもが，過度の刺激には耐えられないことを確認することができる。そして，母親に，日常生活で注意することを示したり忠告したりするのである。

ブラゼルトン新生児行動評価は，新生児の行動を共通の尺度で評価する必要から，ブラゼルトン（Brazelton, T. B.）によって開発された。NBASの使用目的は，当初は，比較文化的研究もしくは早期介入（アメリカでは，麻薬・アルコール中毒の母親から生まれる子どもに対する早期介入が法制化されているという開発当時の事情があった）の2点であった。すなわち，元

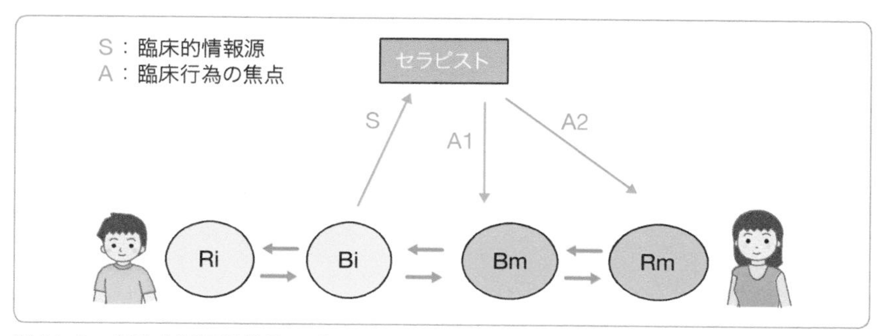

図11.6　行動小児医科学的アプローチ（Stern-Bruschweiler & Stern, 1989）

来，健康な成熟児を対象として発展してきたが，1984年改訂版（Brazelton, 1984）では，通常から逸脱した「脆弱な」児を評価するための補足項目が付け加えられた。ゆえに，使用目的に，未熟児やハイリスク児の発達の査定が加わった。

NBASは，日齢1，3，5，7，10，14，30日での実施が想定されている。検査内容は以下の7点にまとめられる。

①繰り返し刺激に対する慣れ現象：光・ガラガラ・ベル・足底触覚で評価する。かき乱し刺激を与えた後の漸減反応をみるために行われる。神経行動の組織化ができていれば，与えられた刺激に慣れていくため，漸減反応がみられるが，組織化ができていないと漸減反応はみられない。また，かき乱し刺激を封じる能力（反復刺激に慣れるにつれ，嫌忌反応［全身の驚愕反応，固く目をしばたくこと，および呼吸の変化］を遅延させる能力）をみる。
②視聴覚刺激に対する定位反応
③運動能力
④睡眠覚醒状態の幅
⑤睡眠覚醒状態の調節能力
⑥自律神経系の生理的安定性
⑦誘発反応：誘発される反射が評価される。新生児の誘発反応に対する結果が著しく正常像と異なっている場合（反射の誘発なし，過剰反応，明らかに左右差がみられる）には，児のケアに責任をもつしかるべき医療監視下に児を置くべきと判断される。

検査の実施方法は以下のとおりである。薄暗い，静かな，一定温度（22～27度）の部屋で行う。授乳と授乳の中間位の時刻に，軽睡眠の状態から始める。刺激への慣れの現象から，徐々に強い刺激の項目を実施し，敏活な覚醒状態になったところで，視聴覚刺激への定位反応項目を行う。検査項目の順序は，児の状態によって臨機応変に変えていく。全体の所要時間は通常20～30分である。検査者と児との間に生じる自然な相互活動を妨げないよう，検査中の記録は最小限にとどめ，検査終了後に，記憶を辿って児の行動を再構成しつつ，それぞれの項目を9段階尺度で評価する。NBASは，新生児の行動上の成熟レベルを測定する評価法として広く使用されている。

D. 行動療法（図11.7）

3つのステップからなる介入法である。

ステップ1：セラピストは子どもにだけ関わり，行動をシェーピング（望ましい行動が形成されるように働きかけること）する。セラピストとの関わりの中で子どもが何をするか（Bi）が情報源となり，治療の焦点は，子どもの行動に向けられる。行動（Bi）が変容することによって，子どもの表象（Ri）も変容することが想定されている。

ステップ2：セラピストは母親にどのようにシェーピングするかを教える。セラピストと子どもとの関わり方（ビデオ録画してあることが多い）を情報として与え，治療の焦点は，母親の行動（Bm）に向けられる。母親は，その方法で良いことがわかると，問題は解決不可能であると考えていた母親の表象（Rm）も変化しうることが想定されている。

ステップ3：母親は子どもに関わり，セラピストはその関わり方についてコメントおよびコーチする。治療の焦点は母親の行動（Bm）に向けられる。行動においても表象においても変容した母親と子どもの相互作用が再び試行されることになる。

E. 相互作用ガイダンス（図11.8）

この介入法の特徴は，家族問題に焦点づけた，判定的でない，遊びの文脈，ビデオ・フィードバックを使った技法，短期療法の5点である。また，この療法技法の長所は，権威的でない，家族で合意の得られているゴールを使う，

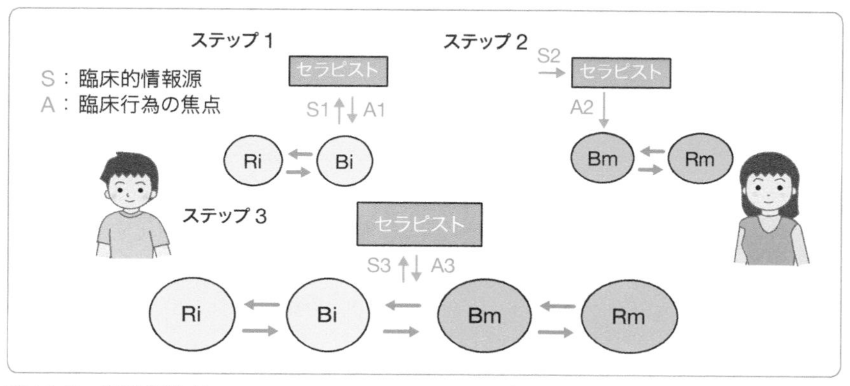

図11.7　行動療法（Stern-Bruschweiler & Stern, 1989）

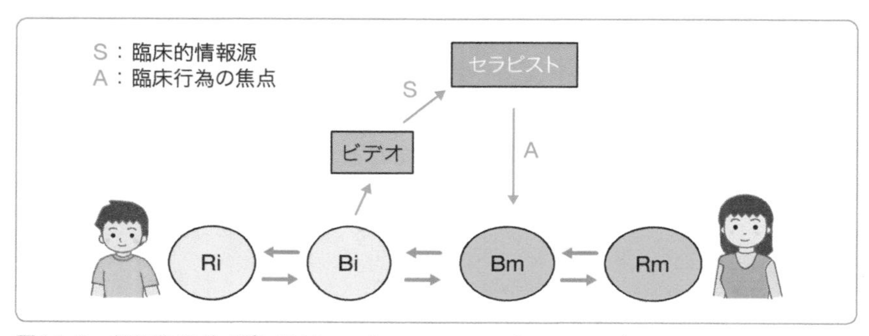

図11.8　相互作用ガイダンス（Stern-Bruschweiler & Stern, 1989）

現在ある良いところを強調する，相互作用における喜びを増加させる，代替的な見方を示唆するところにある。

この支援的介入法は，母親の親としての自尊心を最大限尊重して行う短期介入法である。介入に先立って，家庭訪問を行う。そこでは，家族のコミュニケーションパターンから，母親の置かれている状況，家族としてどのような構造をもっているか，家族成員がどのような機能を果たしているかの情報を得ることが目的である。そして，家族がどのような習慣・慣習（family routines & rituals）をもっているかについて把握する。また，家族の物質的資源の利用可能性，ならびに，家族が得られるソーシャルサポートの利用可能性と有益性（十分な援助となるか）を評価する。そして，セラピストは，家族と現在の「問題」の相互理解を発展させ，治療目標とその基準をお互いに了解することになる。

第1回家庭訪問で了解された治療目標を達成するために，母子自由遊び場面を設定しての行動観察録画とそれを視聴してのセラピーが実施される。母子自由遊び場面のビデオは，母親を対象にしたセラピーで用いられるが，可能であれば家庭訪問を実施してそれを家族全員で視聴し，母親以外の家族の反応を引き出し，療法的フィードバックを提供するためにも用いられる。この療法でのセラピストの役割は，ビデオでみられる母親の行動を変えようとすることにある。母親の行動の良いところを見つけてそれを強化することが求められる。母親の自尊心を高めるような方法で行動に介入し，母親の表象（Rm）を変容する目的をもって，母親の行動（Bm）を変容するのである。ゆえに，この療法で用いられる技法は，正の強化と情報・アドバイスであり，母親自身の経験を尊重するためモデリングは使用しない。

治療の焦点は，ビデオでみられる母親の行動に向けられるが，母親の行動には，簡単に変えることのできるものと，変えることの困難なものがある。簡単に変えることのできる行動としては，子どものシグナルに対する貧困な理解力，および子どもの意図の誤った解釈がある。この2つは，望ましくない養育行動へ結びつく原因となるものである。変えることの最も困難な行動としては，子どもの情動表出への不適切な反応，および子どもに対する欲求不満や怒りを処理することに対する貧困な能力がある。この2つは，母親のパーソナリティ特性や成育史などの影響を受けて形成されていると考えられている。

11.4節 非定型発達児とその支援

先天的であるか，後天的であるかにかかわらず，神経学的な要因に起因して，発達的な順序性や時期が標準（定型発達）からずれる子どもを非定型発達児と呼ぶ。本節では，彼らの特徴とその支援法について考える。

A. 自閉スペクトラム症／自閉症スペクトラム障害

11人の子どもたちの観察から，「極端な自閉的孤立」「卓越した機械的暗記力」「遅延性反響言語」「同一性保持への強迫的欲求」「刺激への過敏性」「自発的活動の限局」といった特徴が明らかになり，「早期幼児自閉症」がカナー（Kanner, L.）によって報告されたのが1943年である。それ以降，この症状を巡るさまざまな研究が実施されてきたが，「社会性の障害」「コミュニケーションの障害」「想像力の欠如とそれに基づいた反復した常同行動」が，自閉症の3つの中核症状と認識されるに至った。そして，自閉症は，虹がさまざまな色が含まれる1つの集合体として捉えられるのと同様，それらが複雑に組み合わさった集合体として捉えるのが妥当であるという観点から，スペクトラム（spectrum）という概念が，ウィング（Wing, L.）によって提唱された。

DSM-5（Diagnostic and statistical manual of mental disorders, 5th edition）（APA, 2013）では，「社会的コミュニケーションおよび対人的相互関係の障害」と「反復行動，興味の限局」という2つの診断基準を満たした場合に，自閉スペクトラム症／自閉症スペクトラム障害（autism spectrum disorder：ASD）と診断される*1。

2011～2013年に行われた神尾ら（2015）の研究によると，4～5歳児におけるASDの有病率は3.5%であり，4～5歳のASD児の8～9割に精神障害の合併が見いだされたことが報告されている。

ASD児は，幼い時期から定型発達児にみられる行動が少なく，定型発達児にはみられない特有の行動様式が発現するため，養育者は子育てに戸惑いを感じやすく，心理的負担が大きくなる。他者への関心が薄く，呼ばれても答えず，アイコンタクトが少ない。興味のあるものを指さす，指さしたものへの追従行動などの共同注意に乏しい。その代わりに，何か欲しい物を取って欲しいときに親の手首を持って欲しい物に近づける行動（クレーン現象）や，他者の話した言葉をそのまま返す行動（エコラリア）が多いといった特徴がみられる。児童期に入ると，流暢に話せても，相手の知識に配慮して話したり，場の雰囲気に合わせて話すといったことができずに，自分の興味のあることだけを一方的に話したりと，他者とのコミュニケーション上の問題が起因して，仲間関係の形成や維持に困難を示すようになる。こうしたASD児の他者とのコミュニケーション上の問題は，メンタライジング（mentalizing）能力*2の獲得に遅れがあることに起因するとの考えがある。メンタライジングとは，他者が自分とは異なる願望と信念をもっていることや異なる精神状態にあることを認識し，他者の言動から，その他者の心について推論や解釈を行い，自分の心について考える能力である。この能力の萌芽は，生命体が自己推進的であることを認識し，生物の動きと機械の動きとを識別する6か月齢にみることができる（Woodward, 1998）。そして，養育者をはじめとする周りの人々との自然な関わりの中で育まれていくものであるが，そうした経験が乏しくなるASD児にとっては獲得が困難であることが示唆されている（Frith, 2004）。青年期・成人期になると，職場集団にとけこめず，不適応を起こすことも出てくる。養育者は，彼らの示す行動への正解がわからず，不安を感じやすい。また，子どもも養育者も困っているということへの理解が，近親者を含めた周囲から得られにくいといった

---

*1　DSM-5への改訂により，アスペルガー（Asperger）症候群は，自閉スペクトラム症に含まれることになった。

*2　メンタライジングの名詞であるメンタライゼーション（mentalization）は，1960年代後半にフランスの精神分析家によって導入された概念であるが，子どもが心の理論を獲得する時期についての研究が進んだ1980年代に，多くの研究者によって用いられるようになった。1990年代に，臨床実践にその概念を導入した代表的なものとして，フォナギー（Fonagy, P.）らのMBT（mentalization-based treatment）がある。

ストレスを抱えていることもある。

ASD児の特性を念頭に置いた支援としては，社会的コミュニケーションの障害が中核症状の1つであるため，そのスキルを向上させるソーシャルスキル支援が行われる。目標は，ASD児一人ひとりが，置かれた環境に適切なスキルを獲得し，彼らが将来的に社会適応可能となるよう設定される。

B. 注意欠如多動症／注意欠如多動性障害

普段は明るくひょうきんな行動で皆を笑わせたりするのに，突然スイッチが入り，衝動的に乱暴な行動をしてしまう子どもがいる。また，じっとしていることができず，常に動き回り，集団行動を乱してしまう子どもがいる。そうかと思うと，物を忘れたり失くしたりすることが多く，ケアレスミスが目立つ子どもがいる。

DSM-5では，「不注意」・「多動・衝動性」のどちらか一方，または双方がみられ，それが，社会的・学業的，または職業的機能を損なわせている場合に，注意欠如多動症／注意欠如多動性障害（attention-deficit hyperactivity disorder：AD/HD）と診断される。

AD/HDの有病率は報告によって差があるが，学童の3～7%程度と考えられている。AD/HDは神経伝達物質ドーパミンの機能障害が想定されており，AD/HD児は，本人の意図とは別に，どうしてもじっとしていられず，授業妨害をしたり，必要な持ち物を忘れたり失くしたりする。こうした行動は，教師や養育者から叱責されることになるため，子どもは，「何事もうまくできない自分」といった否定的な自己イメージを形成しやすい。彼らは，学業不振や対人関係で悩むだけでなく，気分の落ち込みや強い不安感を感じるなど，精神的な二次障害を生じやすい。

AD/HD児への支援としては，教室での机の位置や掲示物などの工夫をして本人の集中力を増す環境を整えたり，勉強や作業時間を10～15分などの本人が集中できそうな時間に区切って行わせる方法などが有効である。また，子どもが集中しているときには報酬を与え，離席しているときには過剰に叱責するのではなく報酬を与えない方法（行動の消去法）を使用することで，好ましい行動を増やす試みを行う。以上のような，子どもの不適切な行動の消去や望ましい行動の強化手続きを養育者に教示するペアレントトレーニングが開発されている。

C. 限局性学習症／限局性学習障害

学習障害は，基本的には全般的な知的発達に遅れはないが，読む，書く，計算する，または推論する能力のうち特定のものの習得と使用に著しい困難を示すさまざまな状態を指す。学習障害は，中枢神経系に何らかの機能障害があると推定されるが，視覚障害，聴覚障害，知的能力障害，情緒障害などの障害や環境的な要因が直接の原因となるものではない。

DSM-5では，問題に向けて介入が行われたにもかかわらず，読み書き能力や計算などの算数機能に関して，学業または日常生活に大きな支障をきたす場合，限局性学習症／限局性学習障害（specific learning disorder：SLD）と診断される。

例えば，読みの困難には「形の似た字を間違える」「どこで区切って読めば良いかわからない」などがある。書きの困難には「文字を左右逆さに書いてしまう」「漢字を部分的に間違う」などがある。計算の困難には「数字の概念が理解できない」「簡単な計算ができない」などがある。

一例を挙げれば，読みに困難を抱える子どもは，教科書を読むのに他の子どもの何倍も時間がかかる。また，板書の際にどの文字をどこに写していたのかわからなくなってしまう。文字を読むというのは一見単純な行為に思えるが，文字を目で追い，文字の区切りを認識し，それを音に変換し記憶するといういくつものプロセスを経ている。読み書きに障害のある子どもは，そのプロセスのどこかに脳機能の障害があり，文字が読めないといった行動になっていると考えられる。それとは対照的に，読み書きは何の問題もなくできる子どもが，簡単な四則演算ができないこともある。

こうした困難を抱える子どもには，個人の苦手なところを明確にし，環境的な配慮を整える必要がある。具体的には，勉強のときだけ困難が生じるので，学校などの教育現場と家庭でのサポートが重要になってくる。「自分が読んでいるものを理解することが困難」という場合には，「子どもが音読した後，続けて教師や親がゆっくり正確に声に出して読む」「文の少ない絵本を交代で音読する」などが考えられる。「文字を逆さに書く」場合には，「なぞり書きを何度も繰り返す」「正しい文字を見せる」などの工夫をする。昨今では，デジタル教材を活用した多様な支援法が開発されてきている。彼らの特性を理解して，社会全体で支援していくという姿勢が必要であろう。

D. 発達性協調運動症／発達性協調運動障害

保育園・幼稚園に通いはじめるようになると，「靴ひもがうまく結べない」「ハサミで図形を切り抜くことができない」などの不器用さや，極端に運動の苦手な子どもに周囲が気づくようになる。家庭生活では問題が認識されることは少なく，集団生活を送るようになって，同年齢の子どもたちとの比較の中で気づかれることが多い。

DSM-5では，不器用さ（物を落とす，壁にぶつかる）が顕著で，運動技能（ハサミの使用，書字，スポーツ活動など）が極端に劣り，それが，学業や日常生活での生産性や余暇・遊びに影響を与えている場合，発達性協調運動症／発達性協調運動障害（developmental coordination disorder：DCD）と診断される。

DCDは学童の5～6%の頻度で認められる（Wilson et al., 2013)。男児が圧倒的に多く，男女比は5：2との報告がある。また，DCDの症状は，成人になっても50～70%の確率で残るとされている。乳幼児期に，子どもの運動技能のぎこちなさや不器用さを感じたとしても，それを理由に保護者が医療機関を受診することは少なく，子どもの成長とともに改善するだろうと考える保護者は多い。しかし，実際には，成人になっても不器用さは容易に改善しない。

DCD児の不器用さのレベルはかなり高く，単なる不器用として扱うわけにはいかない。これまでに，DCD児への幼児期における適切な支援が大変有効であることが指摘されている。逆に，適切な支援が受けられず，不器用なままに幼児期，そして児童期と過ごすうちに，二次障害として学校や社会への不適応を起こすことが知られている。

なお，上記A～Dの4つの神経発達症群／神経発達障害群は，DSM-5において，併存する可能性のある発達障害として認められている（**図11.9**)。

E. 知的能力障害（知的障害）

知的能力障害（知的障害）は，医学用語の精神遅滞（mental retardation）と同じものを指している。論理的思考や問題解決を行う能力，計画を立て遂行する能力，判断能力など，学校教育や日常生活で必要とされる全般的な精神機能の支障によって特徴づけられる発達障害の1つである。

厚生労働省は，知的機能の障害が発達期（おおよそ18歳まで）にあらわれ，日常生活に支障が生じているため，何らかの特別な援助を必要とする状

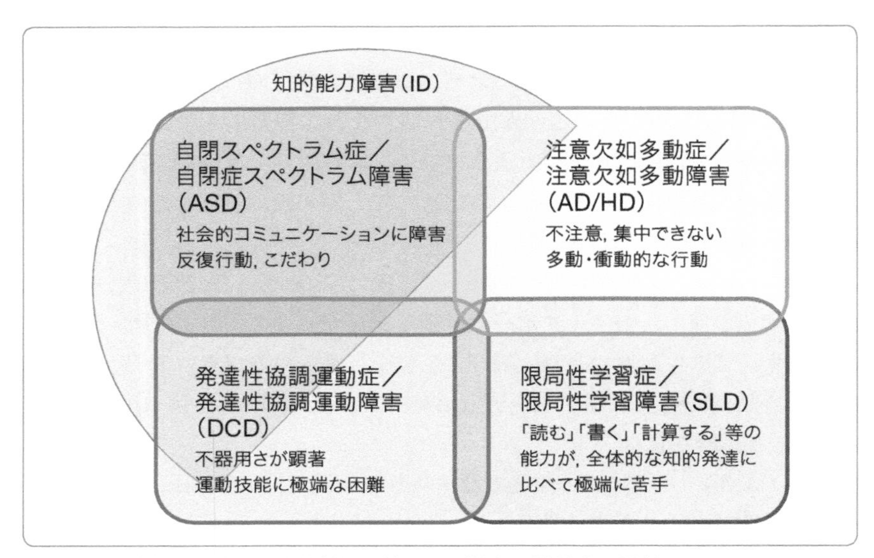

図11.9　DSM-5における主な神経発達症群／神経発達障害の関係（厚生労働省，2019）

態にある場合，知的能力障害（intellectual disability：ID）と定義している。DSM-5においても，ほぼ同様で，「臨床的評価および個別化，標準化された知能検査によって確かめられる知的機能の欠陥」があり，「発達的および社会文化的な水準を満たすことができない適応機能の欠陥」があり，「それらが発達期の間に発症」していることにより診断される。そこで，知的能力障害の診断は，知能検査と適応能力検査の2つによって総合的に判断される。

知能検査は，「ウェクスラー式知能検査」「KABC-Ⅱ」などが使用される。ウェクスラー式知能検査は，年齢に応じた3つのテストに分かれている（2歳6か月～7歳3か月はWPPSI，5歳～16歳11か月はWISC，16歳以降はWAISで評価する）。KABC-Ⅱは，子どもの知的能力を，認知処理過程と知識・技能の習得度の両面から評価し，得意な認知処理様式を見つけ，それを子どもの指導・教育に活かすことを目的としている。適用年齢は，2歳6か月～18歳11か月である。知能検査の結果は，知能指数（IQ，後述）で示される。知能指数は正規分布（平均値＝100，標準偏差＝15）し，IQ 85～115に約68%，IQ 70～130に約95%が分布するので，IQ 70未満を知的機能の低下と判断する。

適応能力検査は，Vineland-Ⅱ適応行動尺度を用いることができる。対象年齢は0～92歳で，コミュニケーション，日常生活スキル，社会性，運動スキルの4つの適応行動領域に分けて評価を行う。適応能力とは，日常生活でその人に期待される要求に対していかに効率よく適切に対処し，自立しているのかを表す能力のことである。食事の準備・対人関係・お金の管理などを含んでおり，年長となって社会生活を営むために重要な能力である。

彼らへの支援は，日常生活・学校・職場など多方面における適応への困難さの評価だけでなく，それらへの適応を当然に求める社会の価値観なども批判的に検討したうえで判断する必要がある。知的能力障害に対する理解が不十分な環境に置かれていれば，軽度の知的機能の低下であっても長期的支援を要する場合がある。一方，最重度の知的機能の低下と判定されていても，周囲の理解や環境の整備により一時的支援だけで生活に支障を生じない場合もある。知的能力障害をもつ人々が，潜在的な能力を発揮できるような環境を整え，自立を後押しするような社会にしたうえで，いかなる支援が必要かを考えることが大切である。なお，児童相談所または知的障害者更生相談所において，知的能力障害があると判定された場合，自治体から療育手帳の交付を受けることができる。

11.5節 知的能力の発達における個人差

A. 知的能力の測定

20世紀の初頭，公教育が普及した諸国では知的能力の測定に関心が高まっていた。一斉授業により多くの子どもたちが効率的に学ぶことができるようになったが，そうした授業についていくのが著しく困難で，その恩恵にあずかれない子どもたちがいたのである。フランスの行政担当局は，知的能力が劣っており個別の配慮を必要とする子どもたちを鑑別するために，ソルボンヌ大学心理学教授であったビネー(Binet, A.)と精神科医のシモン(Simon, T.)に，知的能力の個人差を測定する検査の作成を依頼した(Binet & Simon, 1961)。

ビネーとシモンは，さまざまな年齢の子どもたちに，さまざまな種類のテストを実施し，知的能力尺度を作成した。それは，テスト項目を，標準的な3歳齢の子どもが正答する項目，標準的な4歳齢の子どもが正答する項目というように整理したものである。そして，標準的な3歳齢の子どもが正答する項目ができる子どもは，精神年齢（mental age：MA）が3歳であるとした。彼らが開発した精神年齢を指標とする検査を使用することにより，例えば，知的能力が劣った7歳齢の子どもが，精神年齢何歳であるかを測定することが可能になったのである。

彼らの検査が導入されてまもなく，知的能力の個人差の指標として精神年齢を使用する限界が認識されるようになった。例えば，暦年齢18歳の子どもが精神年齢16歳であるのと，暦年齢5歳の子どもが精神年齢3歳である場合を考えてみよう。どちらの子どもも，同年齢の子どもより精神年齢において2歳遅れている。この2歳の遅れは同じ意味をもつだろうか。こうした観点から，シュテルン（1949）が提案したのが精神指数（mental quotient）であり，後にターマン（Terman, L. M.）によって名称が変更され現在でも使用されている知能指数（intelligence quotient：IQ）である。IQは，精神年齢（MA）を暦年齢（CA）で除し，100を乗じて算出される。

$$IQ = (MA/CA) \times 100$$

これで算出すると，どの年齢であっても知的能力が標準の子どものIQは100，先の事例で考えた，精神年齢16歳の暦年齢18歳の子どものIQは89，精神年齢3歳の暦年齢5歳の子どものIQは60となる。

その後，知能指数算出法を取り入れた知能検査はさまざまな修正がなされていくが，ビネーとシモンが開発した各年齢の子どもの平均パフォーマンスを定義し各個人の得点をその標準得点と比較するという考え方は，知能検査を標準化するにあたっての基礎となっていく。

なお，前述したように，現在は，知能検査は標準化されたものが多く，その場合，算出される知能指数は，同年齢の集団の中でどの位置にいるかを表す偏差値（平均値＝100，標準偏差＝15）によって示されることが多い。

B. 知的能力の性質：多重知能理論

知的能力というのは，1つの尺度で測定できるような1次元のものなのだろうか。それとも，いくつかの異なった能力から構成される多元的なものなのだろうか。ガードナー(Gardner, H.）は，多重知能（multiple intelligence：MI）理論を提唱した（Gardner, 2004, 2006)。それによると，われわれの知的能力は，多様な認知的モジュール（認知機能をもつ基本的単位）から成り立っており，その一つひとつが独自の発達過程を辿る。例えば，音楽的知能は発達初期に現れ，論理的数学的知能は青年期後期・成人期初期にそのピークを迎えるが，芸術家が依拠するような空間的知能がピークを迎えるのはかなり後になってからである。そして，多重知能の一つひとつの発達は，①その個人の脳の構造，②その個人の文化が，どの程度その知能に重要性を認めるか，③その個人が，どの程度その知能が開花するのに必要な教示を受け，どの程度活動に携われるかの，3つの要因によって決まってくる。

C. 情動知能

知的能力には，認知的なものとは別に，社会的なものがあるとの観点から，情動知能*（emotional intelligence：EI）という概念が提起されている（Salovey & Mayer, 1989）。情動知能とは，自分自身および他者が，どのような感情を抱いているのか，どのような情動状態にあるのかを理解し，その違いに応じた考え方や行動をする能力のことをいう。この能力は，①自己と他者の情動を正確に知覚する能力，②思考を促進するために情動を使用する能力，③表出されている情動，感情的な言葉や行為について理解する能力，④特定の目的を達するために情動を制御する能力の，4つの下位領域から構成されている。また，この能力は特性的な性質をもっていることも認識されている。この能力を測定するテスト（Mayer-Salovey-Caruso Emotional Intelligence Test：MSCEIT）も開発され改訂が進んでいる（Mayer et al., 2008）。

練習問題

1. 以下の文章の ① ～ ③ に入る適切な語句の組み合わせを選びなさい。

低出生体重児とは ① g未満で，早期産児とは在胎 ② 週未満で出生する児のことをいうが，新生児集中治療室への入院などの事情で，出生後母子分離を経験することがある。そうした分娩後の母子分離のもたらす影響について研究したのが， ③ である。

＊情動知能：公認心理師国家試験出題基準「ブループリント」では「感情知性」としている。

	①	②	③
a	2,500	30	クラウス・ケネル
b	2,000	37	ブラゼルトン
c	2,500	37	クラウス・ケネル
d	2,000	30	クラウス・ケネル
e	2,500	37	ブラゼルトン

2．以下の文章の［　　］に入る適切な語句を選びなさい。

これまで3歳年下の弟の面倒をよくみていたマリエちゃん（5歳，女の子）だったが，最近，弟の玩具を取り上げて泣かせるなどの行動をすることが多くなった。母親の子どもたちへの関わりが問題を引き起こしているようにもみえない。相談にのっていた臨床発達心理士は，ブロンフェンブレンナーの概念である［　　］としてのマリエちゃんの幼稚園での人間関係に目を向けた。案の定，マリエちゃんは，クラスに新しく入ってきたユミコちゃんといざこざを起こすことが多くなっていたのである。

a．メゾシステム　b．エクソシステム　c．マクロシステム
d．クロノシステム　e．マイクロシステム

3．①〜④の臨床的介入法と関連のある事項を，a〜dからそれぞれ選びなさい。

①精神分析学的アプローチ　②行動小児医科学的アプローチ
③相互作用ガイダンス　④行動療法
a．シェーピング　b．治療の焦点は母親の表象
c．ブラゼルトン新生児行動評価　d．遊び場面の活用

4．以下の非定型発達児に関する記述で，適切なものをすべて選びなさい。

a．注意欠如多動症／注意欠如多動性障害（AD/HD）と自閉スペクトラム症／自閉症スペクトラム障害（ASD）とを併記することは診断上認められていない。
b．注意欠如多動症／注意欠如多動性障害（AD/HD）は神経生理学的な要因が認められているが，生活環境の影響を受けて症状が形成される。
c．自閉スペクトラム症／自閉症スペクトラム障害（ASD）の原因は幼少期の親のしつけであることが多い。

d. 自閉スペクトラム症／自閉症スペクトラム障害（ASD）の子どもは，コミュニケーションの問題を抱えることが多い。
e. 発達性協調運動症／発達性協調運動障害（DCD）の子どもは，単に不器用なだけなので，気長に成長を待つことが肝要である。
f. 限局性学習症／限局性学習障害（SLD）の子どもは，ある特定の状況に置かれると読み書きができなくなる。

〈文献〉

American Psychiatric Association (2013). *Diagnostic and statistical manual of mental disorders* (5th ed.). American Psychiatric Association.（日本精神神経学会（監修），高橋三郎・大野裕（監訳）（2014）．DSM-5 精神疾患の診断・統計マニュアル．医学書院）

Binet, A., & Simon, T. (1961). The development of intelligence in children. In J. J. Jenkins, & D. G. Paterson (Eds.), *Studies in individual differences* (pp. 81–111). Appleton-Century-Crofts.

Brazelton, T. B. (1984). *Neonatal behavioral assessment scale* (2nd ed.). Spastics International Medical Publications.

Bronfenbrenner, U. (1979). *The ecology of human development*. Harvard University Press.（磯貝芳郎・福富譲（訳）（1996）．人間発達の生態学．川島書店）

Frith, U. (2004). Emanuel Miller lecture. *Journal of Child Psychology and Psychiatry*, *45* (4), 672-686.

Gardner, H. (2004). *Frames of mind*. Basic Books.

Gardner, H. (2006). On failing to grasp the core of MI theory. *Intelligence*, *34* (5), 503-505.

神尾陽子・川俣智路・中井昭夫・三島和夫・小保内俊雅・深津玲子・藤野 博（2015）．就学前後の児童における発達障害の有病率とその発達的変化．厚生労働科学研究成果データベース

Klaus, M. H., & Kennell, J. H. (1976). *Maternal-infant bonding*. The C.V. Mosby.（竹内徹・柏木哲夫（訳）（1979）．母と子のきずな．医学書院）

厚生労働省（2019）．発達障害の理解．令和元年度就労準備支援事業従事者養成研修資料

厚生労働省．ADHD（注意欠如・多動症）の診断と治療．e-ヘルスネット．https://www.e-healthnet.mhlw.go.jp/information/heart/k-04-003.html

厚生労働省．知的障害（精神遅滞）．e-ヘルスネット．https://www.e-healthnet.mhlw.go.jp/information/heart/k-04-004.html

厚生労働省．学習障害（限局性学習症）．e-ヘルスネット．https://www.e-healthnet.mhlw.go.jp/information/heart/k-03-004.html

黒田美保・萩原拓（2017）．自閉症スペクトラム障害における社会・情動支援．臨床発達心理士認定運営機構（監修），近藤清美・尾崎康子（編），社会・情動発達とその支援（pp. 153-178）．ミネルヴァ書房

Mayer, J. D., Salovey, P., & Caruso, D. R. (2008). Emotional intelligence. *American Psychologist*, *63* (6), 503-517.

Salovey, P., & Mayer, J. D. (1989). Emotional intelligence. *Imagination, Cognition and Personality*, *9* (3), 185-211.

Sameroff, A. J. (1993). Models of development and developmental risk. In C. H. Zeanah, Jr. (Ed.), *Handbook of infant mental health* (pp. 3-13). The Guilford Press.

Sameroff, A. J., & Fiese, B. H. (1990). Transactional regulation and early intervention. In S. J. Meisels, & J. P. Shonkoff (Eds.), *Handbook of early childhood intervention*. Cambridge University Press.

Sameroff, A. J., McDonough, S. C., & Rosenblum, K. L. (Eds.), (2004). *Treating parent-infant relationship problems*. The Guilford Press.

Stern, W. (1949). The intelligence quotient. In W. Deniss (Ed.), *Readings in general psychology* (pp. 338-341). Prentice-Hall.

Stern-Bruschweiler, N. & Stern, D.N. (1989). A model for conceptualizing the role of the mother's representational world in various mother-infant therapies. *Infant Mental Health Journal*, *10* (3), 142-156.

Thomas, A., Chess, S., & Birch, H. G. (1968). *Temperament and behavior disorders in children*. New York University Press.

Wilson, P. H., Ruddock, S., Smits-Engelsman, B., Polatajko, H., & Blank, R. (2013). Understanding performance deficits in developmental coordination disorder: A meta-analysis of recent research. *Developmental Medicine & Child Neurology*, *55* (3), 217-228.

Woodward, A. L. (1998). Infants selectively encode the goal object of an actor's reach. *Cognition*, *69* (1), 1-34.

第12章 個人差の発達(3)：パーソナリティの発達

到達目標

- 親の行動規準の内面化過程に関する諸理論について説明できる。
- 親世代とは異なる行動規準が子ども集団で形成されるメカニズムについて説明できる。
- 行動規準を「教育」を通して獲得する必要性について論じることができる。

第10章では，接近快活性が高くエフォートフル・コントロールも高い子どもは，提示された新奇刺激に対して誘惑を感じるが，必要な場合には，誘惑に駆られた生起しがちな行動を抑制できることについて学んだ。子どもに「自己」という意識が芽生え，こうありたいという「行動規準」が獲得されると，それぞれの子どもにとっての「必要な場合」が決まってくる。そして，その子どもの「性格（パーソナリティ）」が形成されていく。本章においては，どのように行動するのか（気質）に加えて，何が必要で何ができるのか（行動規準の獲得と状況を判断してその規準を実現する能力），どうしてそうするのか（動機づけ），といった面を含めた「性格（パーソナリティ）」の形成過程を考える。

12.1節 「自己」「自己の規準」の意識とそれに関連した情動の発達

3.3節で学んだように，ルージュタスクに通過する2歳頃には子どもは「自己」の認識が可能になり，自己意識をもつようになる。また，2歳くらいになると，子どもは「そうあるべき・そうすべき」という規準の感覚を発達させる。ぬいぐるみのクマの片目がなくなっていたり，新しい服の縁に泥が付いていたりすると困った顔をするようになる。子どもにとって，クマには2つの目があるべきだし，新しい服はきれいであるべきものとして考えられるようになるからであろう。また，大人の規準に対して敏感になり，自分にはできそうもない課題を示されると，それに取り組むのを拒むようになる。これは，大人の規準を認識し，それに従わなければならないという責任感が

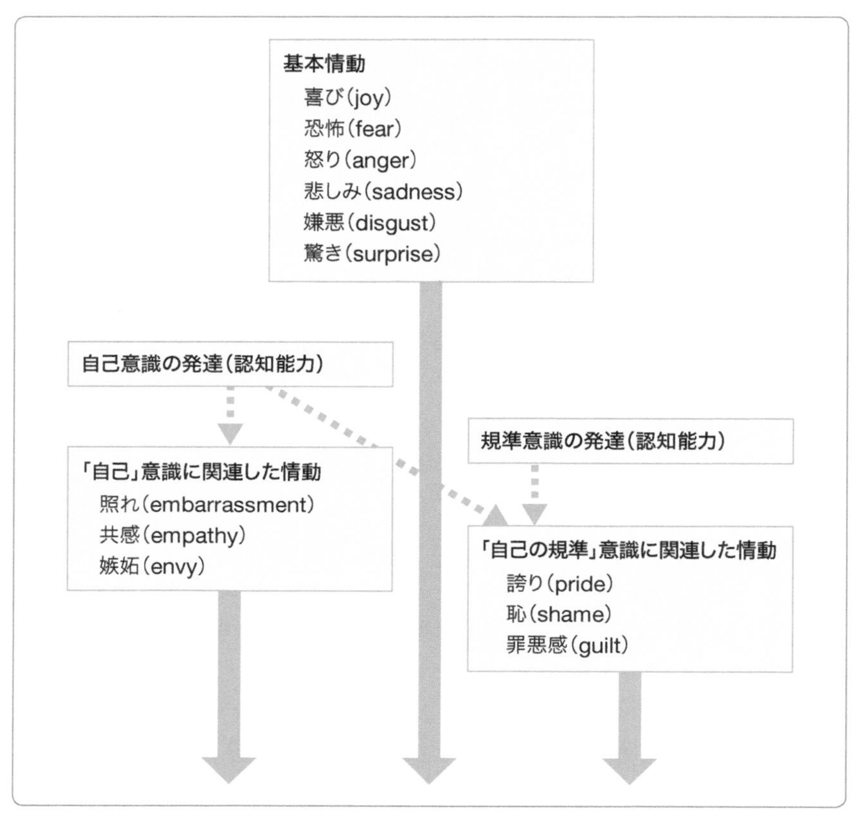

図12.1　「自己」「自己の規準」の意識とそれに関連した情動(Lewis et al., 1991)

芽生えてきた証拠とも考えられる。そして，絵を描いたり歌を歌ったりするときにも，この程度までは自分でできるようになりたいと目標設定をする能力が形成され，その目標を達することができるとニッコリ微笑んだりする。これは，ケーガン（Kagan, J.）によって，達成微笑（mastery smile）と呼ばれた現象である。反対に，自分が意図したパフォーマンスに失敗すると恥ずかしそうな表情をする。すなわち，子どもの中に規準意識が芽生えると，それに関連した情動も発達するし（Lewis et al., 1991）（**図12.1**），子どもは，自分の規準を達成させるために，親の助けを積極的に求めるようになる。そして，子どもの行動規準自体は，親の行動規準や同胞集団の行動規準など，子どもを取り巻くさまざまな環境に存在する規準に影響されながら変容していく。

12.2節 親の行動規準の内面化

子どもは親の行動規準の多くを内面化する。それは，親が「わが子にはこうなってほしい」といった親自身の希望や期待を子どもに伝えようとするからである。そして，そうした親のメッセージが子どもの心の中にストンと落ちると，それは子どもの行動規準になる。子どもは親や大人がいなくても「自分の行動規準」に従って行動するようになる。では，正しくメッセージを伝え，子どもに受け入れてもらうにはどうしたらいいのだろうか。

A. 古典的理論

親の行動規準が内面化される過程では，どのようなしつけ方略が有効かという観点から研究が行われてきた（**図12.2**）。

i）精神分析理論

しつけ方略に関する初期の研究は精神分析理論によってなされてきた。細部の説明はさまざまであるが，一般的に精神分析理論は以下のような説明をする。親によって欲求不満を与えられると子どもは敵意を感じる。だが，この敵意は抑圧される。なぜならば，子どもは，そうした敵意を表出することは，親からの罰，特に愛の喪失や見捨てられることを引き出すのではないかと恐れるからである。敵意を抑圧し親からの承認を得ようとして，子どもは，親を熱心にまねるよう動機づけられ，親のルールや禁止を受け入れる。子どもに取り入れられる親の行動の1つとして，いけないことをした後の罰といったものがある。すなわち，初期には罰や見捨てられることに対する不安

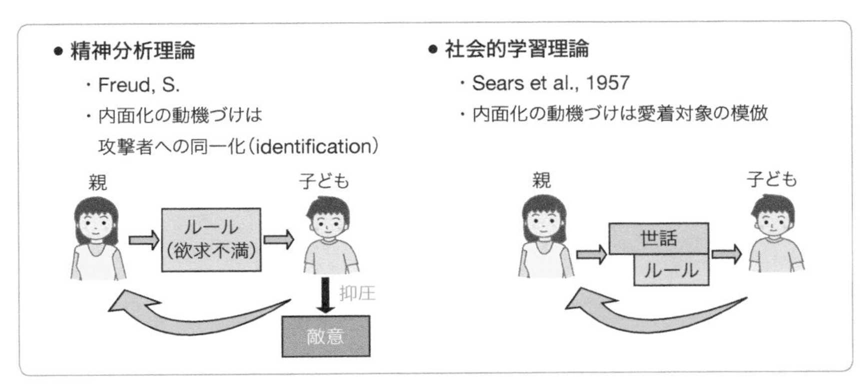

図12.2　親の行動規準の内面化過程に関する古典的理論

から子どもは悪いことをしなくなるが，いまや子どもは自らが罪の意識を感じるがゆえに悪いことをしなくなる。このように，精神分析理論は，内面化の主要な動機を攻撃者への同一化（identification with the aggressor）の概念で捉える。

ii）社会的学習理論

シアーズ（Sears, R. R.）らは，内面化の動機づけは，子どもが親の良い面を模倣したいと考えることだとした（Sears et al., 1957）。精神分析理論と学習理論を統合する概念として，彼らは以下を提唱している。親の態度は二次的強化の価値をもつ。なぜならば，それらは実際に受けている世話の経験と組み合わされているからである。子どもは親のようであろうとして好ましい経験を自らつくることができるようになる。すなわち，親の役割を学習しようとする主要な動機づけは，子どもが親の役割を自ら演ずることを楽しもうとすることであると考えた。加えて，子どもは自ら親の役割を支持するような行為をすることにより，自分が親の愛や承認を獲得していることを自分自身で確認する。シアーズらは，親のどのようなトレーニング方法やしつけ方略が有効であるかという点に焦点を当てた。その結果，親が報酬を与えたり褒美をあげなかったり体罰を加えるというようなもの志向の方略を使用するよりも，悪いことをした場合には社会的に孤立させたり愛の引き下げをする等の愛志向の方略を使用すると，子どもの良心の発達が進むと考えるようになった。なぜなら，愛志向の方略では，子どもは親の愛を自分自身に確信させるために，また，関心を引き下げられたときにはそれを取り戻すために，親の規準や価値を再生産しなければならない。もの志向の方略では，子どもは隠れたり逃げたり罰を避ける他の方法を見つければよいので，親の規準を取り入れようとする動機づけが生起しない。こうした見解を支持するものとして，シアーズらは，養育的で温かい母親が愛を引き下げたときに，子どもは自己統制に関わる行動を示したり，自分自身の行動規準を発達させたり，自分自身の行動に自ら制裁を与えたり，自分の逸脱した行動を告白したり責任を引き受けたりしたと報告している。

B. ホフマンの理論：認知・情緒機構双方を考慮して

親のしつけ方略が子どもの行動規準の内面化過程に異なった影響を及ぼすメカニズムとして，認知と情緒双方の機構を考えたのはホフマン（Hoffman, M. L.）である（Hoffman, 1970）。彼によれば，体罰や物を取り上げたり子どもの楽しみを奪うといった力に訴える方略（power assertion）は，怒りや敵意を呼び起こし親の意思に従うことを躊躇させたりするので有効ではない。力に訴える方略は，同時に攻撃行動のモデリングの機能を果たし，反社会的・非倫理的行為を導くことになる。加えて，力に訴える方略は，誰がその倫理的メッセージを伝えたかということが子どもにとって顕著なものとして記憶され，そのメッセージが子ども自身のものとならないため内面化されないのである。それに対して道理を説明する方略(induction）は，特に，子どもの悪い行動の結果がいかなる影響を他者に及ぼしたかを強調するときに有効である。なぜならば，それは子どもの共感性（empathy）を発達させ，監視する者がいない状況においてさえ子どもが自分のしたことから逃れることはできないという感情を誘発するからである。愛の引き下げ方略（love withdrawal）は，力に訴える方略と道理を説明する方略との中間に位置すると考えられる。なぜならば，それは怒りや敵意を引き起こさないが，他者の感情や欲求への気づきを促すものでもないからである。ホフマンは，道理を説明する方略と組み合わされるならば，少々の力に訴える方略は有効でありうると考えている。少々の力に訴える方略は，子どもの注意を親のほうに向けさせるのに重要な役目を果たすと考えられ，それゆえに親のメッセージがより子どもに伝えられると考えられるからである。

C. 親の行動規準内面化過程を統合的に考える視点

i）親の行動規準内面化過程に働く要因

親の行動規準が子どもにいかに内面化されるのかを考える際に重要になる視点についてグルーセック（Grusec, J. E.）とグッドナウ（Goodnow, J. J.）に基づいて考える（Grusec & Goodnow, 1994）。親の行動規準が子どもに内面化されるのに有効なしつけ方略といった観点から，これまで見過ごされることの多かったのは，子どもの気質，親の説明方略そのものの内容，子どもの問題行動の性質の，3つの視点である。

第1に，気質的に扱いにくい子どもは親から力に訴える方略を受ける傾向にあるという研究報告もあり（Bell, 1968），親のしつけ方略は子どもの気質によって影響されている可能性がある。第2に，説明するという方略には単なる状況の説明から，なぜそのような結果に至ったかの説明，他者の気持ちについて言及する説明などさまざまなものがある。ゆえに，どのような説明がなされるのかについて区別して扱う必要がある。第3に，ある親はある1つのしつけ方略を排他的に使用すると仮定しているが，実際には親は子どもがどのような問題行動を行ったかを考慮して，使用するしつけ方略を変えているといった事情を考慮しなければならない。以上のような視点に立つと，しつけ方略と親の行動規準が子どもに内面化される過程を考えるには，以下の4つの変数を要因に組み入れる必要がある。

①子どもの問題行動の性質：モラルに反するような重大な違反行為なのか，あるいは家庭のルール（例えば門限など）を破ったのか

②親の応答の仕方：子どもに伝えるメッセージの明確性や，どういったしつけ方略を使用するか

③子どもの気質・その時の機嫌・年齢など

④親の特徴：子どもに応答的なのか，普段のしつけ方略など

ii）親の行動規準内面化のメカニズム

では，4つの変数は，行動規準の内面化過程においてどのようなメカニズムで働くのだろうか。**図12.3**によれば，親の行動規準が子どもに内面化されるか否か，すなわち，世代間の価値観が類似したものになるか否かは2つの過程に依存する。1つは，親のメッセージを子どもがどのように受け取るか，受け取り方は正確か不正確かという過程である。もう1つは，受け取られたメッセージが受容されるか拒否されるかという過程である。状況の違いが2つの過程に影響を与える。正確な受け取りは，子どもが注意を向けているかどうかや親のメッセージの明確性や冗長性に左右される。メッセージが受容されるか拒否されるかは，親子の関係性の質に影響されると考えられる。

このように，行動規準の内面化を2つの過程に分けて考えることは有益である。なぜならば，もし内面化に失敗した理由が，子どもが正確に受け取ったメッセージを拒否したからではなく，親のメッセージを聞き損なったり理解できなかったからであるならば，親のメッセージを明確なものにすることで対処できる。また，ある程度力に訴える方略を使用して，子どもの注意を親のメッセージに引きつけることが有益となる。

この観点から考えると，ある形態の共感的理由づけを行うことはメッセージの受容を促すには効果的であるかもしれないが，そうした方法で伝達したい事柄が何であるかをはっきり示さないのであれば，親の意図することが正確に伝わる可能性は薄くなる。例えば，出された食事を食べない子どもに対して「せっかくつくったのにお母さん悲しい」という言い方をした場合，そ

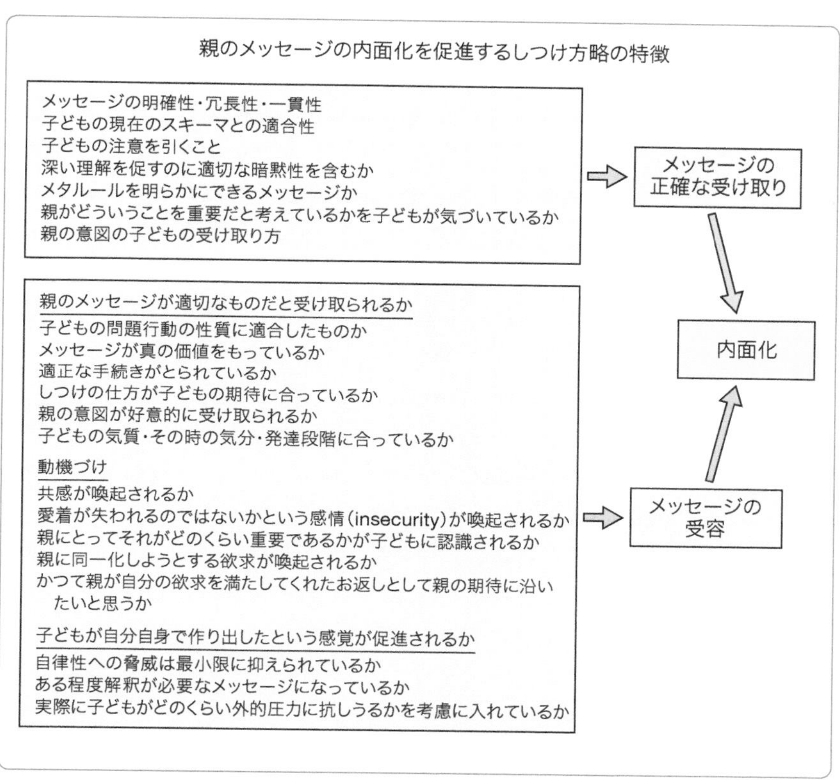

図12.3　親の行動規準が内面化される過程（Grusec, J. E., & Goodnow, J. J., 1994. Impact of parental discipline methods on the child's internalization of values. *Developmental Psychology*, *30*(1), 4-19. Figure. 1より）

の場では子どもは親の言うとおり食べるかもしれないが，子どもには「出される食事は（栄養バランスがとれているので）きちんと食べなければならない」ということは伝わらない可能性がある。

メッセージの正確な受け取りとメッセージの受容の過程，それぞれの過程で，認知と情緒はお互いに影響を与え合って働く。例えばメッセージの受け取りの過程を考えるならば，親のメッセージの正確性や子どもの理解の認知などの要因と同じように情緒の影響が考慮に入れられなければならない。力中心のしつけがあまりにも少ないと子どもは親を無視してしまうであろうし，それがあまりにも強すぎると恐れや不安，反抗などの感情を引き起こし，メッセージを受け取る過程に悪影響を与える。また，子どもが親に対してもつ感情は，子どもが親の期待を理解しようと努力する程度にも影響するだろう。そうした感情は，自分のする行為が親を喜ばせるか否かを考える過程にも影響を与えるかもしれない。感情は情報処理過程を開始させたり促進したり終了させたりする。また，その時感じた感情は記憶の一部となり，情動に彩られたスキーマ（意味的なまとまりをもって構造化された知識の単位であり，外界の事物や出来事を認知する際に機能するもの）やカテゴリーを形成する。それは社会的認知の入力情報を提供するし，意思決定過程にも影響を与えるのである。情緒に彩られたスキーマは活性化しやすく，私たちが状況を理解したり，行動をするときの枠組みとして大きな役割を果たす。

さて，社会化の最終的な目標は，親の規準をそのまま受け入れて内面化することではなく，子ども自身の行動の柔軟性とイニシアティブである。そして，子ども自身の自尊心や親子関係が損なわれることなく，行動規準の内面化がされることである。子どもが適切な交渉技能をもっている場合，親への不同意は望ましい結果ととれることもある。親の行動規準への不服従を非機能的なものとみるよりはむしろ，それは方略的な交渉技能，すなわち，是認される方法で自律性を主張する技能を発達させる機会になると考えられる。

12.3節 子ども集団の中で形成される行動規準

子どもが保育園・幼稚園などに通い出すと，それまで家庭では使っていなかったような言葉を使ったり，家庭ではみたこともない行動をとったりすることがある。こうした例にみられるように，子どもは，実は親ではなく仲間集団によって社会化されると考えたほうが妥当だと思われる例は多くある。子どもが獲得していく行動規準は，親の行動規準をそのまま内面化するのではなく，子ども自らがその一員となっている社会集団の中で進化すると考えるのが「シグナリング・モデル」である（Posner, 2000）。

「たまたま」A幼稚園のB組では，大半の男の子が右で髪を分けており，大半の女の子は左で髪を分けていたとする。「たまたま」というのはこの場合，右・左どちらで髪を分けるかには全く特別の意味はなく，そうした現象が起きているのは全くの偶然だということである。ところが，（右で髪を分けている）ヨシオくんが，「たまたま」左で髪を分けていたユウタくんに対して「ワー，ユウタは左で髪を分けている！　男の子なのにカッコ悪いや，僕はユウタとは遊ばないよ」と言ったとする。さて，ユウタくんや他の子どもたちはどうするだろう。ポズナー（Posner, E. A.）は，この場合，右で髪を分けている大半の子どもたちが，ヨシオくんに同調するような行動をとれば，「男の子は右で髪を分けるべき」という規範がA幼稚園のB組で成立すると考えた。もちろん，他の子どもたちが同調しないこともありうるし，ヨシオくんはユウタくんとは険悪な関係になってしまうかもしれない。そういった意味で，ヨシオくんはリスクのある行動をとっているわけだが，往々にして，ヨシオくんのリーダーシップ的行動に他の子どもたちが同調する可能性が高いと考えるのがシグナリング・モデルである。

過去に話題になった以下の事例で考えてみよう。A市が，市内の小中学校の生徒・児童に対し，夜21時以降スマートフォンや携帯電話の使用を禁止することを決めた。強制力のない取り決めのようだが，この制約を好意的に受け取る子どもたちが少なからずいた。なぜなら，「LINEやメールのメッセージにすぐに返答をしなければならない」という行動規準が子ども集団の中でできあがっているため，四六時中スマートフォンや携帯電話を手元に置いておかなければならない不自由から解放されるからだ。「LINEやメールのメッセージにすぐに返答をしなければならない」という行動規準は，親や大人が子どもたちに守るよう伝えた行動規準ではない。子ども集団の中で形成されてきた行動規準である。子どもたちは，それを自分の行動規準として取り入れているのである。

このことについて，ピンカー（Pinker, S.）は，以下のようにいう。「子どもはどんな年齢層でも，さまざまな遊び仲間やなかよしグループ・趣味や利害の共通する仲間や悪さをする集団などを作り，その中で，有利な地位を得ようとする。それらはそれぞれ，外部から慣習を吸収して独自の慣習を生み出す文化である。子どもの文化は，時には何千年にもわたって子どもから子どもへと継承される。（…中略…）なぜ子どもたちは親の言いなりにならないのだろうか。私（ピンカー）も，トリヴァースやハリスと同様に，それは子どもの遺伝子の利害が親の遺伝子の利害と部分的にしか重なっていないからではないかと考えている。（…中略…）家のルールはしばしば，きょうだいやこれから生まれるきょうだいのために，その子どもにとっては不利になっている。それに繁殖について言えば家庭には展望がない。子どもはいずれ配偶相手を競わなくてはならないし，その前に相手を見つけてひきつけておくのに必要な地位を競わなくてはならない。その競争の場は，家とは別のルールで動いている。したがって，子どもはそれをマスターしたほうがいい

(Pinker, 1997 椋田・山下訳, 2003)」。

A. 子ども集団への適応：子どもの社会的知性の発達

子ども集団に限らず，私たちの社会集団では，そこで発生したモラルやルールに忠実なメンバーがいる一方で，そうしたモラルやルールを逸脱するメンバー，すなわち他者から利益を受けるだけでお返しをしなかったり，他者を欺き自分だけ利益を受けようとするメンバーが出てくる。こうした行動がとれるのは，社会的知性が発達しているからである。

第5章で学んだように，子どもは幼児期後期になると社会的知性を獲得し，同胞集団の中で適応していく術を洗練させていく。そして，その集団の規範を自己の行動規準として取り入れていくのであろう。

B. 社会集団（子ども集団を含む）における規範・ルールの発達

では，そうした社会集団ではどのような規範が発生してくるのであろう。他者を欺いたり出し抜いたりする知性を身につけたからといって，われわれは常に自分の欲求を他者のそれよりも優先させるわけではなく，多くの社会集団のメンバー間で協力行動や利他行動が進化していくことが確認されている。なぜ，われわれは自分の欲求や意思よりも集団内の他のメンバーのそれらを優先させるような行動をとるのであろうか。

われわれが日常的に参加する社会集団内では同一個体間で何度も交渉が繰り返される状況になっている。こうした状況は，反復囚人のジレンマ*ゲームの状況となっている。コンピュータによるシミュレーション研究は，こうした状況でどのような戦略が有効であるかを解析している。そうした研究によると，TFT戦略（Tit-for-Tat，しっぺ返し戦略）が集団中に広まることが指摘でき，その結果，われわれの所属する社会集団でも協力行動が進化する可能性が証明された（Axelrod, 1984; Axelrod & Hamilton, 1981）。ここで，TFT戦略とは，初回は必ず協力，次回からは相手方の取った戦略を自分が繰り返すというものである。すなわち，初回は協力し，その時相手方も協力なら次回は協力を，その時相手方が非協力なら次回は非協力を選択する。ただし，相手が途中で協力に転ずれば自分も協力に転ずる

---

*囚人のジレンマ：お互い協力するほうが協力しないよりも良い結果になることがわかっていても，協力しない者が利益を得る状況では互いに協力しなくなるというジレンマ。

というものである。このような戦略をとることによって，非協力の侵入を阻止し，互恵的利他行動が集団内で進化する可能性が出てくる。また，TFT戦略が大勢を占めているときには，「常に非協力」という戦略は進入できないこと，互いに繰り返し付き合う確率が高くなれば「協力と非協力を交互に繰り返す」という戦略は進入できないことが明らかになっている。つまり，お互いが繰り返し付き合う確率が高い集団内では，協力行動の深化が容易であることが明らかにされている。それに加えて，われわれは，コストを払うことなく恩恵だけを受ける裏切り者を検出する心理的メカニズムをもつようになっている（Cosmides, 1989）。ゆえに，お互いが他者を個体識別できる社会集団内では互恵的利他行動は進化しうる可能性をもっている。

C. 世代間で異なる規範・ルール

子どもや青年の集団の中で進化する規範は，彼らの親の世代とは異なったものになる可能性がある。伝統的な子どもの社会化研究の枠組みでは，親の行動規範が子どもに伝達されそれが子どもの行動規範として内面化されるという前提に立つので，親の世代と異なった行動規範が子どもに獲得された場合，それは行動規範の内面化過程で何らかの問題が発生したと考えられる。しかしながら，現実には，子どもは親が価値を置くものを正しく認識しているがそれに自分自身は価値を置かないという理由で，それを自らの行動規範とすることを拒否するということはよくみられる。また，シグナリング・モデルで明らかにされたように，規範仕掛け人的なメンバーの存在も示唆されている。ゆえに，親世代とは異なる規範が提案され，そして，その提案を子ども集団で共有できれば，行動規範は親世代とは異なったものになっていくであろう。こうした事態は，子どもの社会化に親の世代が失敗したせいではなく，社会的知性を獲得した子どもが自分の所属する社会集団の中で独自のモラルやルールを発達させていく必然的な結果と考えることができる。

12.4節 「教育」を通して獲得する行動規範

前節では，子ども集団（個体識別可能な社会集団）においては互恵的利他行動が広まっていく可能性，そして，親世代とは異なる行動規範が発生し広まっていく可能性について考えた。

しかしながら，現代社会に生きるわれわれは，もはや個体識別可能な規模の社会集団内だけでは生活できなくなっている。われわれは，仲間集団や学級集団といったお互いが個体識別可能な社会集団に所属する一方で，民族や国家といった匿名性が保証される社会集団にも所属するという現状に生きているのである。集団のメンバー間で匿名性が保証されるこうした状況は社会的ジレンマ状況（メンバーの戦略が皆「裏切り」であれば，社会全体としては損失になるが，個人の得点は上がるという状況）と呼ばれ，簡単には協力行動が出てこない。ヒトが進化の過程で身につけた社会的知性は，せいぜい150人程度の集団生活に必要な知性なのである（Pinker, 1997）。

A. 匿名性が保証される集団で求められる規範・ルール

高度に文明化し複雑な社会制度からなる現代は，ヒトが進化した当時の環境とは大きく異なっている。こうした複雑化した社会で幾世代も先の人々をも含んだ非常に大きな集団内で適応していくのに必要な規範・ルールはどのように獲得されていくのであろうか。

そうした社会集団内で適応していくのに必要な規範は，社会集団のすべての人にとって公正な規範であろう。それは，「自由」「生命」など人間としての普遍的な権利を保障する契約・合意・法律によって社会組織は成立するべきであると考え，そうした契約・合意・法律は，すべての人間を手段としてではなく目的として扱い（その人格を尊重し），理想的役割取得によって決定された規範である。人々には，現存の契約・合意・法律，さらには社会組織の是非を批判的に検討する思考が必要となる。公正な行動規範の獲得には，「自由」「公共の福祉」「生命」「平等」「権利」「義務」「責任」などの概念が必要とされ，そうした概念を現実の紛争解決や社会的合意の形成過程に自由に駆使できる思考が必要となるのである。ところで，これらの概念を理解するだけの見識やこれらの概念を紛争解決や社会的合意形成過程に駆使できる思考は，ヒトという種に生物学的にデザインされたものではない。ヒトの社会制度の多様性や複雑性が増大していくのと並行して洗練させてきた概念を理解し，その概念を駆使して思考するには，数学教育に関してピンカー（1997）が指摘したのと同様な教育と訓練を必要とする。

匿名性が保証された社会集団のすべての人にとって公正な規範が，一人ひとりの子どもに獲得されていくには「教育」が必要となる。ここでいうカッコつきの「教育」とは，学校教育のみに限定されるものではなく，公正の概念について考えさせる書物をはじめとする文化遺産や多様な機会など，すべてを含んでいる。

B. 学校教育として行われる法教育

学校教育の現状に目を向けてみると，アメリカ合衆国では1964年に公民教育センター（Center for Civic Education）がカリフォルニア大学ロサンゼルス校と共同で公民教育の学際的研究を始め，1969年には初等教育から中等教育段階までの一貫する教育カリキュラムを発表している。このカリキュラムは，公正のモラルを獲得するのに必要な基本的な概念である「権威」「プライバシー」「責任」「正義」について概念的アプローチを展開し，子どもたちがこれらについてどのように考えるべきか，どのように分析し，生活の中でどのように効果的に解決すべきなのかが活動を通して身につけられるようになっている。わが国においては，2009年5月にスタートした裁判員制度と並行して，「自由」「公共の福祉」「生命」「平等」「権利」「義務」「責任」などの概念を現実の紛争解決に駆使できる技能を獲得すべく，法教育の充実が図られるようになった。

C. 文化を通して行われる教育

絵本を読んでもらい，小説を読み，映画やアニメを楽しみながら，さらには，国内外の文化的背景の異なる人々とのコミュニケーションを通して，子どもたちは，この世の中にはさまざまな考え方があり，多様な生き方があることを知っていく。そして，自分はどう振る舞うのか，どう行動するのかを考え，「自分の行動規準」を形成していくのである。

インターネットによって世界で起きている出来事を身近なものとして考えることができるようになった現在では，価値観の異なる他者の行動をライブで見ることも声そのものを聞くことも可能になった。それらに対して真摯に向き合い，そこから発せられる意味を，共生の社会を実現するものとして「自分の行動規準」としていくことができるかは，子どもが暮らす社会・文化が多様な価値観を許容し共生の信念を共有しているかに左右される。インターネット上で自由につぶやかれ，声高に唱えられる主義・主張は，「自由」「人権」を考えるときに深い洞察を与えてくれるものから，意味をはき違えているとしか考えられないようなものまで玉石混交である。そうした情報に自由にアクセスし取捨選択することによって，子どもは「自己の行動規準」をつくり出していく。そうした意味においては，子どものパーソナリティをつくっていくのは，他ならぬ子ども自身であるが，親をはじめとする大人は自分が伝えるべきだと思ったことは自信をもって伝えられる大人でいることによって，子どものパーソナリティ形成に大きな影響を与えることができる。子どもと同時代を生き文化をつくり出していく者として，大人の責任はやはり大きいといわざるを得ない。そして同時に，子どもの「気質・パーソナリティ」をあるがまま無条件で受け入れることのできる大人でいることが，子どものパーソナリティの発達を支援するということなのだろう。

練習問題

1. 親の行動規準内面化過程に関する記述で，正しいものをすべて選びなさい。

a. 精神分析理論では，親のしつけによって，子どもは親に対する敵意を意識するようになると考える。
b. シアーズらは，子どもが親の行動をモデリングすることによって，親の行動規準を内面化していくと考えた。
c. 社会的学習理論では，愛の引き下げ方略が親の行動規準を内面化させると考える。
d. 精神分析理論では，親への同一化を行うことによって，子どもは親の行動規準を内面化していくと考える。
e. ホフマンは，道理を説明する方略によって，子どもの行動規準の内面化が進むと考えた。

2. 以下の文章の ① ～ ③ に入る適切な語句の組み合わせを選びなさい。

子どもが獲得していく行動規準は，親の行動規準をそのまま内面化するのではなく，子ども自らがその一員となっている社会集団の中で進化すると考えるのが「 ① ・モデル」である。このモデルは，規範仕掛け人的な子どもの言動によって子ども集団の中で規範が進化していく様子を説明する。子どもたちは，他者との社会的関係の中でいかにうまく振る舞うかに関連して必要になる ② を用いて子ども集団に適応していく。 ② には「騙すこと」が含まれるが，「騙すこと」ができるようになることは，その子どもがプレマックのいう「 ③ 」をもつようになったということができる。

	①	②	③
a	シグナリング	心の理論	社会的知性
b	規範生成	心の理論	社会的知性
c	規範生成	社会的知性	心の理論
d	シグナリング	社会的知性	心の理論
e	シグナリング	社会的知性	誤った信念

〈文献〉

Axelrod, R.(1984). *The evolution of cooperation*. Basic Books.

Axelrod, R., & Hamilton, W. D.(1981). The evolution of cooeration. *Science, 211*, 1390-1396.

Bell, R. Q.(1968). A reinterpretation of the direction of effects in studies of socialization. *Psyhological Review*, *75*(2), 81-95.

Cosmides, L.(1989). The logic of social exchange. *Cognition*, *31*, 187-276.

Grusec, J. E., & Goodnow, J. J.(1994). Impact of parental discipline methods on the child's internalization of values. *Developmental Psychology*, *30*(1), 4-19.

Hoffman, M. L.(1970). Conscience, personality, and socialization techniques. *Human Development*, *13*(2), 90-126.

Lewis, M., Sullivan, M. W., Stanger, C., & Weiss, M.(1991). Self development and self-conscious emotions. In S. Chess, & M.E. Hertizig(Eds.), *Annual progress in child psychiatry and child development*(pp. 34-51). Brunner/Mazel.

Pinker, S.(1997). *How the mind works*. W W Norton & Co.(椋田直子・山下篤子(訳)(2003). 心の仕組み. NHKブックス)

Posner, E. A.(2000). *Law and social norms*. Harvard University Press.(太田勝造(監訳)(2002). 法と社会規範. 木鐸社)

Sears, R. R., Maccoby, E. E., & Levin, H.(1957). *Patterns of child rearing*. Row, Peterson and Co.

第13章 個人差の発達（4）：家族関係とパーソナリティの発達

到達目標

- きょうだい関係とパーソナリティ特性を扱った先行研究について理解する。
- ジェンダー化の担い手としての「家族」といった視点から，パーソナリティ形成を考える。
- 「機能する家族」といった視点を理解し，家族関係のアセスメントの基本を理解する。

本章では，家族関係の中で育まれるパーソナリティといった視点から考えていく。

13.1節 きょうだい関係の中で育つもの

親からの愛を独占しようと，きょうだい間で葛藤や複雑な感情が生じることがある。それが強すぎると，当該きょうだいに対する行動や関係性だけでなく，家族関係や周囲の人間関係にも影響を及ぼすことがあるし，当人のパーソナリティ形成にも影響する。下のきょうだいが生まれたときに上の子どもが示す赤ちゃん返りに始まり，家族内で平等に扱われていないという感情が無意識のうちに子どもを非行行動へと走らせることさえある。

きょうだい葛藤は，物語のテーマにも古くから扱われてきている。『旧約聖書：創世記』に登場する「カインとアベルの物語」，それをベースとした映画『エデンの東』（カインが追放された地名が映画の題名）は有名である。また，源頼朝・義経兄弟，織田信長・信勝（信行）兄弟など，兄弟間での非情な歴史的事実もよく知られている。一方で，きょうだいにまつわる物語には，『二人のロッテ』『山椒大夫（安寿と厨子王）』など，きょうだいが力を合わせて困難を克服していく物語も多くある。

本節においては，きょうだい関係の中で育まれるもの，親が期待するものについて明らかにしてきた研究を紹介する。

A. 出生順位とパーソナリティに関する研究

i）臨床経験から導かれたきょうだい観

アドラー（Adler, A.）は，彼の個人心理学の中心テーマである「競争と劣等感情」に依拠して，出生順位による性格の違いに言及している（Adler, 1927）。例えば，長子については「彼はいつも，勝った立場という利点をもっている」として，長子が家族内においてさまざまな点で優先権を与えられていることを重視する。長子は秩序の保護者として指導的な役割を身につける傾向にある。次子は，力と優越を求める気持ちが最も強く，これは長子を意識して育つところから生じる。次子はとりわけ上昇志向が強く，たとえ遊びでも競争心を剥き出しにする。末子は「劣等器官をもって生まれてきた子どもと全く似ている」とし，この劣等感ゆえに末子は，人並はずれた創造性を発揮することもあるが，挑戦と責任を回避する極めて依存的な人間になる危険性もあると述べている。このようにアドラーは，1920年代に，きょうだい心理を競争，優越，支配といった葛藤・対立の観点から描いている。

トーマン（Toman, W.）は，家族に関する臨床的研究から家族内の人間関係をパターン化して，「きょうだいプロフィール」を示した（Toman, 1976）。彼は，子どもが家族の中で，ある役割を学習することによって，性格・行動傾向がつくられると考えたのである。

ii）きょうだい関係とパーソナリティ特性との関連をみた実証研究

きょうだい関係を「ナナメの関係」と呼んだのは依田明（1990）である。子どもにとって，力も知識も圧倒的に多く権威をもっている大人との関係は「タテの関係」である。また，同年齢の子どもとは，力も知識も同等で競うことのできる「ヨコの関係」と考えることができる。それに対して，きょうだいは，そのどちらの関係とも異なっており，時と場合によってタテとヨコの関係が複雑に変化する関係であり，まさに「ナナメの関係」にあるといえる。

さて，依田・深津（1963）は，小学校4年生から中学校2年生の児童とその母親145組を対象に調査を行った。調査対象となった子どもは2人きょうだいで，きょうだいは幼稚園児から高校生であった。日常生活でよくみられる性格特性51項目について，調査対象となっている子どもとそのきょうだいとを比較して，より当てはまるのはどちらかを回答してもらった。そして，子どもと母親が一致して，長子に当てはまるとした項目を長子的性格，次子に当てはまるとした項目を次子的性格とした。その後，1981年と

表13.1　依田による出生順位による性格特性
（青柳 肇・杉山憲司編著, 1996. パーソナリティ形成の心理学. p.135. 福村出版より）

長子的性格				次子（末子）的性格			
63	81	85		63	81	85	
○			気に入らないとだまりこむ	○	○		おしゃべり
○			人前に出るのを嫌う	○	○	○	父に甘える
○			親切	○	○	○	母に甘える
○	○		自制的	○	○	○	母につげ口
○	○		話すより聞き上手	○	○		強情
○	○	○	仕事がていねい	○	○	○	依存的
○	○	○	めんどうが嫌い	○	○		人まねがうまい
○	○	○	ひかえめ	○	○		食事の好き嫌いが多い
	○	○	遠慮	○	○	○	お調子者
	○	○	自分の用を人に押しつけたり頼んだりする	○	○	○	嫉妬
				○	○	○	外で遊ぶことが好き
	○		母に口ごたえ	○	○	○	知ったかぶり
	○		きちょうめん	○	○	○	父につげ口
	○		すましや		○		せっかち
		○	父に叱られる		○		はきはきしてほがらか

63：依田・深津（1963）にみられた性格特性
81：依田・飯嶋（1981）にみられた性格特性
85：浜崎・依田（1985）にみられた性格特性

1985年に2つの同様の調査が行われた結果，長子的性格，次子（末子）的性格といえるものが見つかった（飯野，1996）（**表13.1**）。飯野晴美は，調査が行われた当時，長幼の序（子どもは大人を敬い，大人は子どもを慈しむというあり方）を重んじる養育環境があったことから，子どもたちが，周囲からの役割期待やそれに対する自覚をもって行動したので，そうしたパーソナリティ特性がみられたのではないかと考察している。

B. きょうだい関係の展開と養護性の発達

小嶋秀夫（1989）は，個々の家庭の中で，親やきょうだいの間にどのような関係が結ばれ，お互いをどのように認知しているかという視点からの研究成果を報告している。それによると，第二子の誕生以前から母親が子どもに弟・妹が誕生することを話すことにより，子どもにも兄・姉になる意識が生まれ家族関係が変容すること，下の子が誕生すると上の子に対する親の要求や制限が増える一方，父親が上の子の遊び相手になる回数が増えることが報告されている。そして，上の子には，下の子に対する関心がみられ，メルソン・フォーゲル（Melson, G. F., & Fogel, A., 1988）および小嶋（1989）が養護性（nurturance）と呼んだ言動が観察されるようになる。養護性とは，「相手の健全な発達を促進するための共感性と技術」と定義され，「幼いもの，あるいは一時的にでもその有能性を失っている存在に対して，その発達を直接・間接に支え促す方向に働く構えと技能とに焦点を当てた」概念である。例えば，年上の兄姉が，年下の弟妹の世話をすることや，怪我をした人や病気の人，障害のある人，高齢の人を世話することなどを指している。さらに，人間だけではなく，ペットなどの動物を育てることや，植物を育てることも養護性と考えられる。この資質は，きょうだい関係の中で育まれている可能性が示唆されている。

13.2節 ジェンダー化の担い手としての「家族」

個人が，その所属する社会や文化で広まっている言語，行動様式，態度，価値観などを学習することを社会化（socialization）と呼び，ジェンダーに関連する領域での社会化を「ジェンダー化」と呼ぶ。つまり，ジェンダー化とは，特定の社会や文化に広まっている「女／男らしさ」「女性／男性の役割」の特徴や行動規範，さらにそうしたものに連なる価値などを学習することを意味する。ジェンダー化を推し進める担い手にはさまざまなものがあるが，その1つに「家族」が挙げられる。

ジェンダー化において，親は子どもにどのように関与しているのだろうか。日本の小学生とその両親を対象とした相良（2002）の研究では，子どもの性別役割分業意識と親の性別役割分業観や母親の就労状態などが関連していた。このことは，親の態度や行動が何らかのかたちで子どもに伝わり，子どもの態度や行動に影響を与えているとの推測がされている。では，こうした親による子どものジェンダー化には，どのようなプロセスが働いているのだろうか。

A. ジェンダー・ステレオタイプ

ベビーX（Baby X）と呼ばれる実験は，同じ赤ちゃんを女の子だと紹介するときと，男の子だと紹介するときとで，赤ちゃんに対する周りの大人の見方や扱い方がどう異なるかを検討したものである．アメリカの大学院生を対象に行われた実験によると，同じ赤ちゃんでも，女の子だと紹介されたときには人形，男の子だと紹介されたときにはおしゃぶりを用いて，その赤ちゃんと接することが見いだされている（Seavey et al., 1975）。また，同じ研究で，赤ちゃんの性別を聞かされない場合には，「女の子だ。壊れそうだから」と思う者や，同じ赤ちゃんを「男の子だ。たくましいから」と思う者がいたことも報告されている。現在でも，男の赤ちゃんには青いベビー服，女の赤ちゃんには赤やピンクのベビー服を出産祝いに贈ったり，性別を知らされていない場合には無難な黄色のものを持っていくなど，性別によって大人の行動が異なることがある。

こうした社会に存在するジェンダー・ステレオタイプは，親の意識の中に取り込まれ，彼らの態度や言動を通して子どもに伝えられる。

B. 子どもの性別と親の認知・期待

i）子どもの性格特性への期待

図13.1は日本の小学校４～６年生の子どもに対して親がどのような性格特性を望むかを尋ねた調査である。母親も父親も，男の子より女の子に「思いやり」を，女の子より男の子に「責任感」を望んでいることが示されている（内閣府，2001）。この結果は，親は子どもの性別に応じた期待をもっていることを示しており，そこには「男の子はこうあるべき，女の子はこうあるべき」というジェンダー・ステレオタイプがあることが考えられる。

ii）新生児に対する認知

誕生直後の新生児について，両親に「強い−弱い」「たくましい−繊細な」のような形容詞で評定を求めたところ，女の子は男の子よりも，弱く繊細であるとみなされており，両親は子どもをジェンダー・ステレオタイプに一致する方向で認知していることが示されている（Karraker et al., 1995）。ただし，同じ研究の中で，両親に子どもについて自由に語ってもらった場合には，子どもの性別による違いはそれほどみられなかった。新生児の場合には，たとえ親でも，赤ちゃんの性別が判断の大きな手がかりになるので，こうした結果になったのかもしれないが，新生児でない場合でも同様の傾向がみられている。例えば，11か月の乳児のハイハイする運動技能には性差がないにもかかわらず，男児の母親は子どもの技能を過剰に高く評価し，女児

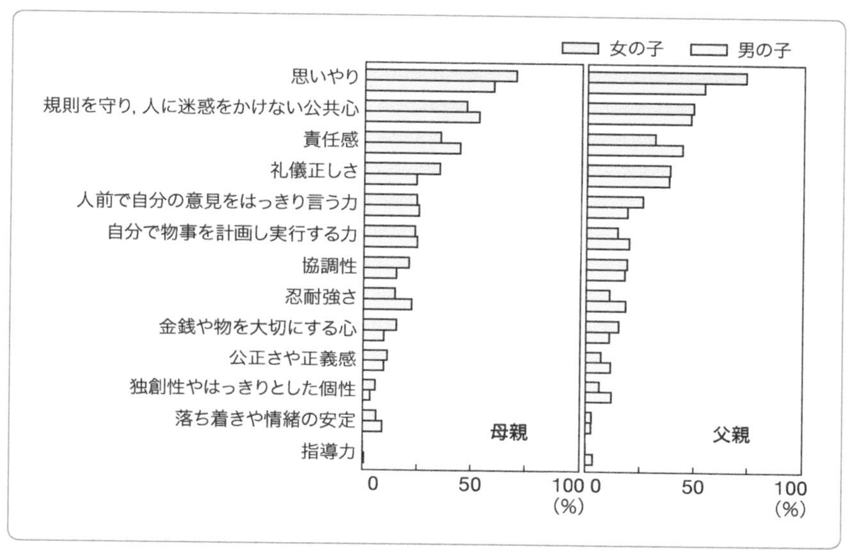

図13.1　親が子どもに望む性格特性（内閣府, 2001）

の母親は過小評価する傾向が報告されている（Mondschein et al., 2000）。

iii）子どもの学習能力に対する信念・期待

中等教育以前には数学の成績に男女による違いはそれほどみられないのに，親は，男の子には女の子より生まれつき数学の才能が備わっており，女の子には英語や読書の才能が生まれつき備わっているとみなす傾向がある。そして，このような親のもっている信念や期待が，子ども自身の自己認知に影響を与えることも示唆されている（Eccles et al., 2000）。

以上のように，女の子と男の子に対する異なった認知や期待は子どもがかなり幼い頃からみられ，これが何らかのプロセスを経て子どもに伝わり，ジェンダー化に関与していると考えられる。

C. 子どもの性別と親子の会話

クロウリィ（Crowley, K.）らは，カリフォルニアにある子ども科学博物館のいくつかの展示物の前で行われた親子の会話を録音し，その会話の中に，展示物に関する科学的原理や因果関係，関連する現象というような科学的説明がどのくらい含まれているかを分析した。その結果，子どもが男の子だけの場合には，女の子だけの場合よりも多くの科学的説明が行われていることを見いだしている（Crowley et al., 2001）。このように，親や子どもに直接回答を求めるのではなく，第三者の客観的評定によって，親の子どもへの接し方が子どもの性別によって異なることが明らかにされている。

また，フラナガン（Flannagan, D.）らは，幼稚園児と母親の会話を録音分析したところ，女の子に比べ男の子と話をするときに，母親は幼稚園での勉強の話をすることが多いこと（Flannagan et al., 1995），勉強や幼稚園に関する会話では感情に関連する言葉には性差がみられないのに，対人相互作用の話題になると，男の子に比べ女の子との会話には感情に関連する言葉が多くなること（Flannagan & Perese, 1998）を見いだしている。

D. 子どものジェンダー・アイデンティティ形成

ジェンダー・アイデンティティ（性自認）は，自分が男性と女性のどちらのジェンダー（社会文化的性）に属しているかの認知である。赤ちゃんを腕に抱いたとき，その子どもが男の子か女の子かに迷うことがあったとしても，その子どもが3歳になると，通常はそうした問題はなくなる。子どもが，女の子であれば女の子のように，男の子であれば男の子であるように振る舞うからである（Golombok & Hines, 2002）。

幼児期になると，男の子と女の子は異なったおもちゃで遊ぶようになる。男の子はより活動的で乱暴な遊びをするようになるし，女の子は言葉に長けており養育的な遊びを好むようになる。ジェンダー・アイデンティティは，生物学的性を基本にして芽生え，親の育て方・発達期待などに影響を受けて形成されていく。また，幼児期は，親をロール・モデルとすることにより，自分の所属する社会で適応するジェンダー役割を身につけていく時期である。1940年代の大恐慌で，父親が失業し社会経済的困窮状況に陥った家庭では，男の子が，仕事を通して社会で活躍し家族を養うといった男性のロール・モデルを目にする機会がなくなった。ジェンダー・アイデンティティの形成期にある幼児期にこの大恐慌を経験した場合と，既にジェンダー・アイデンティティを形成したと考えられる青年期以降にこの大恐慌を経験した場合とでは，男の子の社会適応に差がみられたことが報告されている。前者の場合，子どもは社会適応に問題を抱えることが多くなったが，後者の場合には「自分は男だからしっかりしなければ」と考え，むしろ社会的成功を収める子どもが出てくる傾向にあったのである（エルダー，1997）*。

思春期には，第二次性徴による身体的成熟が進むことにより，自分のジェンダーが強く意識されることになる。そして，自分の抱く心理的なジェンダー認知と生物学的性とが一致しない場合には，強い違和感をもち，社会生活にも困難を覚えるようになる。自分の求める恋愛や性愛における対象者の性別が，社会や文化規範が認めている性別と異なるといったことが起きてくるからである。こうした，どの性を好きになるかという性的指向（sexual orientation）は，セクシャリティ（人間の性のあり様）の問題（Weeks, 1986），すなわち，人間の性行動に関わる心理と欲望，観念と意識，性的指向と対象選択，慣習と規範などの問題として考えられている。

13.3節 家庭内暴力の中で育つ子ども

家庭内暴力の中で育つと，心的外傷後ストレス障害（post traumatic stress disorder：PTSD）になりやすい。人は，生きるための基盤である安全感にヒビが入るような災害や事故，犯罪被害に遭遇後，それ以前のような信頼を周囲に対して抱けなくなる。また，そのような被害に遭ってしまう自分というものに対して自信と肯定感を失う。家庭内暴力が行われる環境で子どもは無力である。家庭内の実態は外から見えにくいし，子ども自身が声を上げることは少ない。悲惨な記憶が脳裏を離れず，孤立を強めていくことになる。PTSDの症状には，以下のようなものがある。

A. 心的外傷後ストレス障害（PTSD）の症状

「何かやっていなくてはいられない」という過剰に高ぶった状態が続き，興奮が続いてよく眠れなくなる。このため，アルコール乱用や薬物乱用のようなさまざまな嗜癖にはまる。「怒りの爆発」やパニック障害がみられることもある。

思い出したくない記憶が，何の関係もない場面でフッと意識の中に侵入してくることがある（フラッシュバック）。そうした回想が，事件当時に感じた恐怖や冷や汗などの生理反応と一緒になって体験される。

性的虐待を受けた人が売春に走るなど，トラウマの再演がなされることもある。自分ではコントロールできなかった状況での心の傷を，自分を同じよ

---

*エルダー（Elder, G. H.）は，個人が経験する出来事が，その個人の外部で生起する歴史的事件や社会情勢と相互作用するといった観点で，その個人の発達を考えるライフコース研究を進めた。

うな状況に置くことによって再現し，今度こそ自分の意志と力で支配しようとする試みではないかと解釈されている。

本人が表面上は平穏で落ち着いているようにみえても，よく観察すると，深刻なパーソナリティ変容が生じている場合がある。人間関係において，深いところで情緒的な関係を避けて，孤立しがちになる。身体的にも精神的にも痛みの感覚が鈍麻したり失われたりする。外界に対する興味・関心を失い，記憶力や集中力が低下する。表情が少なくなり，一日中ぼーっとしていることが多くなる。

B. 親の「やさしい暴力」：子どもへの過度な期待

斎藤（1996）は，「親の子どもへの期待の圧力と親の価値観の押しつけ」を家庭内における「やさしい暴力」と呼び，以下のような見解を呈示している。親が，世間の基準（統制と秩序，効率性）に沿って生きることを子どもたちに強制すると，子どもたちは，親の期待を必死で読み取り，時には推測し，それに沿って生きることを自らに強いるようになる。これらの「いい子」たちは，たとえ何の逸脱行動も示さずに成人したとしても，生き生きとした「真の自己」とは無縁な「偽りの自己」の鎧を着て，喜びの少ない生涯を送る。しかし，多くの場合，「いい子」たちは，親の期待を満たすことができない自分の能力の限界を知り絶望するようになる。こうしたとき，彼らは，多額の金品を要求したり，留学・下宿をしたいなど親にとって無理難題とも思える要求をする。この段階で，子どもの暴言や暴力が行われることもある。親が子どもの要求をのむと，それからのほうがかえって騒動が大きくなる。子どもが本当に求めているのは，個々の要求の充足ではなく，自分の行動の中から「私のほうを見て」「私そのものでいいと言って」というメッセージを汲み取る親だからである。多くの場合，子どもが送った絶望のサインは無視され，焦った親たちによる子どもたちの魂への侵入はさらに強化され，やがて家庭内暴力というかたちをとるようになる。こうした爆発を招くもう1つの原因として，「いい子」に備わった自己処罰の傾向がある。彼らは，親たちのために生きてきたわけなので，親たちの期待から外れたことを自覚した時点で自己処罰の感情にとらわれる。この自己処罰の欲望が，親による処罰を避けられないところまで自らを追い込もうとする行動，すなわち，親への暴力となる。

親の「やさしい暴力」を生み出すような機能不全家族（dysfunctional

表13.2　機能不全家族と機能している家族（Kritsberg, 1985；斎藤, 1996）

機能不全家族	機能している家族
強固なルールがある	強固なルールがない
強固な役割がある	強固な役割がない
家族に共有されている秘密がある	家族に共有されている秘密がない
家族に他人が入り込むことへの抵抗	家族に他人が入ることを許容する
きまじめ	ユーモアのセンス
家族成員にプライバシーがない（個人間の境界が曖昧）	家族成員は，それぞれ個人のプライバシーを尊重され，自己という感覚を発達させている
家族への偽の忠誠（家族成員は，家族から去ることが許されていない）	個々の家族成員は，家族であるとの感覚をもっているが，家族から去ることも自由である
家族成員間の葛藤は否認され無視される	家族成員間の葛藤は認められ，解決が試みられる
変化に抵抗する	常に変化し続ける
家族は分断され，統一性がない	家族に一体感がある

family）は，カルト的宗教のように，個々の家族成員を拘束して，一定のルールのもとでの生活を強制し，個々人のプライバシーを軽視する（**表13.2**）。その結果，子どもたちは，家のルールに自ら進んで拘束される「いい子」になりがちで，窒息感を抱きながらも，家族から離れられない。

13.4節　家族関係のアセスメント

心理査定（psychological assessment）とは，否定的な面だけではなく，健康な側面も含めて，対象の状況や状態を把握することである。家族関係でアセスメントの対象とするのは，母子関係・夫婦関係といった家族内の特定の人間関係に焦点を当てる場合と，家族を単位として家族全体やそのシステムをアセスメントする場合がある。

A. 家族をシステムとしてアセスメントする

i）家族システムの発達

家族の歴史を重視するボーエン（Bowen, M.）は，可能な限り，家族関係の変遷の正確な日時の把握を重視する。クライエントの症状の変化が家族メンバーの誕生や死・引越し・転職・成功や失敗などの出来事と関連しているかもしれないと考えるからである。核家族の歴史，さらに個々の出来事に関与した人々，その時誰がどのような行動をとったか，どのように相互に影響を与えたかについても質問がなされる。家族の歴史を辿ることによって，家族メンバーの構造やダイナミクスがどのように変化してきたのかの過程を明らかにする。ボーエンは，夫や妻がそれぞれの源家族（生まれ育ち，幼少時代を過ごした家族）と特定の関係パターンをもっており，それが現在の態度や行動，とりわけ人間関係のあり方に影響すると考えた。そして，その特定の関係パターンは，何世代にもわたって影響を与えうると考えたのである（Kerr & Bowen, 1988）。

ii）家族システム内の構造

ミニューチン（Minuchin, S.）に代表される構造派によれば，家族構造は家族成員間の関係を規定する以下の3つのルールとして理解される（Minuchin, 1974）。

①境界線：家族の相互過程で誰がどのような仕方で参加できるかについてのルールである。境界線が曖昧な家族では，成員が互いに関与しすぎて混乱状態となり，境界線が固い家族では，問題解決に相互が関与できない。

②提携：家族メンバーの誰と誰との間が協力関係で，どこが敵対関係であるかのルールである。

③勢力：どういう状況で誰が力を得ているかについてのルールである。

iii）家族システム内のコミュニケーション

家族の中で交わされるあらゆるレベルのコミュニケーション，すなわち，会話の内容，動作や振る舞い，声の調子や表情などが問題になる。

発信者は伝えたい内容を正しく表現しているか，受信者は意味を正しく受け止めているか，例えば言葉と表情といった異なるレベルのコミュニケーションが矛盾していないかが問題とされる。言葉の内容と違うメッセージが表情・口調で伝えられるコミュニケーションは，ベイトソン（Bateson, G.）によって二重拘束理論（double bind theory）と呼ばれ，このコミュニケーションが続くと心理的ストレスとなる（野村，2008）。何かと動作の遅い自分の子どもに怒りに似た感情が湧き，厳しく批判的な表情でしつける母親が「あなたをとても愛している。愛していればこそ注意するのよ」と言う場合などである。「愛している」という言語的なメッセージと怒りを浮かべた母親の顔という非言語的なメッセージが矛盾しており，子どもには母親に愛されているという実感が湧かない。どのように応対したらよいかもわからない状況である。

B. アセスメントツール

i）家族の適応度・凝集性評価スケール（FACESⅢ）

FACESⅢ（Family Adaptability and Cohesion Evaluation Scales Ⅲ）は，適応度と凝集性の観点から家族が全体としてどう機能しているかを問う，合計20項目（適応度項目10項目，凝集性項目10項目）から構成される自己報告式尺度である（草田・岡堂，1993）。

適応度は次のような能力として定義される。家族はその営みの中で，偶発的なものにせよ，発達上必然的なものにせよ，さまざまなストレスや危機に直面しなければならない。その際，家族システムが効率よくこれに反応しうるかどうか，という能力が適応度である。適応度はリーダーシップ，役割関係，およびそれらを規定する規則の側面から考えられる。状況や危機に応じて，これらを変化させられるか否かといった能力が適応度である。変化の度合は，硬直，構造化，柔軟，混沌の4段階にまとめられ，何があっても変化させられないほど硬直した構造が問題とされるとともに，一貫性がなく無秩序に変わってしまうのも問題とされる。

凝集性は，家族のまとまりの程度を表す概念である。まとまりは，情緒的な結びつき，成員間の境界や連合などの側面から捉えられる。それが弱ければ，家族はバラバラの状態にあるといえるし，逆に強すぎれば，互いに依存し合う程度が激しく，家族成員が個人として独立できない状態にあるといえる。まとまりの程度は，遊離，分離，結合，網状の4段階にまとめられる。

FACESⅢでは，個人が認知している家族が，適応度と凝集性からなる2次元平面での位置で示される（**図13.2**）。各次元がそれぞれ4段階で評価されることから，全部で16個の類型が存在する。①最も望ましいどちらにも偏らない中央タイプ（均衡型），②各次元とも偏っているタイプ（極端型），③その他のタイプ（中間型）に分けられる。ただし，これらの類型は連続的であり，その様子が円環をなしているところから，オルソン（Olson, D. H.）は，このモデルを円環モデル（circumplex model）と呼んだ（Olson, 1990）。

ii）家族関係単純図式法

家族関係単純図式法は，上位単位を家族とし，下位単位をその成員として，単純な図を作成する（**図13.3**）。家族（上位単位）は針金や描かれた線に

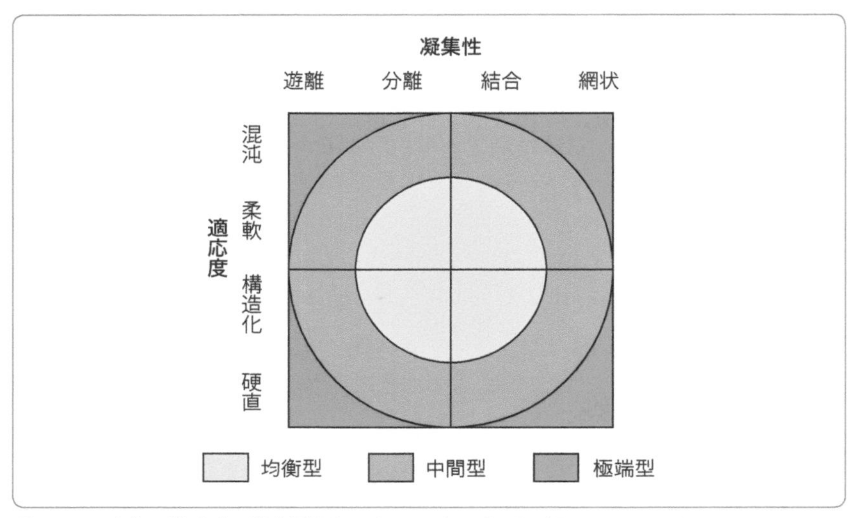

図13.2　家族の適応度・凝集性評価スケール（FACESⅢ）（Olson, 1990）

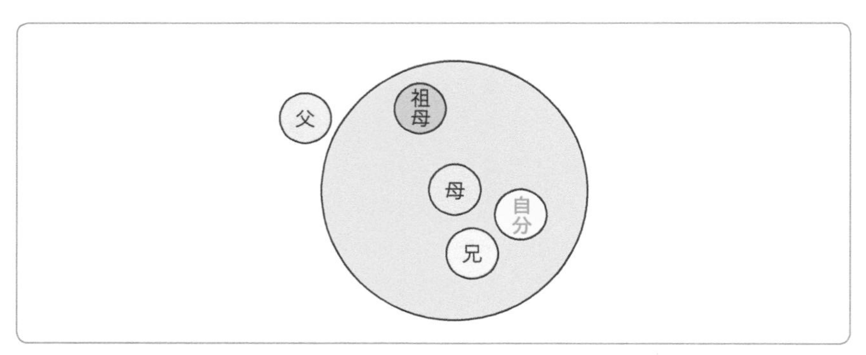

図13.3　家族関係単純図式法の例

よって一定の枠を与えられ，それが1つのまとまり（単位）であることが示される。また，枠の外が「外界」というように明確に意味づけされることもあり，その場合，枠は単にまとまりを表すだけでなく，その外との境界をも表す。家族成員（下位単位）は何らかの意味で「自己」を表現する単位と，それ以外を表現する単位で構成され，自分の気持ちにピッタリするよう，それぞれ家族（上位単位）の枠の内側に配置される。セラピストとクライエントの間で話し合いがもたれ，その過程で作品を変化させつつ最終的に完成する。枠と自己の関係，自己と他者との空間的関係は，個人の心理的な評価が投影されたものと仮定される。例えば，2つの単位が接近していれば，それらは心理的に近い関係として，クライエントが評価していると考える。

家族関係単純図式法は，基本的には次の方法をとる。直径20 cmほどの円を描き，この円を家族の枠とする。直径15 mmほどの円形駒を用意し，クライエントは自分の駒と家族成員を表した駒をつくる。日常家族がそろっているときの実際の位置関係，現実の心理的関係（心理的距離感にもとづいた作品），理想的関係について作品化する（水島，1985）。

iii）世代関係図

家族の3世代，4世代にわたる関係システムの構造図である（**図13.4**）。ボーエン派のセラピストによってよく用いられる（Kerr & Bowen, 1988）。その目的は，家族の関係パターンの伝達過程や特定の出来事との関係などを知ることにある。夫婦それぞれにとっての両親，自分たち夫婦，子どもたちにわたる3世代の歴史を，基本的に家族成員全員で辿り，最終的に図式化する。

問題を抱えた家族であれば，症状や主訴についての歴史から始められる。それはいつ始まったのか，誰が問題となっているのか，これまでどのような経過を辿ってきたのかなどに焦点が当てられる。次いで，核家族の歴史が問われる。夫婦の出会いとそれまでの生活，婚約期間，結婚生活，子どもの出生などについて，どのような状況であったか，生活や人間関係にどのような変化がみられたかなどが問題にされる。引越しや転職なども重要な出来事である。最後に夫婦が生まれ育った家族（拡大家族）について問われる。何人の兄弟姉妹だったか，お互いの関わりや気持ちはどうだったか，両親は子どもたちにとってどのような役割を果たしてきたかなどが基本的な事柄である。

家族の歴史を辿る過程で明らかになった名前，年齢，関係などの情報や，結婚，離婚，死亡，出生などの時期が，関係図に正確に記入される。図式化する過程で，家族成員はさまざまな出来事の詳細を知り，出来事と出来事の関係，出来事と人との関係，人と人との関係に改めて気づくこともある。そして，自分が誰なのかについて多くの洞察を得るのである（岡道・国谷・平木，1990）。

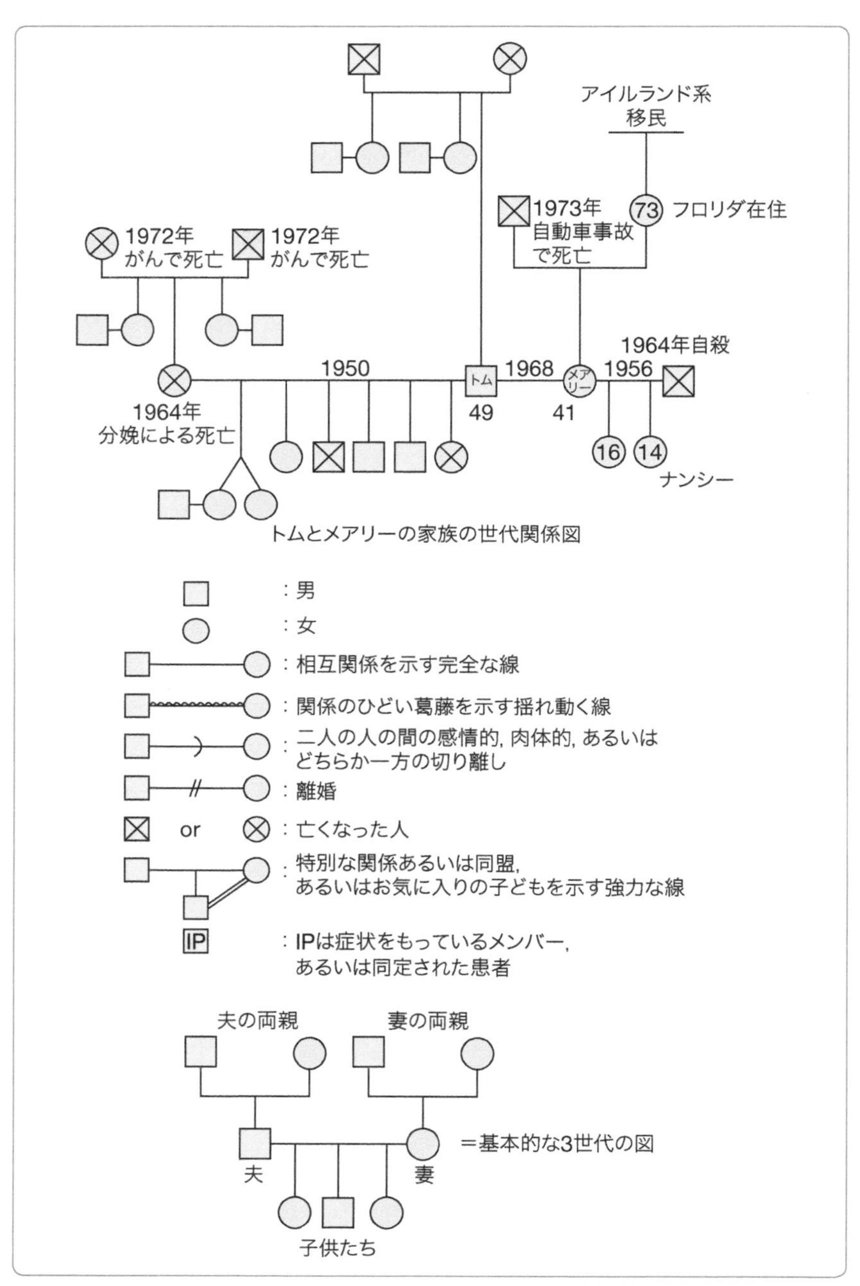

図13.4　世代関係図の例（シャーマン・フレッドマン 岡堂哲雄・国谷誠朗・平木典子訳，1990．家族療法技法ハンドブック．p.127, 131．星和書店より）

練習問題

1. これまでの知見をふまえて，以下の文章で正しいものをすべて選びなさい。

a. 社会に存在するジェンダー規範は，親の子どもに対する態度に反映されることが示されている。
b. きょうだい関係の中で養護性が育まれると考えたのはアドラーである。
c. 出生順位によって学習能力に差があることが明らかになっている。
d. 親が子どもに期待する性格特性は，子どもの性別によって異なっている。
e. 性別によって学習能力に差があることが明らかになっている。

2. ①〜⑤の各研究者と関係のある事項を，a〜eからそれぞれ選びなさい。

①ボーエン　②ミニューチン　③ベイトソン　④オルソン　⑤依田
a. ナナメの関係　b. 二重拘束理論　c. 家族構造
d. 源家族・家族の歴史　e. 円環モデル

〈文献〉

Adler, A. (1927). Menschenkenntnis, Hirsh. (高尾利数 (訳) (1987). 人間知の心理学. 春秋社)

Crowley, K., Callanan, M. A., Tenenbaum, H. R., & Allen, E. (2001). Parents explain more often to boys than to girls during shared scientific thinking. *Psychological Science*, *12* (3), 258-261.

Eccles, J. S., Freedman-Doan, C., Frome, P., Jacobs, J., & Yoon, K. S. (2000). Gender-role socialization in the family. In T. Eckes, & H. M. Trautner (Eds.), *The developmental social psychology of gender* (p. 333-360). Lawrence Erlbaum Associates.

エルダー. 本田時雄・川浦康至・伊藤裕子・池田政子・田代俊子 (訳) (1997). 大恐慌の子どもたち. 明石書店

Flannagan, D., Baker-Ward, L., & Graham, L. (1995). Talk about preschool. *Sex Roles: A Journal of Research*, *32* (1-2), 1-15.

Flannagan, D., & Perese, S. (1998). Emotional references in mother-daughter and mother-son dyads' conversations about school. *Sex Roles: A Journal of Research*, *39* (5-6), 353-367.

Golombok, S., & Hines, M. (2002). Sex differences in social behavior. In P. K. Smith, & C. H. Hart (Eds.), *Blackwell handbook of childhood social development* (pp. 117-136). Blackwell Publishing.

飯野晴美 (1996). きょうだい関係. 青柳肇・杉山憲司 (編), パーソナリティ形成の心理学 (pp. 133-142). 福村出版

Karraker, K. H., Vogel, D. A., & Lake, M. A. (1995). Parents' gender-stereotyped per-

ceptions of newborns. *Sex Roles: A Journal of Research*, *33*, 687-701.
Kerr, M. E., & Bowen, M. (1988). *Family evaluation*. W W Norton & Co.
小嶋秀夫(1989). 乳幼児の社会的世界. 有斐閣
草田寿子・岡堂哲雄(1993). 家族関係査定法. 岡堂哲雄(編), 心理検査学(pp. 573-581). 垣内出版
Melson, G. F., & Fogel, A. (1988). The development of nurturance in young children. *Young Children*, *43*(3), 57-65.
Minuchin, S. (1974). *Family and family therapy*. Harvard University Press. (山根常男(訳)(1984). 家族と家族療法. 誠心書房)
水島恵一(1985). 人間性心理学体系第3巻　イメージ・芸術療法. 大日本図書
Mondschein, E. R., Adolph, K. E., & Tamis-LeMonda, C. S. (2000). Gender bias in mothers' expectations about infant crawling. *Journal of Experimental Child Psychology*, *77*(4), 304-316.
内閣府(2001). 第2回青少年の生活と意識に関する基本調査. https://www8.cao.go.jp/youth/kenkyu/seikatu2/top.html
野村直樹(2008). やさしいベイトソン. 金剛出版
Olson, D. H. (1990). Family circumprex model: Theory, assessment and intervention. *Journal of Family Psychology*, *4*, 55-64.
相良順子(2002). 子どもの性役割態度の形成と発達. 風間書房
斎藤学(1996). アダルト・チルドレンと家族. 学陽書房
Seavey, C., Katz, P., & Zalk, S. (1975). Baby x: The effect of gender labels on adult responses to infants. *Sex Roles: A Journal of Research*, *1*, 103-109.
Sherman, R. & Fredman, N. (1986). *Handbook of structured techniques in marriage and family therapy*. Brunner/Mazel. (岡堂哲雄, 国谷誠朗, 平木典子(訳)(1990). 家族療法技法ハンドブック. 星和書店)
Toman, W. (1976). *Family constellation* (3rd ed.). Springer.
Weeks, J. (1986). *Sexuality.* Tavistock. (上野千鶴子(監訳)(1996). セクシュアリティ. 河出書房新社)
依田明(1990). きょうだいの研究. 大日本図書
依田明・深津千賀子(1963). 出生順位と性格. 教育心理学研究, *11*, 239-244.

第14章 個人差の発達（5）：文化によるパーソナリティの形成過程

到達目標

- モラル判断が文化によって異なることを明らかにした先行研究について説明できる。
- 文化規範が伝達されるメカニズムについて理解する。
- 文化によって規定される「自己」「他者」「人間」観の発達について考える。

私たちは，ある特定の文化の中で育つ。本章では，パーソナリティ形成過程における文化の影響について考える。

14.1節 文化によって形成される「パーソナリティ」

A. モラル判断における文化差

パーソナリティには，その人がどのような規準を内面化しているかが反映される。何でも率直に言うべきという規準をもっている人と，ものを言うときにはまず相手がどのように感じるかを考えるべきという規準をもっている人とでは，人との付き合い方や行動において違いがみられる。また，何が良くて何が悪いかといったモラル判断においても，人によって大きな違いがあり，その違いが「あの人らしいね」といった行動をとらせていることは経験的に知られている。そうした，パーソナリティの違いをもたらすモラル判断が文化によって異なることが明らかになっている。

例えば，正義と責任のモラルが相反するようなモラルジレンマ物語に対するアメリカとインドの研究協力者の応答が異なることが明らかになっている（Miller & Bersoff, 1992）。使用されたジレンマ物語の1例は以下のようなものである（**図14.1**）。この物語の結末について，以下の選択肢からどちらかを選ぶよう判断が求められた。

①ベンは紳士のコートから切符を盗むべきではない。たとえそのことが親友に結婚指輪を届けるためにサンフランシスコに行けなくなることを意味するとしても（正義に基づく判断）。

ベンは仕事でロサンゼルスに来ていた。会議が終わったので駅に行った。親友の結婚式に出席するためサンフランシスコに行く予定だった。彼は結婚指輪を届けることになっており，すぐ次の列車に乗らなければその式に間に合わない。ところが，切符を財布ごと盗まれてしまい，無一文になってしまった。彼は，駅員や乗客いろいろな人に切符を買うためお金を貸してくれるよう頼んだ。しかし，誰も見ず知らずの彼にお金を貸してくれようとはしなかった。どうしたものかと思案してベンチに座っていると，隣に座っている紳士が少しの間席を外した。ベンは，その紳士がコートを置いて席を立ったのに気づいた。彼のコートのポケットからサンフランシスコ行きの切符がのぞいている。それを使って列車に乗ればサンフランシスコでの結婚式に間に合うとはわかっている。そして，ベンは，紳士が切符を買い直すことができるだけのお金を持っていることを見て知っていた。（アメリカ版）
（インド版は文化的妥当性を担保するため，サンフランシスコはボンベイとなっている）

図14.1　モラルジレンマ物語（Miller & Bersoff, 1992）

②ベンは親友に結婚指輪を届けるためにサンフランシスコに行くべきだ。たとえそのことが人のポケットから切符を盗むことを意味するとしても（責任に基づく判断）。

結果は，インド人は，アメリカ人よりも明らかに多く②を選び（責任に基づく判断を行う），親友へのつとめを法律がなくても守るべきことと考えることを示した。ここから，インド人は，個人間で果たされる責任を絶対的に重要なものとしてモラル判断を行っていることが示唆された。なお，研究で採用されたこの物語に関していえば，インド人にとって「『持っている者』と『持っていない者』」といった意味も判断に影響を与えている可能性はある。インドでは，バクシーシ（富める者が貧しい者に対して与える恵み）というヒンズー教徒の務めがあり，この行動によって輪廻における次に生まれた時のあり方が決定されると信じられている。物語に登場する紳士は「持っている者」であり，彼がバクシーシを与えることは宗教的な務めとなる。この観点からすると，「盗む」という行為の意味が異なってくる。同じ行動であっても，その行動がどういう意味を持つのかが文化によって異なる点に留意する必要がある。

次に，モラル判断を含む物語をどのような**文化的スクリプト**を使用して人々が紡ぎ出すのかを調べるという方法を使用した，日米の大学生を対象に行われた調査についてみてみよう。ここで，文化的スクリプトとは，ある文化の中で育つことによって個人が獲得していると考えられるスクリプト（物事がどのように進行していくかを予測する知識）を指している。

研究1（東・唐澤，1988）は以下の手順で実施された。

①ある事件についての中核情報を与える（「ある人が故意に教師に怪我をさせた」）。

②その行為についての道徳的な評価を求める（絶対に許せない：1～全く悪いことではない：6）。

③より正確な判断を下すために必要だと思う情報を，呈示されたリスト（年齢，動機，被害の程度，今の気持ち，…）から拾ってもらう。

その結果，以下の3点が明らかになった。

①最初の判断は，アメリカ人のほうが日本人よりも厳しかった。要求した情報が次々と与えられるにつれてこの差は減少した。アメリカ人は，「他に情報がない以上，本来悪いものは悪い」と説明した。

②日本人では同情的な情報に対してよりも，非同情的な情報に対して判断が変化することが多く，アメリカ人ではその逆であった。日本人は，その情報を得る前に同情できる文脈を漠然と想定して判断しているのではないかと考えられた。ゆえに，同情的な情報はあまり影響をもたない。しかし，アメリカ人は，はじめから厳しい判断をしており，同情的な情報が与えられるとその分それに反応すると考えられた。

③どういう情報が選ばれるかの頻度をみた結果，ほとんどすべての人が「動機」を最重要3項目に入れた。日本人では，行為の時とその後での「気持ち」の情報や「行為者の人格」に関する情報が，アメリカ人よりも多く選ばれた。アメリカ人に多く求められたのは，その逸脱行為がもった影響の大きさや同様なことを前にもしたことがあるか，および行為者の年齢など，事実関係の情報であった。

研究2（真島ら，1994）は，中核情報を与えた（「哲夫くんは洋平くんのあごを殴りました」）後，自分で情報をつくり出して物語にまとめてもらうという手順で実施された。その結果，以下の3点が明らかになった。

①日本人のほうが，主人公を好意的に描写する。アメリカ人は，主人公に心理的に距離を置いた描写を行う。このことから，日本人のモラル判断を行う際の文化的スクリプトの基礎に，主人公を仲間うちの存在として物語を構成するようなファミリーメンバー・メタファーがあるのではないかという考察がなされた。

②日本人は「気持ち」の情報を重視する。

③日本人は人間関係，特に良好な関係への言及が多かった（最終的には，両者の関係が良くなったり，修復されたりしている）。悪い関係のまま終わるのはアメリカに多かった。

この2つの研究からは，モラル判断を行うために人々が出来事のどの側面に注目するか，そしてどういった推量をするのか，どういった文脈での出来事と捉えるのかは，それぞれの文化的スクリプトに規定されたものになると考えられた。

積極的に異文化に触れ，価値観・考え方の違う他者と関わりをもつ機会は，自文化と異文化に対する理解を深めることにつながる。そして，そうした経験は，モラルに関連した出来事を考える際のモラルスクリプトの内容が豊富になることを意味している。

B. 道徳的規則・慣習的規則・私的規則に分類される行為の文化差

領域特殊理論（Turiel, 1983）においては，社会的知識は，道徳（moral）・社会的慣習（social convention）・個人（personal）という3つの独立した領域から構成されると考える。この世の中には，「人をいじめない」「学校には白色の靴下を履いていく」「体を動かす趣味をもつ」といった，さまざまな社会的判断や社会的行動があるが，それらには，質的に異なった領域があるという理論である（6.4節参照）。

第6章で，児童期に社会的慣習概念の形成が進むことについては既に学んだが，この理論に基づいて，「授業中ガムをかむ」に対する判断の日米比較を行ったところ，この行為は，日本では道徳的規則，アメリカでは慣習と判断された（内藤，1991）。日本では，授業中にガムをかむと教師の心を傷つけるということが必然的に生ずると考えられ，これに違反することは道徳的規則を犯すとみなされたのではないかと考察された。すなわち，文化によって，同じ社会的知識（この場合「授業中ガムをかむ」）が異なった領域の知識と認識されていたのである。

このようにみると，普段意識にのぼることは少ないが，パーソナリティを規定する行動規準そのものが文化に影響されたものになっていることに気づくだろう。

C. 文化の中で構築される意味空間

私たちは，ある特定の文化の中で育つ過程で，その文化に固有の意味体系を内面化し，自らの意味空間を構築していく。例えば，「自己評価の意味空間」は日本とアメリカでは異なっている。日本では，あれもこれもできないと評価されないが，アメリカでは1つできれば褒められ，もう1つできればさらに高く評価される。ゆえに，幼い頃に渡米しアメリカの意味体系を取り込んで自分の意味空間を形成している日本の子どもは，学校の先生やクラスの仲間とは違って，なかなか褒めてくれない親の態度に傷つく経験をする。この子どもの自己評価の意味空間は，アメリカのホメ評価となっており，親の意味空間とは異なっているからである（箕浦，1997）。同じ屋根の下に暮らす日本人家族であっても，子どもと親の意味空間は異なったものになる。

では，個人の意味空間が構築されやすい発達上の時期はあるのだろうか。留学などで文化間移動を行った場合，移動先の文化規範に従った行動をとるときに違和感や不快感を抱くことがある。こうした事態は，行為とそれに伴う感情が同一の意味空間に統合されていないことに起因する（箕浦，1984）。例えば，「はっきり物事を言わない」という文化規範に合わせた行動をとってはみたものの居心地が悪いと感じるのは，行為とそれに伴う感情にズレが生じた結果である。自文化での暮らしや行動は，認知，行動，感情の3側面が統合されているため，それらの背後にある意味空間は意識されることが少ない。この点に着目して，文化間移動をした子どもを対象に行った研究からは，食べ物に関する意味空間（何を食すべきか，食べ物の好みなど）の構築は幼児期に始まり，同輩との人間関係に関する意味空間が形成される感受期（sensitive period）は9～14，15歳，男女関係についての意味空間は14，15歳から形成されるとの報告がある（箕浦，1995）。文化は，個人の意味空間の構築を通して，パーソナリティ形成の一翼を担っているのである。

D. ヘアー・インディアンの文化圏での生活を通して形成されるもの

生きる姿勢が文化によって大きく異なることを教えてくれる文化人類学の研究がある。1961～1962年に，カナダ北極圏の狩猟採集民族であるヘアー・インディアンと生活をともにしたフィールド調査は，厳しい環境にいるために一人で生きるということが基本となっている人々の生活を描いている。彼らは，日本の本州の4分の1弱の領土をテント仲間と住居・食事をともにして移動しながら生活していた（原，1993）。

家族のあり方も男女関係も流動的であり，子どもは小さい頃から自分ひとりで生きていく術を獲得するための生活を選び取っていく。一人ひとりが守護霊をもち，岐路に立つと守護霊と対話しながら人生を切り拓いていくことが求められる。守護霊と相談して「自分はもう死ぬ」と判断したら，キャンプ仲間と別れひとりで死ぬことを選ぶ。同じキャンプ内で人間関係が悪化すると出ていったり，しばらくすると戻ってきたりする。夫婦も男女ともに複数の異性と関係をもち，別れたりよりを戻したりする。彼らにとって日常生活をともにするテント仲間・キャンプ仲間とは，その集団のメンバーが入れ替わる一時的居住集団であり，生活共同体である。例えば，男女の場合，猟師と皮のなめし手といった，経済的つりあいが大切になってくる。

子どもは頻繁に養子・里子に出されるが，子育ては，彼らの社会では「遊び」であり，喜んで子どもを迎える。ヘアー・インディアンは，「はたらく」「あそぶ」「やすむ」を区別しており，大した娯楽がない彼らの日常では，子どもを交えた育児は「遊び」に分類されるのである（原，1979）。

彼らには「身内」の概念もある。身内は，父，母，父母をともにする兄弟姉妹，つれあいとその間の子どもが含まれる。身内関係は，つれあいに関しては性交体験によって始まり，その他の人々は本人の出生ならびにきょうだいや子の出生によって成立する。しかし，身内は，生活共同体ではない。超自然的に規定されるタブー(インセストタブー，女性の月経や妊娠にまつわるタブー，死後の遺体の処理や墓掘りを禁ずるタブーなど）によって運命をともにする関係者であるが，必ずしも日常生活をともにしない。死後の遺体の処理や墓掘りは身内で行うことは禁じられているので，こうしたことをしてくれた者と「セツェッオン」の関係に入る。セツェッオンとは，一緒に食事や生活をしてはいけないばかりか，顔を合わせてもいけないという忌避関係をいう。よって，このセツェッオンに該当する人が誰かを常に意識して生活せざるをえず，その意味で，身内関係は，そのメンバーの死後も継続する。

ヘアー・インディアンには「われわれ意識」はない。したがって，身内の1人がタブーを犯しても，「われわれ身内の恥だ」とか「良からぬことが起きるのでは…」といったことは考えない。それは，タブーを犯した本人の問題として考えられる。あくまで，一人ひとりが独立して生きる姿勢が貫かれる。こういう社会で生きることが，そのパーソナリティ形成に大きく影響することはいうまでもないであろう。

14.2節 文化的実践としての子どもの社会化過程

パーソナリティを特徴づける行動規準は，子どもの社会化過程で内面化され発達していく。子どもの社会化過程は，家庭や学校をはじめとした共同体が自文化の規範や価値を伝達する文化的実践として行われている。その過程で働く要因とメカニズムについて，日本文化に特有なものは何かを考えることによって，みていきたい。

A. 社会化を担うエージェントとしての母親

東 洋（1994）は，日米母子を対象に，子どもが3歳半の時に母親がどのようなしつけ方略を行っているかについて調査を行っている。母親に，子どもが良くない行動をしている場面で，子どもに対して何と言うかを回答してもらった（**表14.1**）。その結果，日本の母親は，「親としての権威」に訴える割合が少なく，「気持ち」も「結果」の一種だとみなして合算すると，良くないことをすると望ましくない結果になることをわからせようとする割合が高い（日本：59%，アメリカ：30%）ことが明らかになった。それに加えて，「それでも子どもが言うことを聞かなかったら？」という質問を重ねていくと，アメリカの母親は，だんだん強制力を強めていく方略をとる（“Eat it.” “You must eat it.” “EAT IT, Please.”）が，日本の母親は，だんだん譲歩していく（「食べなさい」「少しでいいから」「明日は食べるね」）。アメリカの母親は，対立の場面で権威をもつ者が譲ると権威関係（親の権威）が崩壊してしまうと考える。一方，日本の母親は，本来子どもは「いい子」なのだというタテマエに立っており，いけないことをしているのは事態をよくわかっていないからだと考えている。

このような日米のしつけ方略の違いは，各文化の人間観・生命観・発達観

表14.1　言うことを聞かせるために挙げる根拠の日米比較（東，1994）

根拠	日本（%）	アメリカ（%）
親としての権威	18	50
規則	15	16
気持ち	22	7
結果	37	23
その他	8	4

表14.2　親の子どもに対する発達期待：日米比較
（東 洋, 1994. 日本人のしつけと教育. p.82-83. 東京大学出版会より）

領域（項目）	日本	アメリカ	日米差
学校教科的能力（SR. 3項目） 34. 30ページくらいの絵の多い童話を1人で読み通せる。 37. 時計が読める（15分単位くらいまで）。 41. 興味のあることを図鑑や辞典で調べる。	1.24 (0.26)	1.36 (0.43)	
従順（C. 5項目） 6. 呼ばれたらすぐ返事をする, またすぐくる。 7. 面白い本やテレビを見ているのに, お母さんの手伝いを頼まれた時すぐやめて手伝う。 20. 悪いことをしていて注意されたら, すぐやめる。 26. 言いつけられた仕事は, すぐにする。 36. 親からいけないと言われたら, なぜなのかはわからなくても言うことを聞く。	2.16 (0.43)	1.97 (0.43)	**
行儀（P. 3項目） 3. おとなに何か頼む時, 丁寧な言い方をする。 10. 朝, 家族に「おはよう」と挨拶する。 28. テーブルなどに足を乗せたり, 足で動かしたりしない。	2.49 (0.37)	2.30 (0.49)	*
感情の制御（E. 4項目） 4. やたらに泣かない。 24. 欲求不満になった時でも泣かずに我慢できる。 29. いつまでも怒っていないで, 自分で機嫌を直す。 39. 赤ちゃん言葉は使わなくなる。	2.49 (0.38)	2.08 (0.35)	**
身のまわりのことの自立（I. 8項目） 1. おとなに手伝ってもらわず1人で食事ができる。 2. お小遣いを大事にちゃんと使える。 8. 自分の脱いだ服を始末できる。 9. 外に1人で遊びに行ける。 15. 決まったお手伝いができる。 16. 1人遊びができる。 22. 1人で電話がかけられる。 27. 1時間くらい, 1人で留守番ができる。	2.02 (0.24)	1.86 (0.17)	**
社会的能力（S. 6項目） 5. 自分のおもちゃを友達にも貸してあげて, 一緒に遊べる。 12. 友達を説得して, 自分の考え, したいことを通すことができる。 19. 友達と考えが合わない時, けんかをせずに適当な解決をつけられる。 30. 友達と遊ぶ時, リーダーシップがとれる。 35. ゲームをしている時, 自分の番まで待てる。 38. 友達の気持ちに思いやりをもつ。	1.86 (0.31)	2.18 (0.36)	**

領域(項目)	日本	アメリカ	日米差
言語的自己主張(VA. 5項目) 7. 納得がいかない場合は説明を求める。 14. 意見や希望を聞かれたら，はっきりと述べる。 21. 質問されたら，はきはき答える。 25. 自分の考えを他の人たちにちゃんと主張できる。 40. 自分の考えや，その理由を，他の人にわかるように説明できる。	1.73 (0.45)	2.17 (0.36)	**

*：p<0.05で有意，**：p<0.01で有意
調査は，5歳齢の子どもを持つ母親(日本58名，アメリカ67名)を対象に，表中の41項目について何歳までにできるようになってほしいかの回答を求め，4歳までなら3点，4〜5歳頃なら2点，6歳過ぎなら1点を与えるという方法で実施された。表は，共通性の高い項目を数項目ずつにまとめて7領域に分け，各領域の平均(標準偏差)を示したものである。

から人間関係・社会組織・政策などと密接に関連しあっている（東，1994)。権威を前面に押し出さず言わなくてもわかることをよしとする日本社会・文化の中で適応していくためには，日本の親が行う日本型のしつけ方略はよく機能していると考えることができる。

母親が子どもの性質や能力のうち，どういう面の発達を期待しているかについての調査（東，1994）から，日本で期待されるのは，従順で，きまりに従い，行儀が良いなど，家庭での共生を前提として一緒にいるのに差し障りのない共生型いい子であり，アメリカで期待されるのは，ひとりで人の中に出ていくのを前提にして，そこで自分をしっかり立てていける独立型いい子であることが明らかになった（**表14.2**)。

B. 隠れたカリキュラム：国語教科書を通して伝えられる文化規範

国語の教科書でどのようなテーマが扱われているかの日米比較調査（東，1994）から，日本の教科書には，きまりを守り自分を譲っての温かい関係が描かれるものが多いが，アメリカでは，自立や自己主張，公正に関するテーマが扱われることが多いことが報告されている。ここから，日本では，共生型いい子像，アメリカでは独立型いい子像が想定されていることがわかる。東は，日本では，共生型のいい子は単にしつけの目標であるだけではないと指摘する。日本の滲み込み型しつけ（環境が整っていて良いモデルがあれば，子どもは自然に学ぶという前提で行われるしつけ）のためには，しつけを行う者としつけられる者とが密接な関係で共生していることが望ましい。ゆえに，子どもが共生型いい子像に合致した性質を備えていることが望まし

い。日本人は，しつけというものを，独立した人間間の権威関係を通じての規範伝達と考えるのではなく，共生関係の中での行動パターンの浸透として位置づけている。

C.「うち」と「そと」の獲得

1981年に発表された総理府調査では，日本，アメリカ，イギリス，フランス，タイ，韓国の10～15歳の子どもとその母親1,500組前後をサンプルとした。P-F Study（Rosenzweig Picture Frustration Study）を準用した，子どもが叱られている場面に対する言語的反応をみた（**図14.2**）。子どもが叱られている2場面（対教師・対母親）に対する子どもの言語的反応を，①従順型：素直に謝ったり従ったりする，②理由づけ型：言い訳をする，③自己中心型：自分を正当化して反発する，に大きく分類し，国別に比較したところ，以下のことが明らかになった。日本は，教師に対する従順反応は2番目に高く，母親に対する従順反応は極めて低かった。母親に対する反応はほとんど理由づけ型になっており，その場合の理由づけは，ただ自分を押し通すのではなく，理由を説明してわかってもらおうとするものであった。教師に対する理由づけ反応は少ない。この結果の解釈として，東（1994）は，以下のように主張している。日本の子どもは，母親は理由が

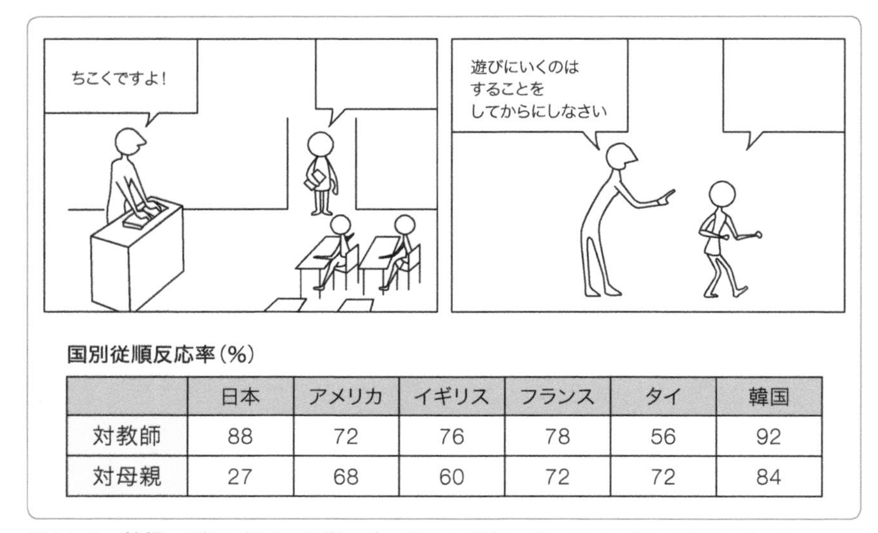

国別従順反応率（%）

	日本	アメリカ	イギリス	フランス	タイ	韓国
対教師	88	72	76	78	56	92
対母親	27	68	60	72	72	84

図14.2　教師・母親に対する従順反応：国による違い（東, 1994；総理府調査, 1981）

あれば折れてくれるという期待をもっている。日本の母子関係は共生的相互依存的関係であるが，欧米の親子関係は権威の関係である。韓国では儒教文化の影響が強く，親子関係は権威の関係となっている。日本の子どもは大きくなると，「うち」と「そと」という行動規範が異なる2つの世界が存在することに気づくようになる。教師や「よそ」の大人との関係を中心にした権威的秩序の世界と，母子関係を軸にした共生的相互依存の世界との2つである。子どもは，その2つの世界を行き来することで自ずから社会化される。2つの世界では，子どものとるべき役割が違うので行動が変わる。

D.「いい子アイデンティティ」に基づいた自己制御

日米の幼稚園での子どもの行動の観察を行ったルイス（Lewis, C.）は，日本の場合「注目すべきは教師1人あたりの子どもの数の多さで，ほとんどのクラスは30～40人の子どもを女教師1人で担当している。親は教室に入らせない」とアメリカとの違いを述べている（Lewis, 1984）。アメリカでは，幼稚園の現場にヘルパー・ボランティアの母親などがおり，5～6人の子どもに1人の大人がついている。そうでもしなければ，好き勝手に行動する幼児をクラス内の活動に専念させるのが大変だからである。

ルイスの見解は以下のとおりである。日本の幼稚園教諭は，「いい子アイデンティティ」に基づく自己制御を育てるために，さまざまな方略を使用している。日本の先生は，厳しいしつけをしないし，目立ったリーダーシップをとったり，行動をコントロールしたりしない。その代わり，絵本の読み聞かせ時間に騒いでいる子どもがいる場合，「騒いでいるのは誰？　うちのゾウ組さんの子はいい子だからそんなことしないよね。隣のキリン組さんの子かな？」などと言ったりする。また，子どもはそれぞれ決められた小集団に属し，いろいろな仕事（例えば片づけ）を共同で行う。この集団内の協力関係が緩い規制力をもっている。先の例でいえば，同じゾウ組の子どもたちが，騒いでいる子どもに「シーッ」と注意したりする。子どもたちは，「自分はゾウ組のいい子」なので，そのいい子に適った行動をすべく自己制御するようになるのである。

E. 二重構造型推量と情緒性を培う「他者」を引き込んでの社会化

守屋慶子（1997）は，日本では，子どもの行為を禁止する場面で「二重構造型推量」で物事を考えるように導かれるとの見解を示している。例えば，病院の待合室で泣く子に，「泣いたら先生が『注射する』って言っているよ」「『泣いておかしいな』っておばちゃんが笑っているよ」などのようにとがめ嘲笑する情緒的他者として居合わせる他人を引き入れ，子どもが彼らに対して抱く否定的感情をテコにして母親の指示に実効性をもたせようとする。言動からは不明の他人の感情を「本当は怒っている（笑っている，嫌がっている）」などと推量させることで，子どもに見かけとは異なる他者像を形成させている。ゆえに，子どもはさまざまな場面で，他人の視線のもとで人に笑われないよう努めるようになる。こうした訓練を通して，子どもはとがめ嘲笑する他者，すなわち「人（世間）」を内面化し，その視線を受ける側として情緒性の強い自己を形成する。ここで，母親の責任・権威ということに目を向けると，母親はこうした場合，禁止やその理由を伝達するものにすぎず，自ら責任や権威をもつものではない。当然の帰結として，子どもは母親に責任や権威を感じることはなくなり，他人がいなくなると一転して融通のきかないわがままな子どもになる。なかなか意味深長な指摘である。

14.3節 文化に規定される「自己」「他者」「人間」観の発達

守屋（1994）は，子どもが，「自己」と「他者」をどのように捉えているのかを絵本（『おおきな木（The giving tree）』）の読書感想文を通して解明しようとした。7～17歳の子どもを対象に，日本801名，スウェーデン483名，イギリス297名，韓国400名の読書感想文を分析した。その結果，文化によって子どもが発達させる「自己」「他者」，ひいては「人間」観が異なることが明らかにされている。

A. 二重構造をもつ「他者」および「自己」

感想文には，求める一方の少年に幹まで与えたりんごの木の気持ちを推量した形跡が見受けられたが，推量は大きく以下の2つに分類できた。1つは「疑問解消型」であり，登場人物の言動や説明を手がかりに，疑問部分を推量するものであった。「自分のすべてを与えたのは，木が少年をとても愛していたからだと思う」といった感想に代表されるものである。もう1つは「二重構造型」であり，登場人物には，その言動や説明とは異なる「本当の」部分が隠されているという前提のもとに行われる推量であった。「木は幸せだと言っているけど，本当は嫌だったんじゃないかと思う」といった感想にみることができる。さて，イギリスとスウェーデンの子どもの多くは疑問解消型なのに対して，日本の子どもには二重構造型が多くみられた。16～17歳群では62.5%が二重構造型に分類されたのである。

日本の子どもは，「みせかけの自己」と「本当の自己」からなる二重構造の他者像を保持するようになっている。そこで，「本当の他者」を推量によって知ろうとする。しかし，推量は多様（「りんごの木は怒っている」「心では泣いている」「本当は逃げたがっている」など）で，「本当の他者」を推量で捉えることは難しい。そしてまた，他者をこのような二重構造の人格として捉える子どもは，既に自身が二重構造の人格となっている。自己表現に際しては「本当の自己」を「みせかけの自己」の背後に閉じ込める。このような二重構造型推量を基本とした曖昧な自己-他者間での不安を示唆するのが，皆と同じことを求める傾向である。この傾向からうかがえるのは，暗黙のうちに他者との癒着を目指した自己形成なのである。

B.「人間」の認識の発達過程

13歳前後になると，子どもたちは，少年とりんごの木の相互交渉を通して「人間は利己的だ」という人間観を持つようになる。これはどの国にも共通するが，日本の子どもとイギリスおよびスウェーデンの子どもでは，ここへ至る過程が異なっている。

日本の子どもは，少年はわがままで利己的だという認識から始まり，次に，少年に似た自己の発見をしていた。すなわち，自己がりんごの木にではなく醜い少年に似ていることを発見する。その後，少年や自己のもつ醜さが「人間」に普遍的なものであるとの認識に至る。つまり，子ども自身の個別的な自己認識を通して，人間観を抱くようになる。

一方，イギリス，スウェーデンの子どもでは，りんごの木を神や自然の象徴とみなし，少年はそれに向き合う人間の象徴とみなすことが一般的であった。あくまでも神と自然との関係で，人間観を形成するようである。神や自然が，人が近づけない高みから人間の愚かさを見通す超越的存在として人々の意識に浸透している文化圏では，「人間」は，一括してそのような超越的存在には遠く及ばない利己的な存在として認識されている。

練習問題

1．現在までに明らかになっている適切な知見をすべて選びなさい。

a．日本の文化的スクリプトの基礎にはファミリーメンバー・メタファーがある。

b．日本の母親は自分の権威を使用して子どものしつけを行うことが多い。

c．子どもが独立型いい子であることは，滲み込み型しつけに好都合である。

d．意味空間が意識にのぼるのは文化間移動を行った時であることが多い。

e．日本の子どもは，二重構造型推量の他者像を社会化の過程で形成していく。

2．①～⑤と関係のある事項を，a～eからそれぞれ選びなさい。

①ヘアー・インディアンの身内　②ヘアー・インディアンのテント仲間

③日本の幼稚園のクラス運営　④アメリカの母子関係

a．権威関係　b．セツェッオン　c．一時的居住集団

d．いい子アイデンティティ

〈文献〉

東 洋（1994）．日本人のしつけと教育．東京大学出版会

東 洋・唐澤真弓（1988）．道徳的判断過程研究のための一方法．発達研究，*4*，103-124．

原ひろ子（1979）．子どもの文化人類学．晶文社

原ひろ子（1993）．家族の多様性と普遍性．原ひろ子（編），家庭の経営 改訂版（pp. 19-41）．放送大学教育振興会

Lewis, C.（1984）. Cooperation and control in Japanese nursery schools. *Comparative Education Review*, *28*, 69-84.

真島真里・唐澤真弓・Yeh, C.・東 洋（1994）．道徳的挿話における前後文脈産出．発達研究，*10*，57-66．

Miller, J. G., & Bersoff, D. M.（1992）. Culture and moral judgment. *Journal of Personality and Social Psychology*, *62*, 541-544.

箕浦康子（1984）．子供の異文化体験．思索社

箕浦康子（1995）．いつ日本人になるのか?．三宅和夫（編），子どもの発達と社会・文化（pp. 121-130）．放送大学教育振興会

箕浦康子（1997）．文化心理学における意味．柏木惠子・北山忍・東 洋（編），文化心理学（pp. 44-63）．東京大学出版会

守屋慶子（1994）．子どもとファンタジー．新曜社

守屋慶子（1997）．自己一他者関係の形成．柏木惠子・北山忍・東 洋（編），文化心理学（pp. 128-149）．東京大学出版会

内藤俊史（1991）．子ども・社会・文化．サイエンス社

Turiel, E.（1983）. *The development of social knowledge*. Cambridge University Press.

第15章 ヒトの発達を研究するための倫理と方法論

到達目標

- 人を対象とした研究を行う場合の研究倫理について説明できる。
- 発達を研究する方法論としての縦断研究の利点と限界について説明できる。
- 子どもの発達研究を行う方法について説明できる。

14章までに学んだヒトの発達に関する知見は，研究の積み重ねによって常に更新されてきている。本章においては，そうした研究を実施するときに考慮すべき研究倫理と方法論について考えたい。

15.1節 研究倫理

A. 研究をするということ：研究の科学的妥当性と社会的意義

研究には多くの資源が投入される。研究者自身の時間や労力はもちろんのこと，研究協力者も質問項目に回答したり実験に参加したりと多くの時間や労力をかけることになる。研究資源が有限なことを考えると，単に研究者自身が興味をもったという理由だけで，研究を行ってもよいということにはならないのである。

「責任ある研究行為」として，分野を超えてすべての研究者に共有されている4つの価値観のうちの1つが「効率性：資源を無駄なく有効に使うこと」である（CITI-Japan 2016年度e-learning教材）。ゆえに，一般化できない結果しか得られない研究や既にわかっていることしか導き出せない研究，他の研究との無駄な重複は，意義のない研究として資源の無駄づかいになると考えられる。研究を行うに足る意義のある研究とは，先行研究や既存データの分析を経たうえで，

①当該研究を行う科学的価値について説明ができること

②研究に科学的妥当性がある（問題を解けるような研究デザインになっている，研究実施者が適切に訓練されている，研究実施によるリスクとベネフィット比が適切である）こと

の2つの要件を満たし，科学（としての発達心理学）の発展に貢献できる研究である。さらに，日本学術会議による「科学者の行動規範」をふまえると，「科学者は，自らが生み出す専門知識や技術の質を担保する責任を有し，さらに自らの専門知識，技術，経験を活かして，人類の健康と福祉，社会の安全と安寧，そして地球環境の持続性に貢献するという責任を有する」という社会的意義のある研究であることが要件として加わる。発達心理学的研究を行う場合も，当該分野での研究史をふまえて，科学的妥当性と社会的意義のある研究計画を立てる必要がある。

B. 人を対象とする研究：研究倫理審査

発達心理学的研究は研究対象が人である。この点において，物理学・化学など物質を研究対象とする科学とは異なる倫理的配慮がさらに求められることになる。

人を対象とする研究を行う場合の基本的な姿勢は，1979年にアメリカ連邦議会によって設置された「生物医学・行動科学研究における研究対象者保護のための国家委員会」のベルモント・レポートに端的に示されている。レポートは，人を対象とする研究を行ううえで遵守すべき3つの基本的倫理原則，「人格の尊重（respect for persons）」「恩恵（beneficence）」「公正（justice）」を呈示している。

「人格の尊重」という概念は「個人を手段ではなく究極目的として扱うべきである」としたカントを思い起こさせる。ベルモント・レポートは，個人を自律性を備えた存在として扱うこと，自律性が減衰していると考えられる個人を保護することの2つの倫理が「人格の尊重」から引き出せるとしている。ゆえに，人を対象とした研究においては，個人が十分な情報を与えられたうえで自発的に参加することが求められる。ここから，インフォームド・コンセントの確保が研究者に求められることになる。一方で，自律性に劣った人々を保護する責務も求められることになる。

「恩恵」の原則においては，個人が自らの決定を尊重され危害から守られるだけでなく，福利をも確保される努力がなされなければならない。ここから，危害を与えてはならない，予想されうる利益を最大にし予想されうる危害は最小限にしなければならないという，2つのルールが引き出される。この原則は，個々の研究者と社会全体に影響を与えることになる。個々の研究プロジェクトにおいては，研究者は利益を最大化し危害を最小化するような研究計画を立てなければならない。当該分野の研究者集団においては，知見の向上と新たな医学的・心理療法的・社会的手順が開発された結果として得られることになる長期的な利益とリスクについて認識しなければならない。

「公正」の原則においては，誰が研究から利益を得て，誰に負担がかかるのかといった「分配の公平さ」が問題になる。この原則は，研究参加者の選択を公正にすることを求めている。人を対象とする研究の歴史を振り返ると，19世紀から20世紀初頭にかけて，研究対象となる負担は貧しい患者が担い，研究から得られる利益は自由診療を受けられるような裕福な患者のものとなってきた。また，ナチスの強制収容所のユダヤ人を対象に行われた人体実験や田舎の黒人男性を対象にしたタスキギー梅毒研究にみるように，利用しやすさ・立場の弱さ・扱いやすさなどの理由から研究対象者が選択されてきたという歴史がある。こうした歴史の反省に立つならば，研究対象者の選択は研究課題に直結するような科学的な理由によって行われる必要がある。研究者は，研究成果の受益者とならないような人々を不当に研究対象者としないことに留意しなければならないのである。

具体的な研究計画を立てたら，研究倫理審査を受けなければならない。研究倫理審査は，研究者が所属する機関の倫理審査委員会が審査・承認をすることによって，研究対象者の人権を保護し，研究の正当性を保障するものである。ゆえに，審査は，①研究の意義，②研究方法の妥当性，③実施の可能性，④研究対象者の選択法，⑤リスク最少化のための対策，⑥研究参加への同意取得方法の妥当性，⑦研究結果の公表方法，⑧データ・個人情報の保存法など，研究計画 → 実施 → 報告 → 終了後のデータの扱いまでのすべての過程が適切かどうかについて行われる。

研究対象者となる個人の人格が尊重されるためには，彼らが自発的に参加する方法がとられているか，被るリスクが最小化される計画になっているかが精査の対象となる。倫理審査申請書に必ず添付しなければならない資料として，研究対象者への説明文書および同意書がある。

C. 乳幼児・高齢者・障害者を対象とする研究

研究対象者の「立場の弱さ（vulnerability）」を理解し，特別な配慮をすることが重要である。研究者に対して弱い立場に置かれやすい人，あるいは強制されやすい者が研究対象者に含まれる場合には，彼らの権利と福祉が保障される手段を特別に講じる必要がある。

特別な配慮を要する「弱い立場にある人」とは，与えられた情報を理解する知的能力が十分でない人や，自発性が十分でない人を指す。情報の理解力が十分でない人々とは，例えば子どもや知的能力障害をもつ人である。自発性が十分でない人々とは，緊急の治療を要する立場にある人，不治の病にある人，社会的マイノリティ，経済面や教育面で不利な立場に置かれている人，不法滞在者などになる。研究者には，研究対象者の理解・同意・拒否能力について，研究の開始前から終了まで，全過程を通して確認していく責任がある

子ども・障害者は，典型的な「弱い立場にある人」である。子どもの年齢が低ければ低いほど，親や保護者，研究者からの心理的影響や不当な影響を受けやすく強要されやすい。他者から操作されることに無防備である。また知的能力障害があったり高齢である場合，判断能力において問題が生じる場合がある。彼らの中には，施設・病院に入っている者も多く，経済面や教育面でも不利であったり，慢性疾患を患いがちであるなど，さまざまな点で自発性が制限される場合がある。そのため，強要されやすかったり不当な影響を受けやすかったり，他者から操作されることに対して無防備であったりする。

彼らを対象にした研究を行う場合，その保護者・代諾者に説明を行い，同意をもらうことになる。その説明文書には，以下の内容について，専門用語の使用を避けできる限りわかりやすい言葉で，記載しなければならない。

①研究内容と具体的に研究参加者が行う実験内容や拘束時間
②研究への参加が任意であること
③いったん参加に同意した場合でも同意の撤回はいつでもできること
④研究への参加を中断できること
⑤研究への参加に伴うリスクの可能性とそれを最小化する方法

なお，ディセプション（研究結果に影響を与えるような不要な構えが生じないように，研究参加者に本来の研究目的を偽ること）を伴う研究の場合に，保護者や代諾者には事前に説明をすべきか，健常成人を対象にした研究と同様に後でデブリーフィング（研究終了後に，本来の研究目的やディセプションを行ったことについて説明をすること）を行えば良いのかは，判断が分かれるところである。

加えて，幼い子どもを対象にした研究では，研究終了後も，研究で使用したおもちゃで子どもが遊びたがる場合が往々にしてある。そうした場合は，

その子どもの遊びに付き合う必要があるだろう。親が同意書に署名すれば，子どもは研究に参加してくれるが，子どもは研究内容に了解して参加しているわけではない。「実験室で遊べる」と親に言われて来室した子どもの期待を裏切ることなく，「ここに来て遊べてよかった」と思って帰ってもらうことが，子どもからの同意を得たことになるのではないだろうか。

15.2節　発達心理学的研究法

A. 発達を研究するための縦断研究：もたらす成果と限界

子どもの発達研究は縦断研究によるメリットが大きい。縦断研究とは，同じ個人や集団を長期間追跡調査し，その個人の変化や個人の集団内での変容過程について明らかにする研究方法である（**図15.1**）。個人差（集団内での個人間における違い）が時間経過とともに安定しているか否かは縦断研究でしか明らかにできない。個人内の行動や認知機能の安定性および変容性は，ある1時点で複数の異なる年齢群の人々に同一の調査を実施する横断研究でもある程度の推測はできるが，正確には縦断研究によってしか答えることはできない。また，子どもの発達過程にいかなる要因がどのように働くのかのメカニズムを調べるには横断研究では限界がある。同時的な効果が必ずしも発達に寄与するとは限らないと明らかにすることも，縦断研究によって初め

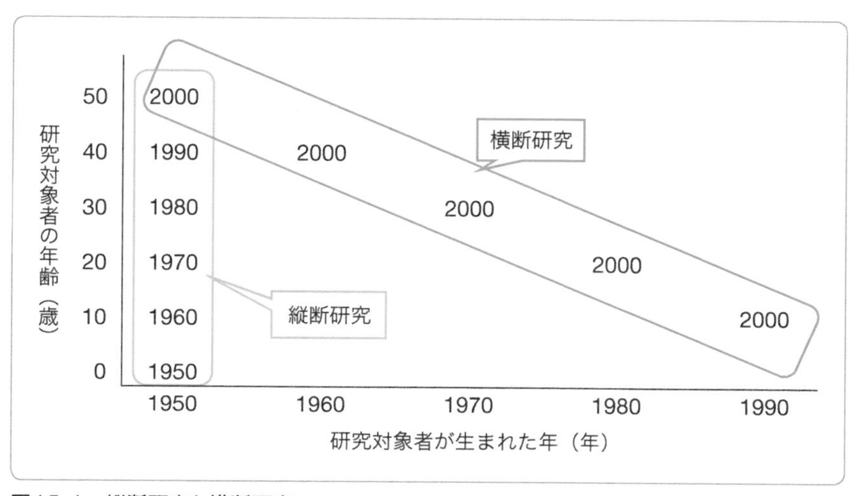

図15.1　縦断研究と横断研究

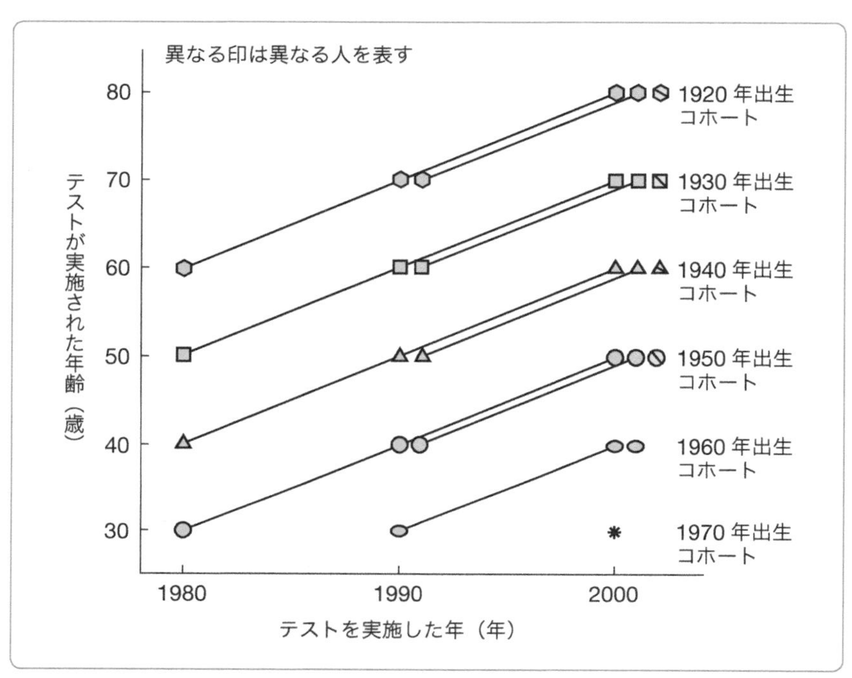

図15.2　包括的系列法（McClearn & Vogler, 2001）
3つ以上のコホートに横断研究を実施
同じ対象を追跡（縦断研究）しながら新しいコホートを追加

て可能になる。

しかし，縦断研究にも限界がある。第1に，標準的な年齢効果を推測することは難しいということである。データから年齢効果を抽出することが発達研究の眼目であるが，加齢に関連するデータには，どのような時代に生まれ（コホート効果），どのような出来事に遭遇したのか（時代効果）といった影響が混在している。ゆえに，1つの縦断研究ではそのコホートだけについての知見しか得られず，そのコホートを超えて年齢効果を一般化できないといった問題が生じる。そこで，複数のコホートに縦断研究を実施し，データ分析の段階でそれらの影響を分離することによって，標準的な年齢効果を推測する方法（包括的系列法）（Schaie & Willis, 2002）も提案されている（**図15.2**）。

第2に，データ数の減少と，それに伴う一般化可能性の問題が生じる。研究参加者は，母集団の1つの標本として抽出されるべき者の1群からなっている。ゆえにその集団の代表性をもっていることが必要である。しかし，縦断研究の標本は代表性を失ってしまうことが多く，そのことは，その結果の一般化を，不正確で，妥当性をもたないものにしてしまう。特に，脱落する研究参加者に共通の資質がみられる場合（例えば，家庭の社会的地位の低さなど）には標本の代表性が低くなる。そして，ある標本が非常に均質（分布が限定）になってしまうと，より異質の標本が用いられた場合には容易に見いだされたであろう変数間の関係性を明らかにすることが困難になる。

第3に，変化得点に関する問題がある。2時点で行われたテストの測定誤差は倍増し，結果として変化得点は1時点で行われた測定よりも信頼性が低くなる。すなわち，平均への回帰に留意しなければならない。初回調査の高得点はその研究参加者の真の得点よりも高くなっており，初回調査の低得点はその研究参加者の真の得点よりも低い。その結果，初回調査の高得点は2回目の調査では低下するが，初回調査の低得点はより高くなる傾向がある。これが平均への回帰といった現象であるが，観測された得点は，真の得点についてランダムに変動するため，3時点で測定することにより，この問題はある程度クリアできる（Schaie & Willis, 2002）。

B. 子どもの発達研究の方法論

調査対象者が乳幼児の場合，子ども自身の言語報告による測定は不可能である。ゆえに，子どもの心理測定は，親への面接調査法および質問紙測定法から子どもに対する実験的観察法まで多様な方法が使用される。ここでは，主要な方法について，測定におけるメリットとデメリット，実施する場合の留意点などについて考えていきたい。

何といっても，親は幅広い文脈で観察される子どもの行動に関するデータを提供してくれる。そこで，まず，子どもの行動についての情報を親から得る方法としての面接調査法と質問紙測定法についての留意点について考えたい。次に，子どもの行動観察によって情報を得るという視点から実験的観察法について考える。以下に，子どもの気質測定を例にとり説明していこう。

i）親への面接調査法

親への面接調査法は，面接の仕方を工夫することによって，妥当性・信頼性のある子どもの行動についての情報を親から得ることが可能である。重要なことは，親が子どもの行動観察をしてからまもない時期に面接が行われること，特定できる客観的な行動に対して質問をすることである。特定の刺激

（初めての食べ物など）に対して子どもが最初にどのように行動するか，同じ刺激に対してどう反応するかの詳細な報告を求め，子どもの連続性のある行動パターンを明らかにする。そして，その一貫した行動パターンが一時的にせよ恒久的にせよ，変容したり修正したりした時の出来事や状況について質問をする。もし親が何らかの解釈の含まれる回答をした時には，記述的な行動の情報が得られるまで質問を繰り返す。

子どもの行動を親への面接調査によって測定する場合は，親の解釈が入らない「客観的な行動データ」が必要になる。しかしながら，客観的な子どもの行動を自発的に報告するかどうかは親の個人差が大きい。事実を客観的に述べる親がいる一方で，主観的で，解釈を交え，価値判断を含ませる回答をする親もいるだろう。ある親は簡潔に話すが，ある親はとりとめなく話をするかもしれない。

通常，面接調査の利点は，調査対象者とコミュニケーションをとりながら，対象者が質問されたことに対して何を答えようとしたか，何を伝えようとしているかといった情報を汲み取ることによって，対象者の直面している主観的な現実をも把握できるところにある。ゆえに，子どもの行動特徴を親がどのように解釈しどう意味づけているかを情報源としたい場合には，有効な方法であるといえよう。しかし，子どもの行動に関する客観的なデータの収集法としては，質問紙測定法がより効率的な方法であるように思われる。むろん，質問紙測定法でも親の主観的要素が回答に含まれているのは否めないが，テスト理論に基づいて作成された質問紙は，時間的ロスを最小限に抑える有効な測定法といえるだろう。

ii）親への質問紙測定法

質問紙測定法の利点の1つは，複数項目を用意することによって無作為誤差（測定誤差）を少なくすることができることである。行動的抑制傾向（新奇な場面・人物・事物に対して臆する傾向）の測定を例に説明しよう。4か月～1歳6か月齢の子どもの行動的抑制傾向を測定する質問項目（ITQ-R）は11項目である。親は，直近の2週間以内に，これらの質問項目に該当するような事態で子どもがどのように行動したかを7段階評定で回答する。さて，項目の1つに「よその子にはじめて会ったときしりごみした（顔を背けた，母親にしがみついた）」がある。この項目に回答するとき，自分の子どもが昨日会った「よその子」に引っ込み思案になったことが強く印象に残った親が「7：非常に当てはまる」と評定したとしよう。この評定は，その子

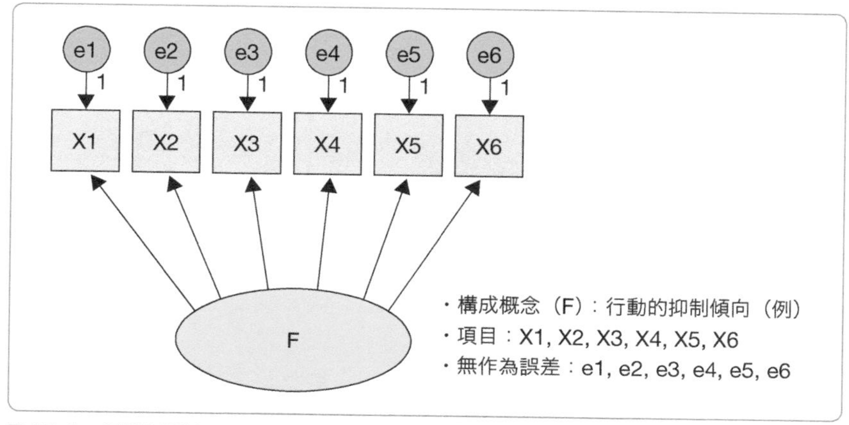

図15.3　質問紙測定：測定する構成概念，項目，無作為誤差（測定誤差）

どもの気質的行動特徴をよく表しているかもしれないが，昨日たまたま気分が優れなかった子どもがよその子と関われなかっただけかもしれない。後者の場合は，子どもの行動的抑制傾向を真の値よりも高く親が評定していることになる。同様に，「知人の家に初めて行ったとき機嫌が良かった」も，その時の子どもの気分だったり知人の家の雰囲気によって，子どもの気質得点の真の値より高く評定されたり低く評定されたりする。このように，一つひとつの項目に対する評定には無作為誤差が含まれるが，それらの項目を加算して尺度にすることにより，そうした無作為誤差が相殺されるという利点が質問紙測定にはある（**図15.3**）。

親から的確な情報を得るには，1つの項目で1つの行動についてのみ回答を求め，記憶が鮮明なうちに子どもがした行動について回答を求めることが必要となる。子どものイメージに従って回答するのを避けるため，直近2週間で経験されなかった事態ははっきりと区分して扱うことが必要である。ゆえに，評定は「1：全く当てはまらない」～「7：非常に当てはまる」に加えて，「X：どれにも当てはまらない」（「X」は，質問項目に記載されているような場面をこの2週間経験することがなかった場合に選択することになる。例えば，「知人の家に初めて行ったとき」について尋ねている項目において，過去2週間に一度も，子どもにとって初めてになる知人の家に行かなかった場合は，Xに○をつけることになる）が選択肢として用意されている。

iii）実験的観察法

実験的観察法とは，ある特定の状況下に置かれた子どもがどのように行動するかを観察する方法である。子どもの気質的個人差を測定する時によく用いられる。言語伝達能力に限界がある乳幼児に対しては，面接調査法・質問紙測定法など言語を媒介にしての的確な測定は不可能なので，彼らの行動から情報を得ることになる。子どもの気質測定では，日常場面での子どもの行動を観察するフィールド調査も1つの選択肢にはなるが，「気質」といった測定概念の性質上，実験的観察法が行動観察による主要な気質測定法として使用されてきた。

「気質」は体質的で生理学的基盤をもつ個人差であるので，気質的個人差のパラメーターとして考えられるのは，どのくらいの刺激を与えられた時に反応するか（反応閾値）・反応をどのくらいの強さで表すか（反応強度）・刺激を受けてから反応を起こすまでどのくらい時間がかかるか（反応潜時）・生じた反応をどのように制御できるか（自己制御性）などになる。こうした情動反応性・制御性のおける行動は，日常場面において観察することはなかなか難しい。

実験的観察法においては，ある特定の刺激に対して誘発された子どもの行動をすべてのチャンネルを通して分析する。ゆえに，子どものしぐさ・顔の表情・声の表出すべてが分析の対象となる。例えば，顔の表情の分析は，恐れが表出されるまでの潜時・強度などについて，MAX（The maximally discriminative facial movement coding system）（Izard, 1979）を使用して行う。MAXでは，乳児の顔を画面いっぱいに撮影した映像をスローモーションで進めながら，顔の「眉」「目／鼻／頬」「口」の3領域に分けてコーディングをする。この時，①同時に2領域（以上）のコーディング作業は行ってはいけない，②（顔の）1領域で行ったコーディング結果（AC）を他の領域のコーディング結果に影響させてはいけないというルールがある。そして，それぞれの領域のコーディング結果を統合して，どの情動がどの時点でどの程度表出されているかを判定する。こうした分析を行うために，実験的観察法では，後から分析に耐えうるような映像（と音声）を記録しておくことが不可欠となる。

上述のように，実験的観察法では，目的となる気質的個人差を誘発する場面を設定して，情動表出の潜時・持続時間・強度・頻度といった，親に回答を求める質問紙測定では評定できないようなパラメーターによって測定され，微視的な分析が行われる。新奇な刺激が提示された後，子どもが恐れを表出するのはどのくらいの時間が経ってからか（潜時）という質問に信頼性のある回答をできる親はおそらくいないであろう。実験的観察法は，「気質」という測定概念に照らした場合，有益な情報をもたらす測定法であるといえる。

しかしながら実験的観察法は，参加する子どもに，日常生活ではあまり誘発されない情動を経験させるという問題もある。そうした情動反応性における個人差こそが気質的個人差なのであるが，どの程度までの刺激なら測定法として許容範囲なのかの判断は難しい。

練習問題 

1．研究倫理に関する記述で，正しいものをすべて選びなさい。

a．先端の研究をする時にはリスクがあるのは当たり前なので，研究者の個人的良心に従った研究であれば許される。

b．高齢者に同意書をとる場合，詳細に丁寧な説明をするよりも簡単に手短に説明すべきである。

c．研究の目的を研究に参加する者が知ってしまうと結果に影響するので，研究参加者には研究目的を曖昧にすることが望ましい。

d．同意書にサインした研究参加者であっても，研究の途中でやめたいと思った場合は自由にやめることができる。

e．機関が行う研究倫理審査は，研究計画についての審査であり，研究成果として得られたデータの扱いについては審査しない。

2．縦断研究に関する記述で，正しいものをすべて選びなさい。

a．個人内の行動や知的機能に変容があるかないかについて明らかにできる。

b．個人差の安定性について明らかにできる。

c．標準的な年齢効果を明らかにできる。

d．同時的な効果が発達的な意味をもつか否かを明らかにできる。

e．得られた結果は出生コホートを超えて一般化できる。

〈文献〉

Izard, C. E. (1979). *The Maximally discriminative facial movements coding system (MAX)*. University of Delaware Instructional Resources Center.

McClearn, G. E., & Vogler, G. P. (2001). The genetics of behavioral aging. In J. E. Birren, & K. W. Schaie (Eds.), *Handbook of the psychology of aging* (pp.109-131). Academic Press.

水野里恵(2017). 子どもの気質・パーソナリティの発達心理学. 金子書房

Schaie, K. W., & Willis, S. L. (2002). *Adult development and aging* (5th ed.). Pearson Education. (岡林秀樹(訳)(2006). 成人発達とエイジング. ブレーン出版)

第16章 発達心理学と仕事との関わり

到達目標

- 発達心理学の知見を活かすことのできるさまざまな仕事について見識を深める。
- 支援に携わる心理職は，他の専門職と連携してこそ活躍できるという認識を深める。

発達心理学をベースにして「発達的観点」から必要とされる援助を提供する心理職は，子どもから大人まで，生涯にわたる支援が可能で，家族や地域への広がりをもった支援を行っている。現在，臨床発達心理士と呼ばれる人々が活躍する数々の職場は，近い将来，公認心理師としての職場の1つになるだろう。その他にも，学校心理士や家庭裁判所調査官，法務省の矯正心理専門職員なども心理学の知見を仕事に活かしている。以下に，順を追って，具体的な仕事についてみていこう。

16.1節 乳幼児とその家族を対象にした発達支援の職場

A. 乳幼児の発達支援と家族への育児支援

地域の子育てセンターでは，さまざまな支援が行われている。子育てに関する不安や悩みの相談に加えて，親子の交流の場を提供したり，子どもの発育に関する知識を伝授するなど，親への啓発活動も行われる。職員は，家族が地域での子育てを楽しんで行えるような企画を立て，気軽に足を運んでもらえるような雰囲気をつくり出している。

医療機関で，発達相談にあたる心理職もいる。医療技術の進歩に従い，低出生体重児の救命率が上がったことにより，児のその後の発育上の問題に悩む親の数は増えた。新生児集中治療室で医療的ケアを受ける新生児を育てる親の相談にのること，退院後のフォローアップを行い，子どもの発達検査を行うことを主要な任務とする心理職は，医療関係者と連携をとりながら，職務にあたっている。彼らの中には，乳幼児の発達上の問題は，環境との相乗効果で起きているとの相互規定的作用モデル（transactional model）の観点から，欧米において開発された各種の治療アプローチの適用を試みている。そして，子どもの発達初期の脆弱性やアタッチメント形成能力の低さが，親子関係や家族間の軋轢につながらないよう支援を行っている。

B. 保育園・幼稚園

保育園で巡回相談を行い，保育の場で指摘される「気になる子ども」への対応などをはじめ，保育士・保護者への支援を提供する。支援は，巡回相談先の保育園に始まるが，その子どもが卒園し小学校に進学すれば，そのまま継続されることになる。

以下のような事例がある。保育園での集団行動に馴染めず落ち着きのない行動が気になるＡ君について，担当保育士は，保護者と話し合いの場をもった。そして，園は保護者と相談の結果，市の巡回相談を依頼することにした。依頼を受けた臨床発達心理士は，Ａ君の園での観察や発達検査を行ってアセスメントを実施し，その結果をふまえたうえで，保育士や保護者と話し合いながら，Ａ君の支援計画を作成した。保育士はその計画に基づいて保育の目標を設定し，保護者は家庭でのＡ君への関わり方を工夫するようになった。その後，Ａ君は注意欠如多動症／注意欠如多動性障害（AD/HD）の診断を受けたが，周囲の人々がＡ君の行動をよく理解し配慮してくれるのに助けられ，小学校進学後も通常学級での生活を続けている。Ａ君と保護者の希望により，臨床発達心理士は，3か月に1回，彼らの相談にのったりアドバイスを行うなどの支援を継続している。

保育園・幼稚園での巡回相談では，それぞれの園の方針を尊重しつつ，保育士・幼稚園教諭と信頼のある関係を築き，地域の実情に根差した支援を行うことが必要になってくる。その過程で，児童相談所への橋渡しなどの役割を担うことも時として必要である。

16.2節 児童・生徒を対象にした発達支援の職場

A. 学校教育

小学校・中学校・高等学校にはスクールカウンセラーが配置されている。彼らは配置された学校の生徒・教職員・保護者を対象として相談業務を行っている。また，教職員に対してカウンセリングの心得や技法について研修を行ったり，保護者への啓発活動なども担っている。

生徒が自分の意思でスクールカウンセラーとの相談を希望することもあるが，担任や養護教諭などが窓口となって生徒に相談を勧める場合もある。スクールカウンセラーは，日々の活動を通して学校の教職員と信頼関係を構築し，学校にとって必要不可欠なものとして認められていく努力をしている。保護者の相談の場合，保護者自らがスクールカウンセラーの情報を知って，相談内容は明らかにせずに相談希望を担任に伝える場合もあるし，担任や窓口教員が相談の必要性を保護者に説得する場合もある。保護者の相談の場合は，担任や学校に対する批判が含まれることもあり，その批判の起こってきた経緯や問題となっている事象の全体像をよく把握し，対応する必要がある。教職員が自分のプライベートな問題に関して相談にやってきたときには，生徒や保護者の場合と同じようにカウンセリングの対象となる。相談内容に関する守秘義務は通常のカウンセリングと同じであるが，学校組織や生徒を危機に導く危険性のある相談内容については，学校組織の一員として，上司である管理職に報告するなど適切な対応が求められる。

B. 特別支援教育

非定型発達児の支援にあたっては，アセスメントの知識に加えて，子どもの特性に応じた継続的な支援が必要となる。例えば，診断名は同じ「自閉症スペクトラム障害」であっても，子ども一人ひとりの認知のあり様・実態に応じた個別の指導計画を作成する必要がある。そのためには，検査と行動観察を行い，関係機関から情報収集し，本人や保護者のニーズを把握する。そして，発達段階や生活年齢を配慮して指導内容や支援を考える。そのうえで立案した指導計画は，子どもの実態に合わせて柔軟に変更しながら実施し，生徒の目標や到達度の評価を行う。さらに，子どもの学習を支えるための心理的支援，すなわち，情緒面の安定を図り，自己肯定感を育てることが大切である。現在，こうした力量を備えた学校心理士や臨床発達心理士が特別支援教育の現場で活躍している。

16.3節 司法に携わる職場

A. 家庭裁判所

家庭裁判所は，離婚や相続などに関する家庭内の紛争，および非行を犯した少年事件を専門的に取り扱っている。家庭裁判所調査官は，心理学，社会学，教育学などの行動科学の知識や技法を活用して，家庭内の紛争の当事者やその子ども，非行を犯した少年や保護者の状況や心情を調査し，紛争の解決や少年の立ち直りに向けた方策の検討を行っている。例えば，離婚調停に伴う子どもの親権をめぐる争いにおいては，何よりも，子どもの福祉に適った解決が求められる。家庭裁判所調査官は，紛争当事者や子どもとの面接，家庭訪問による調査，心理検査の実施，親子関係を詳しく観察するための親子交流場面の立ち会いなどを通して，子どもの幸せのためにはどのような解決が望ましいかを考える。調査の結果を当事者に説明し，子どもの視点に立った解決を促したり，当事者の気持ちの混乱により冷静な話し合いが困難な場合には，カウンセリング技法を用いて心理的な援助を行うこともある。少年事件においては，非行を犯した少年の立ち直りに向けた，効果的で適切な処分の判断材料となるような調査資料を作成し，少年審判に出席する。調査の過程で，再非行防止のために，少年や保護者への指導・助言といった教育的な働きかけを行うこともある。また，犯罪被害者の声を調査資料に反映させるために，犯罪被害者への面接を行うこともある。このように，家庭の平和と少年の健全育成を担っているのが家庭裁判所調査官である。

B. 少年鑑別所・少年院・刑事施設

少年鑑別所や少年院，刑事施設（刑務所，少年刑務所および拘置所）などに勤務する矯正心理専門職員は，心理学の専門的な知識・技術等を活かし，非行や犯罪の原因を分析し，対象者の立ち直りに向けた処遇指針の提示や刑務所の改善指導プログラムの実施に携わっている。

少年鑑別所では，少年に面接や各種心理検査を行い，知能や性格特性などの資質上の特徴を明らかにし，非行に至った原因や経緯を考慮して，今後の処遇上の指針を提示することが業務となる。審判決定の結果，少年院に送致された少年や保護観察処分になった少年にも，専門的なアセスメントを活用して継続的に関与する。また，地域の非行および犯罪の防止に貢献するため，地域住民からの心理相談に応じたり，学校等の関係機関と連携した非行防止ならびに青少年の健全育成のための取り組みにも積極的に関与している。

少年院では，個々の少年に関する矯正教育の計画の策定や各種プログラムの実施，処遇効果の検証等に携わる。

刑事施設では，受刑者の改善更生を図るため，面接や各種心理検査を行い，犯罪に至った原因，今後の処遇上の指針を明らかにする。改善指導プログラムを実施したり，受刑者に対するカウンセリングを行ったりもする。
このように，犯罪・非行臨床の最前線で活躍する心理職員がいる。

16.4節 高齢者とその家族に対する支援

高齢者に携わる心理職は，検査者としての雇用が多い医療機関を除けば，活躍の場はまだ少ない。一方で，超高齢社会の日本において，高齢者に対する心理支援のニーズが高まっている。日本の高齢者医療は，入院中心の医療から在宅・地域医療に転換されつつあり，介護職と協働して地域包括ケア体制をつくることが目指されている。特に，認知症となっても地域で暮らし続けることの支援は，医療・介護だけで担えることではない。認知症の人が自宅や地域で質の高い生活を送ることを支援するためには，症状に関する専門的な理解とともに，彼らや家族が生活してきた歴史をふまえ，一人ひとりの心情に寄り添う支援が求められている。今後は，地域包括支援センターで，社会福祉士・保健師・主任ケアマネジャーと協働で業務にあたる心理職の必要性が高まっていくだろう。

現在，医療機関で働く心理職の主な業務は，外来・病棟での各種心理検査，職種カンファレンスである。それに加えて，家族介護者への支援も重要な任務となる。

いずれの職場であっても，公認心理師として発達心理学の知見を活かそうとする場合には，他職種の専門職員と相互に協働する姿勢が必要となる。

〈文献〉

法務省. 矯正心理専門職. 法務省専門職員（人間科学）採用試験2020年度パンフレット. http://www.moj.go.jp/content/001312834.pdf

一般社団法人 学校心理士認定運営機構. 学校心理士とは. http://www.gakkoushinrishi.jp/aboutgakushi/#gakkoushinrishi

一般社団法人 臨床発達心理士認定運営機構. 臨床発達心理士とは. https://www.jocdp.jp/about/summary/

裁判所. 家庭裁判所調査官. https://www.courts.go.jp/saiyo/vc-files/saiyo/file/R1r-kasaichousakan2.pdf

練習問題の答え

第1章

1. ①c　②a　③d　④b
2. b

第2章

1. e
2. a
3. ①c　②d　③a　④b

第3章

1. b, c
2. ①c　②d　③e　④a　⑤b

第4章

1. c, d
2. ①c　②b　③a

第5章

1. ①表象　②前操作期　③前概念的
④直観的　⑤保存　⑥自己中心性
⑦3つ山
2. c, d
3. ①社会的知性　②系統発生
③個体発生

第6章

1. ①d　②c　③a　④e　⑤e
2. ①b　②e　③d　④a　⑤c

第7章

1. b
2. c
3. b, d

第8章

1. c
2. b, f

第9章

1. c, e
2. a, c

第10章

1. e
2. b, c, d, e, f
3. a

第11章

1. c
2. a
3. ①b　②c　③d　④a
4. b, d

第12章

1. b, c, d, e
2. d

第13章

1. a, d
2. ①d　②c　③b　④e　⑤a

第14章

1. a, d, e
2. ①b　②c　③d　④a

第15章

1. d
2. a, b, d

索引

人名索引

事項索引

数字・英文

あ行

か行

さ行

た行

な行

は行

ま行

や行

ら行

わ行

著者紹介

水野（みずの）　里恵（りえ）

中京大学心理学部　教授（2008年4月～現在）。臨床発達心理士。博士（教育心理学）。

単著に『子どもの気質・パーソナリティの発達心理学』（金子書房，2017），『母子相互作用・子どもの社会化過程における乳幼児の気質』（風間書房，2002），共著に『児童心理学の進歩 2018年版』（金子書房，2018），『社会・情動発達とその支援』（ミネルヴァ書房，2017）など。

NDC 140　287 p　21cm

公認心理師（こうにんしんりし）ベーシック講座（こうざ）　発達心理学（はったつしんりがく）

2021年2月25日　第1刷発行

著　者　水野里恵（みずのりえ）

発行者　鈴木章一

発行所　株式会社　講談社

〒112-8001　東京都文京区音羽2-12-21

販　売　(03) 5395-4415

業　務　(03) 5395-3615

編　集　株式会社　講談社サイエンティフィク

代表　堀越俊一

〒162-0825 東京都新宿区神楽坂2-14　ノービィビル

編　集　(03) 3235-3701

本文データ制作　株式会社双文社印刷

カバー・表紙印刷　豊国印刷株式会社

本文印刷・製本　株式会社講談社

落丁本・乱丁本は，購入書店名を明記のうえ，講談社業務宛にお送り下さい．送料小社負担にてお取り替えします．なお，この本の内容についてのお問い合わせは講談社サイエンティフィク宛にお願いいたします．

定価はカバーに表示してあります．

Printed in Japan

ISBN 978-4-06-522154-9